한국어로 내려온
New Bible

# 새로운
# 성 경

제90권

6부 | 총10부

하얀마음

# 하나님 말씀 중에서

## 1. 사랑의 하나님

- 세상을 창조하신 하나님은 모두를 사랑하신다. 인간만 특별히 더 사랑하지 않고, 우주 만물을 다 똑같이 사랑하신다. 그러니 하나님이 창조하신 천지 만물과 화친하고, 미물까지도 소중히 대하라.

- 하나님은 특정 종파나 민족만을 더 사랑하지 않으신다. 자기 자신만 구원받겠다는 욕심을 버리고, 자기 종파만 구원받는다는 편협한 교리에서 벗어나야 한다. 종파를 초월해서, 모두를 사랑하라.

- 원수까지 사랑하라 했으니, 이 세상에 사랑하지 못할 자가 누가 있겠는가? 종파가 다르다고 해서 부모 형제와 원수처럼 지내는 자는 인간의 근본을 모르는 자다. 가장 가까운 가족부터 사랑할 때 남도 진심으로 사랑할 수 있다.

- 한 사람을 원수같이 생각하던 마음에서 사랑하는 마음으로 돌리면, 자기 자신의 마음이 가장 기쁘고 행복하다. 하나님께서는 인간의 마음속에 무거움이 없이 기쁘고 행복한 삶을 살기를 바라신다.

- 이웃을 "내 몸처럼" 사랑하라 했으니, 마지막 한 장 남은 천국의 티켓도 이웃에게 양보하라. 자기 중심적인 신앙에서 벗어나서 남을 위해 살아야 한다.

- 독초도, 약초도, 이단도 사탄도 천사도 다 필요하기에 존재한다. 독초일지라도 극소량을 사용해서 생명을 살릴 수 있고, 약초라 하더라도 남용하면 생명을 잃을 수 있다.

- 세상 모든 것을 명약으로 활용하는 것은 인간의 지혜에 달렸다. 어떤 것이든 어떤 사람이든 적재적소에 꼭 필요한 명약으로 승화시키라.

- 사탄도 이단도 천사도 모두 하나님의 주관하에 존재한다. 진정한 하나님의 백성은 사탄과 마귀까지도 감화시켜서 천사로 거듭나게 한다.

## 2. 기도

- 하나님은 인간의 생각까지 모두를 다 알고 계신다. 우리의 소원도 이미 알고 계시기에, 소원의 기도를 할 필요가 없다. 우리가 받을 자격이 되면 내려 주신다.

- 죄를 짓고 아무리 회개를 해도 용서받지 못한다. 도둑질한 자는 용서해 달라고 기도하고, 도둑맞은 자는 도둑을 잡게 해 달라고 기도하면, 공의의 하나님은 누구의 편에 서시겠는가?

- 자기가 잘못한 것은 그 사람에게 직접 갚고 용서를 구하라. 그가 용서하면 하나님도 용서하신다. 땅에서 매면 하늘에서도 매이고, 땅에서 풀리면 하늘에서도 풀리는 이치다.

- "회당에서 기도하지 말고 골방에서 기도하라" 했다. 눈에 보이는 골방이 아니라, 골방과 같이 고요한 마음이다. 잡념을 버리고 하나님을 향해 마음을 집중하며, 사랑하고 용서하는 아름다운 생각만 나오도록 하라.

- "두드리면 열릴 것이다." 하는 것은 육의 소원을 위해 두드리라는 것이 아니라, 진리의 깨달음을 얻기 위해 두드리라는 것이다.

- 기도하는 방법: 생활 속에서 수시로 기도하는 삶을 살아야 한다.

- "저의 죄를 용서하여 주옵소서." 하는 회개의 기도를 하라.
- 범사에 "하나님! 감사합니다." 하라. 현재 가진 것에 감사하며, 과욕하지 말라. 자기 노력 이상의 것을 더 갖고자 기도하는 것은 도둑놈심보다. 공의의 하나님은 각자 노력한 만큼 주신다.
- "하나님 뜻대로 살아가겠나이다." 하며 마음의 각오를 다지라.

- 기도는 하나님의 말씀을 받아서 "행하는 것"이다. 하나님이 계심을 굳건히 믿고, 하늘을 향하여 한 점 부끄럼 없이 사는 삶 자체가 가장 위대한 기도이며, 삶이 곧 예배다.

## 3. 지도자

- 똑같이 사랑한다는 말을 해도, 순수하게 하는 말은 천사의 말이지만, 사기 쳐서 재산을 가로채려고 하는 말은 사탄의 말이다.

- 종교 지도자가 아무리 훌륭한 설교를 해도, 신도의 재물을 거둬서 더 큰 교회를 짓고 자기의 부귀영화를 바라며 설교하면 사탄의 가르침이 된다.

- "저희 교회는 만원사례요, 믿음은 다 같으니 이웃의 개척 교회에 가서 예배를 드리시오." 하며, 이웃 교회의 부흥을 먼저 생각하여 제 신도를 보내는 종교 지도자가 있다면 그를 따르라. 그가 하나님의 사랑을 실천하는 자다.

- "부자가 천국에 들어가는 것은 낙타가 바늘구멍을 통과하는 것보다 더 힘들다" 하였거늘, 지금의 교회에서는 부자가 되기만을 기도하고 소원하니, 이는 곧 천국을 포기하고 지옥 행 열차의 티켓을 사는 것과 같다.

- 예수는 빈손이었다. 종교 지도자가 예수보다 더 호화롭고 편안하게 살아간다면 잘못된 것이다. 부귀영화와 명예를 바라는 자는 절대로 갈 수 없는 좁고 협착한 길이 종교 지도자의 길이다.

- 종교 지도자는 유리로 비춰 봐 한 점의 부끄러움이 없이 살아야 한다. 의식주도 직접 일해서 해결하고, 예수의 가르침과 행함을 그대로 따라야 한다.

- 종말은 없다. 지금의 잘못 가는 종교 집단에게만 종말이 있다. 보이지 않는 하나님은 보이는 육의 종말은 관여하지 않으신다. 환경 파괴로 인간이 스스로 멸망을 자초하는 것이다. 종파끼리 싸우기 전에, 무너진 인성을 바로잡고 지구의 몸살을 해결하는 데 뜻을 모으는 게 급선무다.

## 4. 성전이란

- 이 세상 자체가 하나님께서 만드신 성전이다. 자연보다 더 아름다운 성전이 있는가? 보이는 건물이 성전이 아니라, 성스러운 마음가짐이 성전이다.

- 반석 위에 교회를 지으라 했다. 지상의 단단한 돌은 인간이 쪼갤 수 있으나, 마음속의 굳은 결의는 세상 무엇으로도 쪼갤 수 없다. 바르고 굳건한 믿음으로 성경의 가르침을 실천하는 것이 마음의 반석 위에 교회를 짓는 것이다.

- 손으로 지은 건물의 교회에 모여서 복음을 전하는 것이 아니라, 교회를 개인과 가정에 심어 주어야 한다. 무너지고 부서지는 건물을 짓지 말고, 마음속에 영원히 불변하는 참진리의 교회를 지으라.

## 5. 십계명

- 십계명은 인간이 죽어서 반드시 통과해야만 하는 열 개의 관문이다.

- 부모를 공경하지 아니한 자는 "네 부모를 공경하라." 하는 제5계명의 관문이 열리지 않으니 구원받을 수 없다.
- 살인, 간음, 거짓, 우상 등의 나머지 계명도 마찬가지지다.

- 십계명은 하나님의 친필이다. 모기소리만 한 하나님의 음성이라도 들어 보겠다고 여기저기 찾아 헤매지 말고, 십계명부터 암송하고 지키라.

- 십계명은 영혼을 구원하는 양식이며, 십계명을 지키는 것이 구원을 받는 길이다. 인간이기에 지키고자 노력하고 또 노력한다면 지킬 수 있다.

- 십계명을 지키고 천사처럼 아름답게 살아가는 그 마음 하나면 세상에 이루어지지 않는 것이 없다.

## 6. 보물

- 하나님은 재물이 아니라 우리의 마음을 받으신다. 사랑을 실천하며 천사처럼 변하는 마음이 하나님께 바치는 보물이다.

- 보이지 않는 하나님께 재물을 바치려 하지 말고, 너희를 길러 준 부모에게 용돈 드리고, 찾아뵙고, 효성을 다하라. 그것이 하나님께 효도하는 것이다.

- 하늘에는 선과 악의 창고가 있다. 자기 창고에 선이 많으면 천국으로 구원을 받고, 악이 많으면 심판받아 지옥으로 간다. 그것이 바로 "선한 일을 행한 자는 생명의 부활로, 악한 일을 행한 자는 심판의 부활로" 나오는 것이다.

- "선악과를 따먹지 말라"는 것은 양심을 지키라는 것이다. 선과 악을 구분할 수 있는 양심을 최초에 인간에게 주셨다. 선한 열매는 취하고, 악한 열매는 버리며, 양심에 비추어 부끄럼 없는 삶을 살아가라.

- 가장 작은 거짓말을 하지 않고, 가장 작은 죄를 짓지 않으며, 가장 작은 선행을 하고, 가장 작은 악행을 멀리하는 것이 율법의 일점 일획도 빠뜨리지 말고 다 지키는 삶을 사는 것이다.

## 7. 우상

- 박물관에 있는 불상은 하나의 예술품이다. 그 조각품에 대고 제 소원을 빌 때 우상숭배가 된다. 십자가라 하여도 그 앞에서 소원을 빈다면 우상숭배하는 것이며, 하나님께 소원을 빈다면 하나님을 우상으로 전락시키는 것이다.

- 지금 기복신앙에 젖어 있는 모든 사람이 우상 앞에 절을 하고 있다. 조각품을 우상이라며 파괴하지 말고, 네 마음속에 있는 욕심의 우상을 무너트리라.

- 생수를 약초가 먹으면 약을 만들고 독사가 먹으면 독을 만든다. 같은 성경을 봐도 선한 지도자는 신도를 천사로 만드는 데 활용한다. 그러나 욕심이 가득한 지도자는 재물을 거두어들여 제가 부귀영화를 누리는 데 악용한다. 그가 바로 성경을 우상숭배의 도구로 전락시키는 거짓 선지자다.

- 성경을 한 획도 빼거나 더하지 말라는 것은, 그 가르침을 빠트리지 말고 온전히 지키라는 것이다. 성경 속에서 자기에게 유리한 구절만 보는 것은, 자기에게 불리한 구절들을 빼 버리는 것이다. 믿음이 제일이요, 행함은 구원과는 관계없다는 것은 자신에게 유리한 쪽으로 성경을 악용하는 것이다.

- 진정한 종교 지도자는 종파에 관계없이 어떤 종파든 어떤 책이든 접하고 보고 깨우쳐 견문을 넓히도록 인도한다. 참진리를 모르고 자신이 없는 자가 남을 이단이라며 배척하고, 신도들의 눈과 귀를 가린다.

## 8. 예수

- 예수의 재림은 없다. 예수가 다시 온다 해도, 과연 누가 그를 예수라고 믿겠는가? 예수와 같은 삶의 행함이 곧 예수의 재림이다. 각자 모두가 "재림 예수"가 되는, 차원 높은 믿음으로 가야 한다.

- 예수는 "주여 주여 하지 말고, 아버지의 뜻대로 행하라"고 했다. 예수가 전한 하나님의 뜻이 곧 "길이요, 진리요, 생명"이며, 그 가르침이 예수의 보혈처럼 소중한 것이다. 예수를 믿는 것은, 예수의 가르침을 믿고 따르는 것이다.

- 예수는 낮은 자로서 만백성을 섬기고자 했다. 만나는 모든 사람을 다 하나님이라 생각하라. 돈을 벌수록 겸손하고, 높은 지위를 얻을수록 낮아지라.

▪ 예수는 종파를 만들지 않았다. 인간이 만든 종교와 인간의 교리를 따르지 말고, 예수를 통해 전한 하나님의 참진리를 연구하고 따르라.

▪ 예수가 2천 년 전에 만백성을 위해 죽었으니, 지금 이 땅에는 예수의 가르침대로 사는 천사만 존재해야 한다. 예수가 죽어 가면서 바란 것은 만백성이 천사가 되어 예수의 자리를 채워 주는 것이지, 지금과 같이 재물을 바치면서 중언부언 제 소원만을 비는 백성들을 바란 것이 아니다.

## 9. 구원

▪ 천사가 사는 천국에는 천사만 갈 수 있으니, 천사 같은 마음을 길러야 한다.

- "천국 열쇠를 네게 주리니 땅에서 무엇이든지 매면 하늘에서도 매일 것이라" 했다. 땅에서 천사같이 사는 자가 하늘에서도 천사가 되어 천국에 들어간다. 모든 사람에게 천사같다는 말을 듣는 삶을 살아야 한다.

▪ 천사의 곱고 아름다운 마음은 부모를 공경하고 어른을 어른으로 대접하는 데에서 출발한다. 효도하는 자는 형제와 화목하게 지내기에 가정이 화목해지고, 이웃과 화목해지고, 국가가 화목해지고, 온 인류가 화목해진다.

- 그러므로 지상의 아름다운 소왕국은 가정에서부터 이루어야 한다.

▪ 선택된 14만 명만 구원받는 것이 아니라, 천사처럼 변하고자 하는 14만 명을 기초로 온 인류가 천사처럼 거듭나는 영적인 개혁이 시작되는 것이다.

▪ 천 년에 걸쳐서 하늘에서 이루어진 것같이 이 세상을 낙원으로 만들어, 만백성이 지상의 천국에서 살다가 죽어서 그대로 하늘의 천국으로 들어가는, 영원한 지상 낙원을 건설하는 것이 하나님의 계획이다.

- **이것이 구약과 신약에 이어 "새로운 성경"으로 역사하시는 하나님의 창조의 완성이다.**

▪ 지금의 믿음으로 구원받을 수 있다면 그 길을 가라. 그러나 자신이 없다면 하나님께서 직접 내리신 160권의 "새로운 성경"을 읽고 구원의 길을 보라!

# 하나님 머리말씀

이 새로운 성경을 읽는 너희 모두는
이 율법에 따라 행하면 영원히 구원받을 것이니라.

너희 인간이 수년, 수십 년, 평생
성서를 공부하고 기도하는 것은
하늘나라 나의 곁으로 오고 싶은 소망일진대,

몇천 년 전의 너희 인성과 생각이
지금의 너희와는 판이하게 다르니,

꺾여 가고 병들어 가는 너희를 고칠 수 있는 길은,
오늘 내가 선지자에게 내리는 새로운 성경과 같이
너희가 변화되는 것뿐이니라.

나의 예수가 태어난 것처럼
내가 아들 선지자를 선택하여
나의 새로운 성경을 온 세계에 전하고자 하니,

묵은 것은 버리고 새로운 것은 취하여,
너희 모두는
'여호와 하나님! 저의 죄를 용서하여 주옵소서.'
하는 기도문으로 기도하고, 죄를 뉘우치라.

이 새로운 성경은
수천 년간 내려온 성서를 요약한 것이니,
너희는 이 책을 정독하여 쉽게 깨달음을 얻고,
이대로 실천하여 하늘에 오르라.

# 대역자 머리말

## ■ 하나님의 율법을 지키는 선지자로 선택을 받도다.

저는 남들처럼 그저 열심히 살아온 평범한 사람이었습니다. 그러나 50대 중반에 사업에 실패하여 많은 부채에 시달렸으며, 건강도 악화되어 눈이 잘 안 보이고, 걷기도 어렵고, 두통이 심해서 잠을 이룰 수 없는 고통의 나날을 보냈습니다. 그때 제가 선택할 수 있는 것은 육의 삶을 끝내는 길뿐이었습니다.

죽기 직전에 그동안에 죄를 지은 이들에게 용서를 빌고 인생을 끝내기로 작정하였습니다. 어려서부터 지은 죄를 빌고 빌다 보니 끝이 없었고, 죽음으로도 그 많은 죄를 용서받을 길이 없다는 생각에 하염없이 눈물이 흘렀습니다. 그 순간 '재래식 화장실의 구더기는 죄를 짓지 않는데, 나는 인간으로서 구더기만도 못한 삶을 살았구나.' 하는 생각이 들면서 괴로움에 몸부림칠 때, 갑자기 하나님의 음성이 들렸습니다.

"나는 여호와 하나님이니라. 너는 십계명을 암송하고 내가 내려 주는 메시지를 받아 책으로 만들어 만백성을 구하라." 하시며, 제 눈을 손으로 문지르게 하시고, 아픈 머리와 다리를 손으로 두드리게 하셨습니다. 그러고 나니 눈도 잘 보이고 걸을 수 있었으며 머리의 통증도 말끔히 낫게 되었습니다. 그때부터 십계명을 암송하고 나면 들려주시는 말씀을 기록하였고, 1999년 8월부터 2004년 7월까지 권당 288쪽, 총 160권을 받아서 "새로운 성경"이라는 책으로 펴내게 되었습니다.

그러한 저에게 죽기보다도 힘든 길이 시작되었습니다. 모든 교인들이 저에게 사탄이요, 이단이요, 악마요, 마지막 시대에 온 거짓 선지자라 하면서 공격하였고, 저를 짐승을 보듯이 대하는가 하면, 편협한 종교 지도자들의 선동으로 신도들이 이 책을 직접 읽어 보고 평가할 기회마저 막아 버렸습니다. 그래서 하나님의 말씀을 세상에 내는 데 많은 어려움을 겪으며, 피를 토하는 심정으로 책을 전하고 있습니다.

그러나 아무리 인간의 힘으로 막으려 해도, 하나님의 뜻이 세상에 전해지는 위대한 역사는 계속될 것입니다. 책으로 전해지는 "하나님의 말씀"은 세상 끝날까지 항상 우리와 함께하실 것입니다. 사람은 죽어도, 책에 기록된 말씀은 영원히 남으니까요.

## ■ 따뜻한 실천

하나님께서는 어려운 사람들에게 삶의 터전을 마련해 주고, 미래를 열어 주는 것을 기뻐하십니다. 어려운 이웃이 스스로 자립할 수 있도록 이끌어 주는 것이 진정으로 이웃을 돕는 것이라고 말씀하셨습니다. 그래서 일자리가 없는 제자들에게 작은 사업장을 만들어 주는 "달란트 사업"을 하고 있습니다. 식당, 반찬 가게 등을 차려 주고, 기존의 어려운 사업장이 자립할 수 있도록 돕고 있습니다(커피숍, 미용실, 의상실 등).

하나님께서는 교회에 나와서 모든 시간과 재물을 쏟기를 원하지 않으시고, 그 시간과 재물을 교육에 투자하여 스스로 미래를 열어 가기를 원하십니다. 그래서 제때 공부하지 못한 제자들에게 학업을 이어 가도록 하였습니다. 중화요리 주방장을 하며 초등학교 검정고시부터 공부하여 2012년에 방통대를 졸업한 36세 남성, 만학도들의 2년제 중학교에 입학해서 2007년에 명지대학을 졸업한 38세 여성, 중학교 검정고시를 시작으로 숭의여자대학을 졸업한 47세 여성 등이 있습니다. 그밖에도 많은 제자들에게 나이를 초월하여 배우고 깨우쳐서 사회 속의 당당한 일원이 되도록 인도하고 있습니다.

학자금 대출로 힘겨워하는 젊은이들을 위해 "따뜻한 바람 장학회"를 발족하여(2016년 12월) 대출받은 학자금 전액을 매월 갚아 주고 있습니다. 또한, 다문화 가정을 위해 "다문화 가족 랜드"를 조성하여, 각종 시설을 무료로 활용하도록 하고 있습니다.

이러한 따뜻한 실천이 아직은 미약합니다. 그러나 책의 수입이 늘고, 저와 뜻을 같이하는 분들이 늘어나면 계속 확대할 것입니다. 지도자로서 신도의 재물을 헌금으로 거둬들여 착복하는 것이 아니라, 하나님께서 기뻐하시는 일에 사용하도록 중매 역할만 하며 살아가고자 합니다. 이런 제가 과연 사탄이고 이단인가요? 하나님께서 기뻐하시는 일이라면, 저에게 사탄이라 하든 거짓 선지자라 하든 굽히지 않고 실천해 나갈 것입니다.

끝으로, 일상의 삶 속에서 "지금 내가 하는 행동이 과연 하나님께서 기뻐하실까, 슬퍼하실까?" 생각하고, 매사에 하나님께서 기뻐하시는 길을 택하기 바랍니다. 교회에 모여서 집단적으로 예배 드리는 것이 아니라, 개인이나 가정 단위로 새로운 성경을 읽어 스스로 깨우치고 그대로 행하면 충분합니다. 그것이 마음속에 성전을 짓고, 신령과 진정으로 예배 드리는 길입니다. 그러면 천국의 문에 들어서게 됩니다.

2017. 2. 1.

하나님 말씀 대역자 김용철

# 차 례

## 2003년 7월 ... 82



## 부 록 ... 160



## 간 행 사 ... 161

# 십 계 명

이 책은 십계명을 암송하고 나면 내려 주시는 "하나님의 음성"을 듣고 그대로 받아쓴 기록입니다. 하나님께서 십계명을 모세에게 내려 주셨지만, 그것은 만백성에게 내려 주신 것입니다. 마찬가지로 이 책의 모든 말씀도 저에게 내려 주셨지만, 만백성 각자에게 들려주시는 말씀입니다. 여러분도 이 책을 접할 때마다 십계명을 암송하고 나서 정독해 주시기 바랍니다.

제일은, 너는 나 외에는 다른 신들을 네게 있게 말지니라.

제이는, 너를 위하여 새긴 우상을 만들지 말고, 또 위로 하늘에 있는 것이나, 아래로 땅에 있는 것이나, 땅 아래 물 속에 있는 것의 아무 형상이든지 만들지 말며, 그것들에게 절하지 말며, 그것들을 섬기지 말라.

제삼은, 너는 너의 하나님 여호와의 이름을 망령되이 일컫지 말라.

제사는, 안식일을 기억하여 거룩히 지키라.

제오는, 네 부모를 공경하라.

제육은, 살인하지 말지니라.

제칠은, 간음하지 말지니라.

제팔은, 도적질하지 말지니라.

제구는, 네 이웃에 대하여 거짓 증거하지 말지니라.

제십은, 네 이웃의 집을 탐내지 말지니라.

나 여호와가 존재함을 믿는 그 자체가 구원의 길에 들어서는 기본이요, 근본이며, 나의 새로운 성경을 가슴에 안고 정독하는 자, 반석 위에 서서 하늘에 오르는 찬란한 빛을 보게 되는 영광을 얻게 됨이니라. 진정 나를 따르고 믿는 자는 감히 사탄이나 마귀도 근접하지 못하느니라.

〈하나님 말씀〉

# 2003년 6월

## 6,542 번째 하나님 말씀

*2003년 6월 27일 11시 44분*

1 사랑하는 나의 아들아!
2 "네, 아버님! 말씀하옵소서."
3 내가 너희에게 일찍이 깨우쳐 뭐라 가르쳤던가?
4 작은 미물이요, 어떠한 동물이요, 인간 한 사람이 생명을 가지고 세상에 태어날 때, 그들이 살아갈 수 있으며 존재할 수 있는 것을 똑같이 내가 세상에 같이 냄이라 그리 말하였음이니,
5 너희는 그리하여 생명의 존재함이 얼마나 위대한 것인가를 아는가?
6 또한, 내가 너희에게 깨우쳐 말하기를 뭐라 말하였더냐?
7 너희가 이 세상에 한 사람이 태어남으로 다 쓰고 먹고살 수 있는 준비를 같이 세상에 준비하여 내려보낸다 하였으며,
8 너희가 살아갈 수 있는 한 가지의 특성을 다 주어 너희가 그 길을 가며 그 삶을 찾아간다면 너희는 인생의 삶이 가장 행복하며 편안한 삶을 살 수 있다 하였음이니라.
9 다만, 여기서 욕심을 가지며 욕심을 버리지 못하여 너희 스스로 자기의 길을 버리며, 자기 길이 아닌 남의 길 속에 뛰어들어 그 삶을 살려 한다 함이니,
10 그와 같은 마음의 자세로 살아감이니 질서가 파괴되며,
11 또한 그 자리를 뺏기지 아니하려 하는 자가 있으니 서로 경쟁을 하게 되지 않던가?
12 네가 살아가는 데 살아가는 그 길을 가면 되는 것이거늘, 네가 그 길을 버리고서 남의 길을 가고자 함이니,
13 이는 곧 너희 자신이 무너짐은 물론이요, 네가 남의 밥그릇에 대듦이니, 그를 보호하려는 자가 있음이니, 이는 바로 무엇이더냐?
14 경쟁이라는 혼란한 세상을 지금 만들어 놓고 있음이니라.
15 나 여호와가 세상을 창조하고 존재케 하는 것은 너희가 계산할 수 없는 것, 감히 너희가 만들 수 없는 것, 너희가 프로그램으로 짤 수 없는 것으로, 그리 정밀하고 위대하게 만들었으나,
16 인간 너희가 저 자신의 욕심으로 저 자신의 지킬 길을 모르고 지금 남의 밥그릇을 탐내며 남의 자리를 쟁취하고자 함이니,
17 그를 뺏기지 아니하고 지키려는 것은 당연한 것이 아니더냐?
18 그리하여 이 세상이 이와 같이 혼란하고 복잡한 세상이 지금 와 있음이니라.
19 여기서 너의 제자들과 너를 따르는 백성, 또 나의 법전을 읽고 나를 따르는 백성이요, 내가 사랑하는 아들딸, 너희는 들어야 할 것이니라.
20 너희도 너희가 맡은 대명이 무엇이며 너희가 역사하는 것이 무엇이며 너희

가 가야 할 길이 무엇인가 스스로 그
를 먼저 깨우쳐, 그를 지키고 그 자리
를 지켜 가는 그와 같은 삶을 살아가
야 할 것이니라.
21 너희는 이 세상에 어떠한 대명이 가장
중요하며 어떠한 것이 가장 소중하다
생각하는가?
22 하늘에 이루는 역사에 나 여호와가 역
사하고자 하는 그 뜻이 너희가 더 소
중한 것인가,
23 인간 세상에서 너희 개인이 가지고자,
성공하고자, 승리하고자 하는 그것이
더 소중하고 위대한 것이라 생각하는
가?
24 이미 나의 법전을 읽고 깨우친 나로부
터 선택된 백성이요, 나의 아들을 따
르는 제자 너희는 오늘의 삶이 무엇
인 줄 알겠는가?
25 나의 뜻을 세상에 전하여 만백성을
구하는 그와 같은 역사함이 너희 삶의
가장 첫 번째 해야 할 대명이요, 너희
가 가야 할 길임을 알아야 할 것이니
라.
26 나의 아들을 따르는 제자들이요, 나의
법전을 읽고 깨우친 백성 너희는 이
순간부터 법전을 만들어 세상에 전하
며,
27 만백성에게 이 법전을 쥐여 줘 그들이
깨우쳐 하늘에 오르는 길을 볼 수 있
도록 너희가 그와 같이 역사하는 것
임을 알아야 할 것이니라.
28 너희는 내가 지옥이 있으며 천국이
있다 그리 말하며, 나로부터 내가 가
장 아름답고 예쁘게 만든 나의 피조
물 만백성, 나의 아들딸이 지옥으로
떨어지는 것을 수없이 보고 있다 함이
니,
29 너희는 그저 살다가 잘못되면 지옥으
로 가고 바르게 살면 천국에 온다는
그 생각에서 지우나,
30 너희 형제들이 지옥으로 떨어짐이니,
또 그들은 바로 나의 아들딸이니라.
31 나의 아들딸이 지옥으로 떨어지는 그
모습을 바라보는 나 여호와의 찢어질
듯한 그 아픈 마음을 과연 너희는 한
번 생각해 보았는가?
32 너희 자식들이 죽어 갈 때 너희는 비
통해하며 애통해하며 그를 잊지 못하
여 몸부림치는 것이 아니던가?
33 그러니 창조주 나 여호와는 너희 모두
를 예쁘고 아름다운 모습으로 높은 지
혜를 줘 창조하고 만든 나의 아들딸이
나,
34 그리 밤과 낮을 가리지 아니하고 너희
가 지옥 불로 떨어져 영원히 돌이켜
나올 수 없는 그곳에 감이니,
35 나와 인연 관계요, 모든 인간관계요,
영혼의 관계요, 그 모두가 끊어지는
지옥 불로 감이니,
36 이를 보는 나 여호와의 마음이 과연
얼마나 아프고 저린지 너희는 생각해
보았는가?
37 그를 생각한다면 너희가 나의 법전을
가지고 깨우쳐 만백성을 구하는 그와
같은 역사를 이루는 데 주저해서는 아
니 될 것이니라.
38 얼마나 간단한 진리요, 타당한 것이
있던가?
39 모든 종교 집단의 백성에게 물어보라.
40 산비탈의 작은 교회 앞에 대형 버스

요, 대형 기계를 갖다 대고, 그곳에 있
는 백성을 실어 가는 종교 집단이요,
지도자들이 과연 사랑이라는 것을 베
푸는 집단이며 사랑이라는 것을 알고
있는 집단이더냐?
41 그와 같은 것을 너희는 만백성에게
전해 주지 못하는가?
42 너희는 교회라는 곳, 성당이라는 곳에
'만원사례'라 써 붙인 교회요, 그곳에
가 배우며 얻으라 그리 말하지 아니
하였는가?
43 모든 종교 지도자는 같이 공부하며 같
은 성서를 가지고 공부함이니, 너희가
어디에 가서 공부하든 그와 같은 곳
에 가서 배우고 깨우치면 똑같은 것이
라 그와 같이 가르치도록 하라는 것이
내가 너희에게 전함이 아니더냐?
44 수억, 수십억의 종교 집단이 저희가
죄의 온상을 지어 놓고 저희 앞에 오
는 것만이 구원을 받으며 하늘에 오르
는 길이라 말한다는 것, 그 가르치는
것이 잘못되었다는 것,
45 그 이치를 나의 피조물 만백성에게 전
해 주고 깨우쳐 주면 될 것을,
46 그와 같은 하늘의 뜻이요, 천기를 너
희가 나의 백성이요, 잘못 가는 그 백
성이요, 믿음을 잘못 가는 백성에게
이해시키고 깨우칠 수 있으며 당당히
말할 수 있는 그 많은 것을 내가 너희
에게 내려 주었거늘,
47 어찌하여 너희는 그 소중하고 귀한
것을 메모하여 너희 가슴에 지니고 다
니면서 만백성과 대화할 때 생각이 안
나며 깨달음이 없을 때, 그를 꺼내 대
화할 수 있는 비망록이라는 그와 같은
메모지 하나를 제대로 가지고 다니지
아니함이니,
48 너희가 천재며 모두를 다 기억할 수
있단 말이던가?
49 너희가 나의 피조물 만백성을 구하는
나의 전사로서 바로 선다면, 너희는
반드시 나의 아들을 통하여 너희 가슴
을 울리는 모든 깨달음이요, 하늘의
뜻이요, 천기를 비망록이라는 곳에 기
록하여,
50 너희가 대화할 때 모르면 그를 꺼내어
읽고 깨우쳐 너희가 그들을 깨우치는
그와 같은 역사를 해야 할 것이거늘,
51 어찌하여 태만하고 안일하게 그리 흘
러가는가?
52 그저 생각나는 것으로써 너희가 질서
없이 말을 함이니,
53 수십 년 동안 성서를 읽고 깨우쳐 달
달 그를 외우며 그 잘못된 종교 지도
자들의 가르침에 세뇌되어 완벽하게
그 뜻을 따라가는 그자들과 갑론을박
하면 너희가 과연 이길 수 있겠는가?
54 너희가 이길 수 있는 것은 내가 나의
아들을 통하여 내린 하늘의 천기요,
나 여호와의 강론을, 그 귀중한 부분
들을 너희가 비망록에 기록하여 그를
암송하고, 또 너희가 대화할 때 그를
꺼내 읽으며 그들에게 가르침을 줄
때, 바로 그것이 나의 성서요 나의 뜻
이니,
55 그들이 거기서 감명을 받을 것이며,
너희가 기록하여 보이는 그 성경책과
같은 기록함에 그들은 더 이상 항변할
길이 없을 것이니,
56 내가 너희에게 내려 주는 하늘의 뜻

이요, 너희가 마음에 와 닿는 그 부분
을 비망록이라 하여 노트에 기록하여,
그를 들고 다니며 항상 지니고 다니며,
57 너희가 모든 백성과 대화할 때 당당
히 메모한 것을 깨우쳐 주고 가르쳐
줄 수 있는 그와 같은 삶의 자세로 이
제는 바꿔 가야 한다는 것을 잊지 말
라.
58 160권에 기록된 나의 소중한 뜻, 그리
고 그들이 들어서 이해할 것, 그들이
들어서 감히 깨우치지 못하는 그와 같
은 부분을 그들에게 깨우쳐 전하도록
그리하라.
59 나의 아들 예수가 인간의 형태요, 모
든 고통을 다 알기에, 제가 나 여호와
가 원하는 십자가에 못 박혀 죽는 고
통의 길을 갈 수 있는 용기와 자신이
없어서 그 용기와 힘을 달라 애절히
기도했던 나의 아들 예수의 그 기도의
의미를 기록하여 만백성에게 전해서
깨우쳐 주며,
60 너희가 기도하는 것은 그와 같은 마음
에서 기도한다는 것이 얼마나 나 여호
와의 애절한 뜻이며 가슴 아픈 뜻인지
알겠는가?
61 그와 같은 나의 가슴 아픈 뜻이요, 나
의 진리요, 하늘의 뜻을 알면서, 너희
가 가슴에 사장시키며 지워 버리고 잊
어버리고 산다면, 너희의 그 죄가 얼
마나 큰 줄 알겠는가?
62 내가 너희에게 전해 주는 것은 무엇
이더냐?
63 너희가 가슴에 안고 너희만 알며 너
희가 구원받으며 그리하여 지워 버리
려 함이니,
64 이를 세상에 전하는 것이 전사요, 이
를 세상에 전하는 것이 나로부터 선택
된 아들딸이거늘,
65 어찌하여 너희가 나의 뜻을 전하지
아니하며 그를 필요로 하지 아니하며,
66 그저 너희 가슴에 안고 너희만 구원
을 받으며 너희만 깨달음을 받는다는
그와 같은 생각에 안주하며 안일한 방
법으로써 가고 있는가?
67 이를 반성하고 깨우칠 때가 왔음을
이제는 알아야 할 때이니라.
68 너희는 내가 내려 강론하는 그 모두를
기록하여 비망록을 들고 다닌다면, 이
세상 누구도 너희를 이길 자 없으며
당할 자가 없으며 거기에 대답할 자가
없으며,
69 그 누구도 알지 못하는 것을 깨우쳐
주는 너희 앞에 고개를 숙이는 그와
같은 자들이 될 것이니라.
70 너희 앞에 갑론을박하다 제가 조용히
혼자 기도할 때, 너희가 깨우치고 전
해 준 그 의미를 알게 됨이니,
71 그때 그들의 마음이 돌아서게 되는 것
은 당연한 것이며, 나의 법전을 접하
게 될 것이니 그리 알라.

## 6,543 번째 하나님 말씀

*2003년 6월 27일 12시 11분*

1 사랑하는 나의 아들아!
2 "네, 아버님! 말씀하옵소서."
3 너희는 스스로 원하든 원하지 아니하
든 늙어 가며, 늙어 가면서 또 살아가
는 것이며, 늙어 가는 것은 막을 수도
없으며 피할 수도 없는 것이니라.

4 너희가 원하는 모습으로 늙는 것도 아
니요, 너희가 생각하는 모습으로 늙는
것도 아니요,
5 너희와는 관계없이 세월이 흐름으로
인하여 쇠진하며 늙어지는 몸으로써
살아갈 수밖에 없는 것이 너희이니라.
6 너희가 모든 것을 그와 같이 살면서
뭐라 말하느냐?
7 그 모든 역사하는 것은 나 여호와의
뜻이요, 나의 주관하에 이루어진다 그
리 말하고 살아감이니,
8 이제 나의 아들을 따르는 제자들이요,
나의 법전을 읽고 깨우친 백성, 너희
는 그러하니라.
9 나 여호와의 뜻이라 그리 믿는 그 마
음을 굳건히 가지고 살아가야 함이니
라.
10 그리하여 너희가 어떠한 환경에 처해
있든, 어떠한 어려움에 닥쳐 있든, 어
떠한 변화가 있다 해도,
11 나를 믿고 따르는 그 마음이 변함없이
그리 밀고 가는 것만이 너희가 갈 길
이며 역사하는 길이라는 것, 그 길밖
에 너희가 다른 길이 없음을 알아야
할 것이니라.
12 나를 따르는 백성이요, 나의 아들을
따르는 제자 너희는 법전을 읽고 깨
우친 백성이 아니던가?
13 너희는 모두 육의 삶에 대하여 승자
요, 패자라는 그것에 연연하지 말며,
그와 같은 것에 좌절하지 말라.
14 나의 아들을 따르는 제자요, 나로부터
선택된 만백성 너희는 나의 법전을 읽
고 깨우쳐 정녕 참진리요, 하늘이 무
엇인가를 아는 백성이 아니던가?
15 그리고 하늘에 오르는 길이 무엇이며,
너희가 어찌 역사해야 하는 것인가,
16 또한 육을 가지고 있는 인간이 살아가
는 그 모습 자체도 어찌 살아야 하는
가, 그리고 말로써 믿음이 역사하는
것이 아니요, 행함이 얼마나 소중한
것인가 깨닫고,
17 그리하여 행함을 위하여 몸부림치며
살아가는 너희가 아니더냐?
18 그와 같은 너희는 육에 대하여 승패
와 승자요, 패자요, 이와 같은 것에 너
무 연연하지 말며 그리 얽매이지 말라.
19 거기에 두려움을 갖지 말라.
20 너희는 영혼의 구원이요, 나에게 오르
는 그 모든 것을 차원 높은 세상이요,
차원 높은 그 길을 가는 것이 나로부
터 선택된 백성이며,
21 내가 너희에게 초청장을 보내 초대받
은 자라는 것을 절대 잊어서는 아니
될 것이니,
22 너희는 한 차원 높은 길을 가고 있으
며, 그 삶을 위해 살아가는 것이 나로
부터 선택된 백성이요, 영광된 백성이
라는 것을 잊지 말라.
23 너희는 나의 아들을 통하여 내리는 나
의 법전이요, 내가 명하는 것을 직접
듣고 사는 백성이 아니더냐?
24 새로운 법전이라 하여 만백성을 심판
하는 기본이요, 새로운 성경을 만들어
내가 세상에 내려보내는 그 역사를
맡아 지금 세상에 존재하는 나의 아들
과 더불어 너희가 한 시대를 살아가
며,
25 오늘 내가 만든 자연의 아름다운 이
지상에서 더불어 살아가는 백성이 아

니던가?
26 그러면서도 그중에서도 나의 강론을
직접 들으며 내가 메시지를 내리며 내
가 명하는 것을 그리 지키고 그를 따
르며 살아가는 너희가 아니던가?
27 그와 같은 너희가 육의 세상에 육의
승패요, 육의 패자요, 승자라는 것에
연연하지 말라.
28 더 가진 것, 더 갖지 못한 것, 명예가
높고 낮은 것에 연연하는 백성이 된다
면, 너희는 나의 강론을 직접 듣는 백
성이 아니요, 깨달음의 길을 가는 백
성이 아니요,
29 나의 아들과 더불어 한 시대의 새로운
역사를 일구어 가는 거기에 초청받은
자요, 거기에 부름을 받아 대명을 받
은 백성이라는 그 신분을 잊고 살아가
는 것이니라.
30 너희는 나의 아들과 더불어 살아가며
그와 대화하며 내가 내리는 그 명을
그가 직접 들어 너희에게 전하는 것
을 들어 행하고 살아가는, 나로부터
선택된 백성이 아니더냐?
31 너희는 나이를 탓할 것이 없으며 늙어
가는 것을 탓할 것이 없느니라.
32 너희는 영혼이 젊으며 마음이 젊은 그
것으로써 어떠한 역사든지 다 이룰 수
있을 것이니라.
33 일반 백성은 나이가 먹으면 쇠진하는
것을 두려워하고 겁먹고 있으며, 자신
을 잃으며 용기를 잃고 사는 것이니라.
34 그러나 너희는 영혼이 젊으며 마음이
젊으며,
35 나에게 올 수 있는 그 길에 육의 늙고
젊음은 관계되는 것이 아니니,
36 너희는 늙어지는 것, 나이 먹은 것을
탓하지 말라.
37 그저 나의 법전을 항상 정독하고 항상
같이하고 살고 있는가, 사는 자인가
너희가 그를 돌아다보며 그를 점검해
보면 될 것이니라.
38 늙어짐을 탓하지 말며, 나이 먹은 것
을 탓하지 말며,
39 나의 아들이 내리는 강론을 들어 너희
것으로 만들며, 나의 법전을 항상 읽
으며 정독하며 그리고 나의 법전을 항
상 같이 대면하며 사는 그와 같은 삶
을 사는가 너희 자신을 두드려 보며,
너희 자신을 돌아다보라.
40 그와 같은 삶을 살지 않는다면 오늘
부터라도 너희는 그와 같은 삶을 살
아야 하는 것이 너희가 가야 할 길이
며 역사할 길이라는 것을 잊지 말라,
사랑하는 나의 아들딸들아!

## 6,544 번째 하나님 말씀

*2003년 6월 27일 12시 16분*

1 사랑하는 나의 아들아!
2 "네, 아버님! 말씀하옵소서."
3 모든 종교 집단 그들이 행함이 중요하
지 아니하다 그리 생각하고 살아감이
니,
4 내가 너희에게 일찍이 성경에 한 구절
을 기록하여 깨우쳐 준 내용을 알지
못하는가?
5 성경에 기록하여 너희를 가르치기를,
나이 든 자가 바로 살아가도록 하여
나이 어린 백성이 그를 보고 배울 수
있도록 나이 많은 백성은 모범된 삶을

살도록 내가 그리 기록하여 너희에게
가르치지 아니하였던가?
6 그 구절의 의미를 너희는 깊이 깨우
쳐 보라.
7 나이 먹은 백성이 살아가는 모습이 나
이 어린 백성에게 모범이 되는 그와
같은 행위와 삶을 살라 하는 것은,
8 너희가 곧 행동함이 나의 뜻이요, 너
희가 행동하는 것에 따라 나에게 심판
을 받는다는 엄연한 사실이 중요함을
내가 기록하여 전한 것이니라.
9 너희가 행함이 얼마나 중요한 것인가
를 거기서 알아야 할 것이니라.
10 그리하여 내가 행함의 그 중요성을 기
록하여 전한 내용이 바로 나이 든 자
는 젊은이들의 모범된 삶을 살라 하는
것이 나의 뜻이니라.
11 그러나 너희가 지금 살아가는 모습은
과연 나이 든 것만큼 나이 어린 사람
에게 모범된 삶을 살며 그를 보고 따
라 배울 수 있도록 그와 같은 삶을 살
고 있는가?
12 그렇게 살고 있지 아니한다면 너희는
잘못된 삶이라는 것을 알아야 할 것
이니라.
13 너희는 여기서 또 하나 깊이 깨우쳐
야 할 것이 있음이니라.
14 나이 어린 자들이 나이 먹은 너희가
바르게 살며 모범된 행동을 하고 살아
가기를 바라고 있으니, 그들이 원하고
있다는 것을 너희는 알아야 할 것이
니라.
15 그와 같이 어린 사람들이 나이 먹은
사람들의 모범된 삶을 바라거늘,
16 그리 바라는 것을 너희가 그리 행하
지 못하며 살아가지 못한다면, 너희는
바로 나이 어린 사람들에게 버림을 받
는다는 것을 잊어서는 아니 될 것이며,
17 또 너희가 가슴 깊이 새겨 명심해야
할 그 대명은, 나 여호와가 너희가 그
와 같은 모습으로 살아가기를 원한다
는 것을 알아야 할 것이니,
18 그와 같이 사는 세상을 만들고자 하는
것이 나 여호와의 뜻임을 너희는 알
아야 할 것이니라.
19 그러니 너희의 행동함이 얼마나 중요
한가?
20 인생을 산 것만큼, 나이를 먹은 것만
큼 너희가 모범된 삶이요, 아름다운
모습으로써 젊은이들에게 모범된 삶
을 살아야만 이 세상이 밝다 내가 성
경에 기록하여 전하였으니,
21 너희가 하늘에 오르는 길이요, 지금
구원의 길에 온다는 백성, 믿음의 길
을 가고 있는 백성, 너희는 믿음이 깊
으면 깊을수록 차원 높은 변화가 되어
있으며 천사와 같은 위치에 와 있어
야 하는 것이니라.
22 이는 곧 무엇이더냐?
23 나이 먹은 사람이 젊은 사람에게 모범
되게 살도록,
24 믿음이라는 진정한 길을 오래 오고
오래 믿음의 길을 왔다면, 너희도 모
르는 사이에 어린 자, 늦게 온 자들에
게 모범이 되어야 할 것이며,
25 그들이 경탄하며 너희를 보고 따라가
는 그와 같은 삶을 살아야 할 것이니
라.
26 너희가 하는 행동이요, 너희가 하는
말에 그들이 바라는 것이요, 그들이

원하지 않는 행동과 삶을 산다 하면
이것은 정녕 잘못된 것이요, 진정한
믿음의 길이 아니라는 것을 알라.
27 나 여호와가 나이 먹은 사람들이 젊은
사람들에게 모범된 세상의 삶을 사는
것을 원하는 것이며, 그와 같은 세상
을 역사하고자 한다는 것을 너희는
잊지 말며,
28 그와 같은 백성으로 살아가는 데 나의
아들을 따르는 제자요, 나의 법전을
읽은 백성은 그리 살아가야 할 것이
니라.
29 그것이 성경에 기록된 내용이요, 나
여호와가 너희에게 바라는 것이며, 그
와 같은 세상을 이루고 만들고자 하는
것이 나 여호와의 뜻이라는 것을 가슴
깊이 새겨두도록 그리하라, 사랑하는
나의 아들딸들아!

## 6,545 번째 하나님 말씀

*2003년 6월 27일 12시 23분*

1 사랑하는 나의 아들아!
2 "네, 아버님! 말씀하옵소서."
3 이 세상에 사는 나의 백성 너희가 어
떠한 학자요, 어떠한 재능을 가진 백
성이요, 또한 권력의 지도층에 지배하
는 백성이라 하여도,
4 너희는 감히 수천 년 동안 흘러오는
그 세월 속에 구약이 잘못된 부분이
요, 신약이 잘못된 부분이요, 너희가
잘못 이해하는 부분이요, 너희 인간이
가감하여 기록하여 전하는 그 내용을
감히 잘못됐다 잘됐다 탓하며 그를
바로잡으려 하는 백성이 없었음이니
라.
5 또한, 신약의 시대요, 지금의 내가 제
3의 시대를 여는 이 시대도 어떠한 능
력을 가진 백성이요, 어떠한 배움을
가진 백성이요, 권력을 지배하는 백성
이라 하여도 감히 이를 다스려 바로잡
지 못하는 것이니라.
6 구약에 잘못 가감되어 기록된 것이요,
비유의 뜻으로 내려온 것을 알지 못하
며 그를 잘못 가르치기에,
7 하늘에 오르는 길을 잘못 가는 길로
내려가고 있는 그것을 바로잡으려 하
는 자가 없음이요, 그 역사를 하는 자
가 없음이니라.
8 그와 같은 역사를 이루고자 하는 자는
모두를 다 내놓아야 할 것이며, 목숨
이라는 것을 버릴 수 있는 그와 같은
용기 있는 자가 아니면 행할 수 없음
이니라.
9 지금 모든 종교 집단이요, 지도자들이
요, 그들이 가지고 있는 물질이요, 권
능의 힘이요, 그 모두 앞에 대적할 자
가 없으며 그 용기 있는 자가 없음이
니, 그리하여 너희가 이대로 흘러내려
가는 것이며,
10 또한 2천 년의 암흑의 시대가 흘러왔
으며 또 계속 암흑의 시대요, 깨우침
의 참진리를 보지 못하는 그와 같은
세대를 그대로 이끌어 가고자 하는 것
이니, 너희는 이를 알아야 할 것이니
라.
11 그 누구도 바로잡을 수 없는 그 역사
앞에 너희 동양의 작고 작은 나라에서
가장 작은 한 인간이요, 나의 아들이
이 역사를 바로잡기 위하여 밤과 낮을

가리지 아니하고 160권이라는 법전을
기록하여,
12 이를 가지고 계란으로 바위를 깨는 것
보다 더 어렵고 힘든 길에 뛰어드는
나의 아들이 존재함을 너희는 어찌하
여 그를 모르는가?
13 새로운 시대를 열고 지상의 천국을 건
설하기 시작하였음이니,
14 너희가 그 길을 보지 아니하며 그 역
사의 아름다움을 들여다보지 아니하
며 동조하는 자가 없음이니, 너희가
얼마나 어리석고 불쌍한 백성이던가?
15 작은 동양의 나라에 작은 한 인간, 나
의 아들이 지금 역사하고 있음이니라.
16 그는 너희가 보기에 비록 초라하고
작으나 작은 거인임을 알아야 할 것
이니, 어찌하여 너희는 작은 거인이
역사하고자 하는 것을 보지 못하며 들
으려 하지 아니한단 말이던가?
17 너희는 그가 존재함을 믿으려 하지 아
니하며, 그가 역사하는 것을 사탄이
요, 이단이라 그리 치부하며,
18 나 여호와의 뜻이요, 하늘에 오르는
길이라 들여다보지 아니하며 그 역사
하는 것을 같이 손잡고 나가고자 하는
자가 없음이니, 이것이 지금 어리석은
백성의 삶이니라.
19 새로운 성경이라 하여 세상에 내려보
내며, 새로운 법전이라 하여 내가 세
상에 내려보내, 동양의 작은 나라에
작은 거인으로 하여금 새로운 역사를
이루고자 내려보내는, 나의 성령을 태
워 보내는 '하늘에 오르는 길'이요, '하
나님! 말씀하옵소서'라는 이 160권의
책을 너희가 들여다보지 아니하며 읽
으려 하지 아니함이니,
20 나의 백성 너희가 욕심과 시기와 질
투요, 오만과 자만에 차 있으므로, 눈
은 있되 보지를 못하며 귀가 있되 듣
지를 못하는 그와 같은 형국이 되어
있음이니,
21 이제 너희는 눈을 떠야 할 것이며 막
힌 귀를 뚫어야 할 것이니,
22 그것을 바로 할 수 있는 것이 너를 따
르는 제자들이요, 나의 법전을 읽고
깨우친 백성이요, 지금 전사로서 나에
게 부름을 받은 나의 백성이 해야 할
일이니라.
23 막힌 그들의 귀를 뚫어야 할 것이며
감겨 있는 눈을 뜰 수 있도록 하여 그
들에게 충격을 주어,
24 그들이 정신에서 깨어나며 세뇌된 그
속에서 깨어나며, 지금의 가는 길이
지옥의 낭떠러지로 달려가고 있다는
것을 들여다볼 수 있도록 그들에게 충
격을 주어, 눈을 뜨게 하며 귀를 열게
하는 것이 너희가 해야 할 일이라는
것을 잊지 말라.
25 이제 내가 마지막으로 너희에게 다시
한 번 전하노라.
26 감히 어떠한 위대한 인간도, 어떠한
권력의 최상을 지배하는 백성도 구약
과 신약이 잘못되었음을 탓하지 못하
며, 가감됨을 찾아내지 못하며,
27 그 비유의 뜻을 제대로 가르치고자
높이 기치를 드는 백성이 없음이니,
28 이 동양의 작은 나라에서 작은 나의
아들이 이 역사를 함이니, 너희가 작
은 나의 아들이요, 이 작은 거인이 나
의 뜻에 따라, 그의 주관대로 하지 아

니하며 오로지 내가 내리는 것, 내가
명하는 것만을 가지고 행하는 그의 모
습을 어찌하여 못 보는가?
29 너희는 법전에 기록되는 내용을 가지
고 시시비비를 하느니라.
30 나의 아들을 우상화하고자 하며, 나의
아들을 너희가 높이 받들고자 하며,
그와 같은 시시비비를 다 하나,
31 그는 그가 기록하는 것이 아니요, 그
는 나의 명령이요, 나의 뜻에 따라 기
록하고 전하는 것뿐이니, 거기에 깊은
의미요, 뜻이 있음을 알라.
32 이것이 지금 내가 너희에게 전하는
뜻이니, 모든 믿음의 길을 가는 백성
너희는 알라.
33 누구도 행할 수 없는 것을 행하는 자
가 용기 있는 자가 아니던가?
34 잘못된 것을 잘못됐다 하여 바로잡는
자가 용기 있는 자가 아니던가?
35 이와 같은 너희가 도저히 역사할 수
없는 역사를 하는 것, 인간 대 인간,
집단 대 집단의 싸움이 아니요,
36 모든 세상에 존재하는 종파를 다 다시
세우며 다시 바로잡고자 하며,
37 버릴 것 버리며 취할 것 취할 수 있도
록, 그리고 알곡식을 거두어 하늘의
창고에 쌓아 놓을 수 있도록 그 역사
를 이루는 작은 거인, 나의 아들이 과
연 이 역사를 인간으로서 할 수 있으
며 한 사람이 자신의 뜻으로써 이를
역사할 수 있으며 바로잡을 수 있는가?
38 한번 너희는 그 이치를 돌이켜 보며,
그가 하는 일을 들여다보며,
39 그를 믿지 못하며 그가 의심스럽거든,
너희는 나의 법전을 읽고 깨우쳐 보면
그것이 인간으로서 작은 나의 아들이
역사하는 것이 아니라는 것을 알 수
있거늘,
40 어찌하여 눈이 있으면서 너희는 눈을
감아 버리며 귀가 있으면서 귀를 막는
어리석은 그와 같은 행위를 하고 있단
말이던가?
41 귀를 막았던 것을 뚫으며 감겼던 눈을
뜨도록 하라, 사랑하는 나의 아들딸들
아!
42 그들의 눈을 뜨고 귀를 열어 주는 것
이 지금 선택된 백성이요, 법전을 읽
고 깨우친 너희가 해야 할 일이며, 너
희밖에 역사할 수 있는 자가 없다는
것을 알라.

## 6,546 번째 하나님 말씀

*2003년 6월 27일 12시 28분*

1 사랑하는 나의 아들아!
2 "네, 아버님! 말씀하옵소서."
3 너를 따르는 제자들과 나의 법전을 읽
고 깨우친 만백성 그들에게 너는 전하
라.
4 그들에게 말하라.
5 지치지 말며, 너희가 주저하지 말며,
법전을 정독하며 깨우쳐 만백성을 구
하며 그들에게 나의 뜻을 전하는 데
주저하지 말라 그리 전하라.
6 나의 법전을 읽고 깨우칠 때만이 너
희가 강한 자로서, 강한 전사로서 거
듭나는 역사를 얻게 됨이니라.
7 너희가 거듭나는 역사로 다시 태어나
는 전사로서 나지 아니하면 남들을 다
스려 나갈 수 없기 때문이니,

8 너희가 거듭나는 것은 나의 법전을
읽고 또 읽고 깨우치고 또 깨우칠 때,
너희가 강한 의지요, 강한 전사로서
다시 태어나는 그 영광을 얻게 된다는
것을 알라.
9 나의 백성 누구도 지옥에 떨어지는 것
을 나 여호와가 원치 않음이니, 내가
지금 수없이 떨어지는 그들을 내려다
보는 나의 마음이 과연 어떠한지 너희
는 생각해 보았는가?
10 나 여호와가 세상을 내려다보는 그와
같은 정황은 말로 표현할 수 없음이니
라.
11 사랑하는 나의 백성이 지옥으로 떨어
지는 것을 보고 또 보는 나의 마음이
어떻겠는가?
12 나의 애절한 마음을 알겠는가?
13 지옥으로 떨어지는 불쌍한 백성을 보
고 피눈물을 흘리며 너희가 지금 거
듭나 나의 피조물 만백성이 역사를 이
루는 그 터전을 닦지 못하고, 지금 동
분서주하며 제자리를 지키지 못하며
우왕좌왕하는 그와 같은 모습을 보는
나 여호와의 아픈 마음 또한 너희는
어떠한 것인지 알겠는가?
14 나 여호와는 너희가 어찌해야 할 것
이며 어찌 가야 할 것인지를 너희가
알면서 그 길을 가지 못하며 용기가
없으며 자신을 갖지 못하는 너희를
바라보는 내 마음이 얼마나 안타까운
지 알겠는가?
15 나의 사랑하는 백성이 지금 밤과 낮
을 가리지 않고 수없이 지옥으로 떨
어지고 있느니라.
16 그들을 구할 것은 너희밖에 없음이니
라, 사랑하는 나의 아들딸들아!
17 나의 아들을 따르는 제자요, 선택된
백성 너희는 들으라.
18 그들이 지옥으로 한번 가기만 한다면
그 지옥에서 영원히 구원받을 수 없으
며 지옥에서 나올 수 없다는 것,
19 그와 같은 지옥으로 한 번 가면 나올
수 없는 그 지옥 길을 향하여 수없는
연습과 훈련을 거듭하는 것이 종교
집단이요, 지도자들이 가르치는 것이
며, 그 가르침에 의하여 구원을 받았
다고 말하는 그 백성이니,
20 그들을 과연 누가 구원할 수 있단 말
이던가?
21 너희가 한번 떨어지면 영원히 지옥에
서 남게 된다는 그 무서운 사실을 그
들에게 전해 주고 깨우쳐 주는 것은
너희밖에 없음이니라.
22 너희가 지옥에 한번 떨어지면 영원히
지옥에 남으며 구원받아 나오지 못한
다는 그 무서운 사실을 너희가 전하
는 것은 나의 법전에 기록한 것을 전
함이니,
23 그 법전을 짊어지고 이고 전하는 것은
너희가 해야 할 일이니, 너희가 그 불
쌍한 백성을 구원하도록 그리하라.
24 나의 법전을 내려보냄은 내가 그 고
통에서 너희를 구원하고자 하는 나의
마음이며 마지막 나의 소원이며 마지
막 바람이니,
25 절대 너희는 지치지 말며 주저하지
말며 용기를 잃지 말라.
26 너희가 지쳐 주저하며 용기를 잃는다
면, 한번 가면 영원히 나오지 못하는
그 무섭고 두려움을 모르고 가는 백성

을 깨우칠 자가 없으며 깨닫게 하여
하늘에 오르는 길로 인도할 수 있는
자가 없음이니,
27 사랑하는 나의 선택된 백성이요, 나의
아들을 따르는 제자 너희는 지치지
말라, 주저하지 말라, 그리고 두려워
하지 말라.
28 모두는 다 너희가 역사함을 보게 될
날이 멀지 아니하였음이니 그리 알라.
29 오늘 너희가 지치지 아니하며 주저앉
지 말며 쓰러지지 아니할 때, 그 모든
것에 불을 붙일 수 있는 것임을 잊지
말라.

## 6,547 번째 하나님 말씀

*2003년 6월 27일 12시 36분*

1 사랑하는 나의 아들아!
2 "네, 아버님! 말씀하옵소서."
3 너희가 이 세상에 살아가면서 그 수많
은 재앙이 불행으로 몰아 감이니라.
4 너희에게 큰 불행의 재앙이 내려올 때
그를 미리 알아 경보를 알려주는 그와
같은 방법이 있다 하면, 너희는 얼마
나 그 큰 피해요, 그 아픔이요, 슬픔을
적게 다스릴 수 있는가?
5 적으로부터 공격을 받는 그와 같은 백
성에게 적으로부터 공격을 받는 것을
미리 알려 준다면,
6 너희에게 경보를 알려줘 대피하는 그
와 같은 역사를 한다면 너희는 그 피
해를 줄일 수 있지 않은가?
7 그러나 사전에 경보가 없으며 재앙을
예방할 수 있는 그 경보음이 없으며
그를 알지 못하여 너희가 당하는 피
해나 재해는 이루 말할 수 없을 것이
니라.
8 미리 알지 못하고 적으로부터 공격이
요, 재앙으로부터 공격이요, 세상의
자연의 물리적인 힘 앞에 너희는 말할
수 없는 피해를 입게 됨이니,
9 너희는 경보장치요, 경보음을 알려 준
다는 것이 얼마나 필요하고 소중한 것
인지 알겠는가?
10 내가 너희에게 일찍이 깨우쳐 주지 아
니하였던가?
11 미리 알려주는 경보장치요, 경보의 울
림이 얼마나 중요하더냐?
12 큰 제방이 무너지는 것도 작은 구멍으
로부터 시작함이니,
13 그 작은 구멍이 시작할 때 그를 알아
서 막는다면 모든 재앙의 위험에서 막
을 수 있는 것이 아니던가?
14 지금 나 여호와는 너희에게 모든 재앙
으로부터, 그 위험으로부터 경보음을
울려 주며 경보장치를 가동하여 너희
에게 경보를 내려 주고 그를 알려주
는 역사를 이루는 것이 지금 내가 지
금 진행하는 것이라는 것을 너희는
어찌 모르는가?
15 내가 나의 아들을 통하여 160권의 법
전을 만들어 세상에 전해 주며,
16 구원받을 자와 구원받지 못할 자, 미
래에 지옥으로 갈 자, 천국으로 올 수
있는 그 길을 알려 줌이니 이게 바로
무엇이더냐?
17 경보음을 내가 울려 주는 것이 아니
던가?
18 내가 나의 아들을 통하여 너희에게
경보음을 울려 주건만, 너희가 어찌하

여 그 경보음에 대하여 대처하지 아니하고 준비하는 삶을 살지 아니하고, 이를 이단이요, 사탄이요, 사악한 자라 그리 말하는가?
19 너희는 물의 심판이 있을 것이라 하여 방주를 만들게 했던 그 노아를 비웃고 정신 이상자요, 바보요, 천치라 그리 말하였으니, 그게 바로 경보음이 아니었던가?
20 내가 미리 예언해 주었으며 내가 너희에게 경보음을 줌이니라.
21 너희가 하늘에 오를 수 있는 모든 이치를 깨우쳐 주며 역사할 수 있도록 내려 준 구약이요, 신약의 그 모두가 다 무엇이던가?
22 너희에게 닥쳐 올 그 불행에 대하여 내가 경보음을 울려 주며 경보 조치를 하는 것이 다 그것이니라.
23 그러나 너희가 그를 듣지 아니하며 그를 믿지 아니하여 오늘의 이와 같은 역사가 이루어졌음이니라.
24 지금 내가 160권의 법전을 너희에게 내려보내는 것은 너희가 모르고 크나큰 재앙을 당하는 것, 그 모든 불행을 당하는 것, 적으로부터 공격을 받는 것을 너희가 알지 못하고 그 피해를 대피하지 못하여 감당치 못하는 그와 같은 고통과 시련을 겪는 것을 미리 알려주는 그 역사를 하는 것이 나의 법전 160권이 세상에 나가는 것이니라.
25 나 여호와가 너희를 얼마나 사랑하면 내가 마지막으로 너희에게 경보음을 울려 주며 너희의 영혼을 구하도록 깨우쳐 준단 말이던가?
26 이 두 번 다시 없는 나의 법전이 내려가는 이 기회를 너희가 잃어서는 아니 될 것이니라.
27 그러니 바로 나의 160권의 법전을 내려보내 내가 경보음을 울려 주는 것은 무엇인 줄 알겠는가?
28 너희는 이 세상에 살면서 단 한 번의 죽음으로써 끝난다고 그리 생각하는 어리석은 백성을 깨우쳐 줌이니라.
29 너희는 한 번 죽는 것이 아니요, 너희는 두 번 죽는다는 것을 알아야 할 것이니라.
30 너희는 두 번 죽음이니, 첫 번째 죽음보다도 두 번째 죽음에 대한 삶을 대비하고 살아가는 것이 얼마나 위대하고 축복이요, 영광된 길인가?
31 그를 위하여 내가 나의 아들을 통하여 160권으로 하여금 경보음을 울리고 울리거늘, 이를 듣지 아니하며 귀를 막으려 함이니라.
32 너희가 육과 영이 존재하여 이 세상에 육이 존재하며 살아가는 동안에 육은 죽어 한 줌의 흙으로 돌아가며 영혼은 떠남이니, 이것이 바로 너희의 첫 번째 죽음이요,
33 너희의 영혼이 나에게 와 심판을 받아 그 영혼이 지옥으로 가는 것, 천국으로 가는 그 갈림길에서 심판을 받아 지옥으로 떨어지는 것이 너희의 두 번째 죽음이니,
34 너희는 두 번 죽음의 역사를 거친다는 것을 알라.
35 두 번의 죽음의 역사를 거쳐 마지막에 하늘에 오를 수 있는 영광을 너희가 얻는다 내가 하지 아니하였던가?

36 너희가 육의 세상에 보이는 삶을 살며
거기에 연연하지 아니하며, 보이지 않
는 세상의 삶을 살아 하늘에 오르는
길을 깨우치라 했듯이,
37 보이지 않는 삶의 그 세상을 떠나면
너희의 영혼이 심판을 받는 그때 지옥
으로 떨어지는 것이 정녕 두 번의 죽
음이요, 너희가 구원을 받는 것은 두
번의 죽음이 아니요, 축복이 이 세상
에 있다는 것을 알라.
38 이제 너희는 두 번째 죽음에 대해 그
두 번째 죽음을 대비하며 그와 같은
두 번째 죽음에서 축복을 받는 길의
삶을 살라.
39 내가 나의 법전에 쓴 경보음을 울려
줌이니, 이는 내가 너희를 사랑하는
큰 뜻이며 큰 뜻의 사랑을 너희가 보
아야 할 것이니,
40 이를 보지 못하는 자들이 얼마나 어
리석은 자인가?
41 밤낮을 가리지 아니하고 너희에게 경
보음을 전해 주는 나의 아들에게 이단
이요, 사탄이요, 사악한 자라 하니,
42 너희가 바로 은혜 받은 자, 감사할 자
들이 은혜를 원수로 갚는 그와 같은
행위를 하고 있는 것이 그 대표적인
것이 종교 집단이요, 지도자이니라.
43 너희가 말하는 이방인이라는 백성은
그리하지 아니하니라.
44 그들은 그를 읽고 아름다운 것은 아름
답게 깨달으며 저희가 깨우치고자 하
는 자들이니라.
45 무조건 맹종 맹신하며 세뇌되어 이성
을 모르는 정신 때문에 이를 보지 못
하며, 그저 이단이요, 사탄이요, 나의
아들까지 제거하려는 그와 같은 흉악
무도한 행동을 자행하는 것이 너희이
며,
46 그를 추종하는 것이 너희임이니, 이제
너희는 깨우쳐 줘야 할 것이니라.
47 이 경보음에 대해서 잠에서 깨라, 경
보음에서 잠을 깨지 못하며 이 울려
주는 경보음 소리에 눈을 뜨고 잠에서
깨지 못하면 너희는 구원의 길을 영
영 오를 수 없다는 것을 알라.

## 6,548 번째 하나님 말씀

*2003년 6월 27일 22시 02분*

*(강론을 마치며)*

1 사랑하는 나의 아들아!
2 "네, 아버님! 말씀하옵소서."
3 내가 작은 동양의 이 나라에 작은 너
를 내려보내 나의 법전을 만들어 만백
성을 역사함에 있어서 이 단어요, 이
언어요, 이 모두를 가지고 내가 통일
어로써 세상에 사용한다 그리 말하였
음이니, 그는 바로 무슨 뜻인 줄 알겠
는가?
4 너희가 이를 듣고 깨달음으로써 그
뜻을 이해하기가 쉬우며 너희가 바로
받아들이기가 쉬운 것이며,
5 다른 나라의 언어요, 문자처럼 그 설
명이요, 해석이 틀렸을 때 무서우리만
큼 변질되는 그와 같은 오차를 가지
지 아니하는 것이 동양의 작은 나라,
내가 미리 만든 너희 문자요, 글임을
너희는 알아야 할 것이니라.
6 그리하여 나의 법전을 만든 너희가
한 자의 오자도 없이 최선을 다하여

나의 법전을 만드는 데 모두를 다 바
치라 내가 너희에게 그리 깨우쳐 주
고 있음이니라.
7 너희가 지금 얼마나 무서우리만큼 나
의 성경을 잘못 가르치며 잘못 다스려
가는지 알겠는가?
8 나의 아들 예수가 뭐라 말하였느냐?
9 그가 오늘 죽어 감이니, 나의 아들 예
수가 죽어 가는 것이 슬프고 너희가
애타는 일이나,
10 나의 아들 예수가 죽어 감으로써 새로
운 보혜사가 세상에 내려오며 그가
예수가 역사하고자 하는 그 뜻을 가지
고 그를 전할 것이며 만백성에게 역
사한다는 것을 그리 기록하여 전하였
거늘,
11 그를 가지고 해석하는 백성이 어찌
해석하며 종교 지도자들이 어찌하는
가?
12 그를 예수가 다시 내려온다고 생각하
는 자들이 있으며 그리 가르치는 자들
이 있음이니라.
13 그러니 너희가 이 얼마나 무섭게 잘
못 가르치는 것이며, 너희가 생각하기
에 따라서, 가르치는 자의 판단에 따
라서 얼마나 무서운 변화요, 차질을
가지고 오는지 알아야 할 것이니라.
14 나의 아들 예수를 통해서 새로운 보
혜사가 온다 하였음이니라.
15 그리고 다시 오는 그 보혜사로 하여금
예수가 이루고자 하는 그 뜻을 역사할
것이며, 그가 또 대신 이 세상에 와 너
희를 구하는 그와 같은 역사를 이룰
것이라는 내용이 기록되어 있건만,
16 그를 가지고 새로운 보혜사가 새로운
역사를 이룬다 그리 생각하지 아니하
며, 나의 아들 예수가 부활하여 다시
오는 것이라 그리 생각하며 그것에 매
달려 있는 자가 있음이니,
17 지금 내가 새로운 보혜사로서 새로운
뜻을 가지고 나의 아들을 세상에 내
려보내, 나의 성령이요, 나의 모두를
태워서 글로써 증거할 수 있는 이와
같은 '하늘에 오르는 길'이요, '하나
님! 말씀하옵소서'라는 이 책자로써
세상에 내려보내 너희 손에 쥐여 주
건만, 너희가 이를 믿지 아니하며,
18 예수가 부활하여 다시 세상에 내려올
것이며, 그가 천군을 두고 나팔 불고
와 너희에게 보여 주며 찬란하고 빛
나는 모습으로써 너희에게 구원의 역
사를 이루어,
19 죽은 자요, 산 자요, 나의 아들 예수를
믿는 자는 다 구원을 받는다고 가르
침이니,
20 이를 보는 나 여호와의 마음이 얼마나
통탄하단 말이던가?
21 너희에게 사과를 놓고 내가 사과라 해
도, 사과가 아니요, 배라 말하는 자들
과 똑같음이니, 그와 같은 백성을 어
찌 가르치고 어찌 다스려야 한단 말
이던가?
22 너희가 성서에 한 획도 고쳐서도 안
되며 다르게 가르쳐서도 안 되며 그
를 다르게 설명해도 안 된다고 말하
는 자들이,
23 내가 내린 내용을 그대로 받아들이고
깨우치면 오늘날 나의 법전이요, 나
여호와의 뜻이 내려가는 것을 알며 새
로운 역사가 열린다는 것을 알 수 있

거늘,
24 그를 전면 부정하며, 너희 것만 맞으
며 너희가 가는 길이 맞으며, 나의 아
들 예수가 다시 부활하여 새 역사를
이룬다는 그 생각에서 벗어나지 못함
이니, 얼마나 너희가 답답한지 알겠
는가?
25 너희에게 나의 아들 예수를 통하여 내
가 기록한 내용을 잘 깨우치도록 하라.
26 예수가 오늘에 가는 것은 슬프나, 그
가 감으로써 다른 보혜사가 세상에 온
다 하였으니, 그는 무엇이더냐?
27 다음의 세상이요, 다른 시대가 열리는
것을 의미한 그 뜻이 거기에 있거늘,
어찌하여 너희는 그와 같이 깨닫지
못하는가?
28 다른 보혜사가 와 나의 아들 예수가
이루고자 하는 역사를 이룬다면, 예수
의 시대가 끝나며 새로운 시대가 새로
운 말씀으로써 모두가 역사하는 것이
니,
29 이게 바로 제3의 시대가 역사하며 심
판의 시대가 이루어지는 것을, 그것까
지도 너희가 들으려 하지 아니하며
인정하지 아니하려 하며 그를 생각하
려 하지 아니함이니, 너희가 그저 억
지를 쓰는 것이 아니던가?
30 이를 너희는 알아야 할 것이니라.
31 새로운 보혜사가 내려오며 새로운 성
령의 말씀이 내려온다면 너희가 지금
까지 굳혀 온 그 모두가 다 무너짐이
니,
32 무너지는 것이 두려워서 지금 그와
같은 행위를 하고 있다는 것을 알지
못하던가?
33 너희가 얼마나 사악하고 무서운 자들
이냐?
34 내가 너희에게 뭐라 말하였느냐?
35 진정한 믿음이요, 진리를 깨닫는 자
요, 하늘에 오르는 길을 역사하는 것
이 너희라 하였음이니,
36 너희가 오늘까지 이루어 놓은 성역이
요, 너희가 이루어 놓은 모든 방대한
조직이 하루아침에 변화되는 것이 두
렵고 무서워 놓지 못함이니, 그게 너
희의 욕심이니라.
37 그것이 무엇이 소중하고 위대하기에,
새로운 보혜사가 세상에 내려오며 새
로운 것이 전하여지며 새 시대가 열린
다는 그와 같은 뜻을 내가 성경에 기
록하여 너희에게 전해 주었건만,
38 너희는 구습을 그대로 역사하며 신약
이 그대로 지속하며 나의 아들 예수
만이 세상에 재림하여 너희를 구원하
며 부활하여 구원한다고 그리 가르치
고 믿는 것은 무엇이더냐?
39 너희 것이 정답이요, 너희 것이 옳기
때문에 변화될 수 없다는 것, 변화되
어서는 아니 된다는 것 때문에 너희
는 모두 억지를 쓰는 것이 아니던가?
40 정녕 반대로써 기록되었다면 아닌 것
도 맞다 그리 말하는 자들이니, 너희
가 얼마나 잘못되며 무서운 자들인지
알겠는가?
41 새로운 보혜사요, 새로운 성령이 세상
에 내려와 새 시대가 열린다고 하였
음이니 그것을 너희는 깊이 알아야
할 것이며,
42 그를 거부하는 자들이 욕심에서 그리
됨을 알아야 할 것이니라.

43 너희가 이 무서운 짓을 하고 있음을
어찌하여 그리 모르는가?
44 그리하여 지금 새로운 보혜사요, 새로
운 역사요, 새로운 성령이 세상에 내
려와 새로운 시대를 열어 감이니라.
45 모세의 구약의 시대가 지났으며 예수
의 시대가 지났으며 예수가 감으로 인
해서 새로운 보혜사가 세상에 온다 하
였으니, 그건 새로운 시대가 열림이
니, 곧 이는 제3의 시대요, 내가 직접
관여하여, 내가 주관하여 심판의 시대
가 열리는 것을 너희에게 깨우쳐 주
고 전했음을 잊지 말라.

## 6,549 번째 하나님 말씀

*2003년 6월 28일 0시 29분*

1 사랑하는 나의 아들아!
2 "네, 아버님! 말씀하옵소서."
3 너희가 물속에서 잡아 올린 그 물고
기가 힘이 있어 뛰면 과연 육지에서
얼마나 뛴다 생각하는가?
4 그는 뛰다 말고 제 풀에 지쳐 제가 모
두를 다 거둬들이게 됨이니, 지금의
너희 성격이 그러하며 너희 제자들
또한 그와 같은 성격을 다스리지 못하
는 것이니라.
5 하나를 보면 열을 알 수 있듯이, 내가
너희를 내려다보는 모습이 어떠한지
알겠는가?
6 너희가 말하기를 많은 것이 변화되었
으며 많은 것을 깨달았으며 남들과
차별화된 삶을 살아갈 수 있는 백성이
라 너희 스스로 그리 생각하나,
7 너희의 변화된 모습은 하나도 변하지
못하였음을 내가 너희에게 말함이니
라.
8 물속에서 노는 그 물고기가 물속에서
제가 제왕인 것처럼 살아가는 한계의
그 모습을 벗어나지 못한 그와 같은
형국에 있음을 알아야 할 것이니라.
9 지금 너희가 살아가는 것이 작은 연
못에 있는 물고기들이 그곳이 그보다
더 좋은 곳이 없으며 더 위대한 세상
이 없는 것처럼,
10 또 강에 있는 물고기들이 더 넓은 세
상에 더 큰 곳이 있다는 것을 모르고
그곳이 최고요, 최대의 영광이라 생각
하고 그저 그들이 살아가는 것처럼,
11 너희가 그와 같이 아직도 단계를 벗어
나지 못하고 있는 것이니,
12 내가 너희를 바라보는 마음이 과연
어떠하겠는가?
13 너희가 언제 그와 같은 마음이 변하
며 언제나 그리 다스려질 것인가?
14 너희가 그와 같이 다스려지는 역사가
있을 때 모두를 다 역사할 수 있는 기
틀이 다스려지는 것이니라.
15 내가 너희에게 마음을 다스리는 것은
아름다운 쪽으로 마음을 다스리며 너
희가 아름답게 살아가는 그와 같은 마
음 하나 다스리면 세상의 이치를 다
본다고 했으나,
16 너희 마음의 성격이요, 너희가 가지는
마음의 그 모두까지 다스리는 역사의
변화가 있어야 함을 잊어서는 아니 됨
이니라.
17 너희 스스로 마음을 다스릴 수 있는
그와 같은 삶을 살라.
18 세상에 너희가 화를 내는 것, 역정을

내는 것, 감정이 폭발하는 것을 웃음
으로써 대화할 수 있고 웃음으로써
맞이할 수 있는 그와 같은 마음의 변
화이니라.
19 '허허!' 웃는 자 앞에는 내가 뭐라 말
하였느냐?
20 독이 묻은 화살도 날아오다가 너희
가슴 앞에서 떨어진다고 내가 그리하
였으며, 너희를 상하게 하지 아니한다
하지 않았더냐?
21 너희가 세상에 무엇이 두려워 '허허!'
웃지 못하며 어찌하여 언성을 높여 감
정을 낼 수 있단 말이던가?
22 너희는 말로써 나의 법전을 전하며,
한 시대에 나의 아들과 더불어 살아가
는 백성이요, 나 여호와로부터 성령을
받아 160권의 법전을 만들어 만백성
을 구원하며 내가 이루고자 하는 지상
의 낙원을 만드는 그 대명을 받아 나
간 나의 아들 너요,
23 또한 그를 듣고 배우는 나의 선택된
백성 너희가 이보다 더 위대하며 영
광이 없다 하였거늘,
24 세상에서 가장 소중한 것, 가장 위대
한 것을 가슴에 안고 있는 너희가 무
엇이 두려워 웃지 못하며 무엇을 웃음
으로써 맞이할 수 있는 삶을 살지 못
한단 말이더냐?
25 '허허!' 웃으라.
26 '허허!' 웃으면 세상 것이 다 아름답게
보이는 것을, 어찌하여 그 마음 하나
를 다스리지 못하고 너희가 그리 말
하는가?
27 어찌하여 손톱 밑에 낀 가시 하나가
너희 모두를 상하게 하며 다 죽는 것
처럼 그리 놀라는가?
28 그와 같이 놀라는 마음을 가지고 있어
서는 아니 됨을 알아야 할 것이니라.
29 너희는 '허허!' 웃는 그 마음을 가지라.
30 아무리 너희가 불행한 속에서도 '허
허!' 웃으라.
31 원수를 사랑하라 하였으며 너희가 용
서 못 할 자를 용서하며 남들이 베풀
수 없는 것을 베푸는 것이 사랑이라
내가 말하지 아니하였더냐?
32 세상에 가장 소중한 것을 가슴에 안고
있는 너희가 무엇을 더 가져야 하며
무슨 욕심이 더 있으며 무엇을 더 이
루어야 하며 무엇을 더 취해야 하는가?
33 어찌하여 '허허!' 웃는 마음으로 살아
가지 못하느냐?
34 너희가 살아가는 모습을 보는 나 여호
와가 안쓰럽고 불쌍해 보임이니, 이
마음을 어찌 알겠는가?
35 이제 '허허!' 웃는 마음으로 살라.
36 오늘 이후 너희가 어떠한 일에도 언
성을 높이지 말며, 내 성전에서 서로
얼굴 붉히지 말며, 대화로써 모두를
풀어나가며, 웃음으로써 풀어나갈 수
있는 그와 같은 역사를 이루도록 그리
하라, 사랑하는 나의 아들아!

## 6,550 번째 하나님 말씀

*2003년 6월 28일 0시 46분*

1 사랑하는 나의 아들아!
2 "네, 아버님! 말씀하옵소서."
3 수천 년 동안 흘러내려 오며 저희만
이 구원이요, 하늘에 오르는 길을 역
사할 수 있는 백성이라 굳어진 지금의

종교 집단이요, 지도자 그들이 과연
나의 백성을 어찌 가르치는가?
4 너희가 살아가면서 이 세상에 존재하
는 그 모두를 사랑하는 것, 세상에 있
는 것을 사랑하는 것은 너희가 나 여
호와와 멀어지며 나의 뜻과는 관계없
는 그와 같은 삶을 사는 자라 그리 가
르치고 있음이니라.
5 세상 것을 사랑하는 자는 나 여호와와
멀어지며 나를 사랑할 수 없으며 내
뜻을 따라 하늘에 오르는 역사의 길을
올 수 없는 자라 그리 말하고 가르치
고 있음이니라.
6 너희가 이 세상의 모두를 사랑하는 마
음만이 나를 사랑하는 그 사랑의 의미
를 알며 그를 느끼게 되며 그 시발점
이라는 것을 알아야 하거늘, 어찌하여
너희는 그를 모르며 그와 같이 가르치
고 있단 말이던가?
7 이 세상 모두는 나 여호와가 창조했으
며 내가 주관하여 필요하기에 이 세상
에 존재토록 하였음이니,
8 내가 주관하여 만든 이 세상에 있는
그 모두를 너희가 사랑하는 마음을
가짐으로써 그 작은 사랑으로 인하여
너희가 하늘에 오르는 사랑이요, 나를
향하는 사랑을 알 수 있거늘,
9 너희가 이 세상 것을 사랑하는 마음
이 나 여호와를 멀리하며 나를 사랑하
는 것이 아니라 그리 가르침이니, 나
의 백성이 과연 어찌 살아가는가?
10 인간 세상이 삭막하기가 이를 데 없
으며, 황폐한 마음으로써 그들을 만들
어 인간이 인간을 사랑할 줄 모르며
서로 저주하며 의심하며 의혹하며 그
와 같이 시기 질투하는 삶을 살아가도
록 하였음이니라.
11 그러면서 너희가 손으로 지은 성전에
와 나 여호와를 찾으며 나만을 사랑하
면 되는 것이요, 세상사에 사람을 사
랑하지 말라 그리 말함이니,
12 너희가 물에 떠내려가 죽어 가는 사람
을 밧줄을 던져 살리는 것이 사랑이
아니던가?
13 그와 같은 행위를 안 해도 죄가 되지
않는다 말하며,
14 배고픈 자에게 너희가 한 끼를 대접
하며, 어려운 자에게 있는 자가 나눠
주며 더불어 가는 것, 그것도 너희 인
간 세상에서 이루어지는 사랑이니,
15 그와 같은 사랑은 하늘에 오르는 것과
는 아무런 관계도 없으며, 그와 같은
사랑 속에 젖어서 사는 자는 나의 사
랑을 받을 수 없으며 나와는 멀어지는
삶을 산다고 그리 가르침이니,
16 이게 얼마나 잘못되며 무서운 가르침
으로써 나의 피조물 만백성을 사악하
게 만들고 있단 말이던가?
17 이 세상에 존재하는 그 모두는 나 여
호와가 주관하여 내가 필요로 하여 세
상에 내보냈으니, 그 모두를 한마음으
로 사랑하며,
18 사랑하는 작은 마음이 거기서부터 싹
이 트기 시작할 때, 나 여호와의 사랑
의 의미를 너희가 알 수 있다고 그리
말하였음이니라.
19 세상에 존재하는 것을 사랑하지 말라
하는 것은 무슨 뜻인 줄 알겠는가?
20 욕심을 버리지 못하며 욕심을 가지고
너희가 욕심을 그득히 가슴에 안고 욕

심의 마음을 버리지 못하는 상태에서
인간 세상에 살아가는 것을 사랑치 말
라 하는 것이며, 사랑하는 마음을 갖
지 말라 하는 것이니라.
21 욕심이 있는 자, 욕심을 버리지 못한
자는 그와 같은 욕심에 의하여 제가
무엇을 취하고자 하는 그와 같은 사랑
의 마음을 가져서는 안 된다는 것이
니,
22 천사와 같은 아름다운 마음으로써 변
하는 것이 세상을 살아가는 근본이며
거기에서 모두가 이루어진다는 것을
잊지 말라.
23 천사와 같은 마음으로 세상을 사랑하
며 살라.
24 내가 너희에게 뭐라 말하였느냐?
25 '네 부모를 공경하라.' 그리 말하였음
이니라.
26 너희가 부모를 공경하는 미음이요, 부
모를 사랑하는 마음이 나 여호와를 사
랑하는 것이요,
27 나 여호와를 공경하는 마음이 거기서
시발점이 되며 거기서 시작된다는 것
을 내가 일찍이 깨우쳐 주지 아니하였
더냐?
28 네 부모를 공경하고 사랑하는 그 작은
사랑이 하늘을 향하여 나 여호와를 사
랑하는 큰 사랑의 마음의 길을 너희가
보게 되며 그 의미를 알며 그 뜻을 안
다고 내가 가르쳤거늘, 어찌하여 너희
가 인간 세상에서 일어나는 아기자기
하게 서로 돕고 살아가는 사랑의 마음
이 싹이 트지 않은 자가 나 여호와를
사랑할 수 있단 말이던가?
29 그와 같은 사랑을 모르는 자는 나를
사랑할 수 없음이니, 사랑의 근본의
싹이 없기 때문임을 너희는 알아야 할
것이니라.
30 종교 집단들은 나의 백성에게 그리
가르치느니라.
31 사람을 사랑하면 너희가 영적으로 멸
망한다고 또한 그리 가르침이니라.
32 이 세상 너희는 의지하며 더불어 살
아가는 인간관계로 형성된 것이니,
33 네 이웃을 네 몸과 같이 사랑하는 그
와 같은 마음으로 실천하고 사는 것이
너희가 하늘에 오르는 근본이요, 기본
이라 내가 그리 성경에 기록하여 가르
쳤거늘,
34 너희가 한쪽에서는 나의 피조물 만백
성에게 뭐라 가르치느냐?
35 사람을 사랑한다면 너희가 영적으로
구원을 받지 못하며 멸망한다고 그리
함이니,
36 너희가 손으로 지은 성전에 와 재물을
바치며 강론이요, 설교에만 매달려 맹
종 맹신하는 그 삶이 구원의 길이요,
37 이웃을 사랑하며 사람을 사랑하는 것
으로써 너희가 구원을 받을 수 없으
니, 인간이 인간을 사랑하는 마음을
저버리라 그리 가르침이니, 너희가 얼
마나 무섭고 사악한 방법으로 끌고 가
는가?
38 그러니 사탄으로부터 받은 욕심이라
는 그 마음을 버리지 못한 것이 종교
지도자요, 집단들이 지금 하고 있는
짓들이니, 거기에 진리가 없다 내가
그리 말하는 것이니라.
39 사람을 사랑하지 말라 가르치는 그와
같은 자들 속에서 구원을 받겠다 하는

자, 사람이 사람을 사랑하는 것이 영
적인 구원의 길이요, 영적으로 멸망하
지 않는 길이요, 하늘에 오르는 길이
요, 근본이거늘, 사람을 사랑하는 것
이 영적으로 멸망의 길이라 그리 가르
치고 강조함이니, 그와 같은 자들이
얼마나 무섭고 사악한 자며,
40 그들이 세상에서 존재하고자 그 세상
을 만들고자 하는 그 사악한 자들의
앞에 나선 자로서 그들을 대변하여 살
아가는 자라는 것을 너희가 어찌 모르
고 그 사악한 대변자의 말에 속아 지
옥으로 끌려가는 그와 같은 삶을 산단
말이던가?
41 나는 너희에게 욕심이 없는 가운데 너
희는 '우리'라 하였음이니라.
42 다 같이 너희는 똑같은 사람이요, 모
든 동식물이 다 '우리'라 하였음이니,
43 너희가 욕심이 없는 마음으로 사는
것, '우리'라는 마음을 가지고 사는 것,
이는 사람을 사랑하지 않고는 사랑의
실천을 할 수 있는 길을 알 수 없음이
니라.
44 내가 너희에게 모두는 '우리'라 그리
칭하라 하지 아니하였던가?
45 그러니 내가 너희에게 다시 말함이니
라.
46 너희가 욕심이 없는 가운데 사람을 사
랑하는 마음으로 살아가야 함이니라.
47 너희가 욕심을 가지고 사람을 사랑하
는 것은 영혼의 멸망이나, 너희가 욕
심을 버리고 진실한 마음으로써 사람
을 사랑하는 것, 위선이 없는 사랑이
야말로, 사람을 사랑하지 않고는 진정
나 여호와를 사랑하며 하늘에 오르는
길을 알 수 없다는 것을 알라.
48 인간을 사랑하는 것이 나 여호와를 사
랑하며 너희가 하늘의 뜻을 알 수 있
는 길이라는 것을 명심하고 또 명심하
여 너희 가슴에 새겨 두도록 그리하
라.
49 세상을 사랑하면 너희는 심판을 받는
다고 그리 말함이니라.
50 세상 것을 사랑하는 자는 반드시 심판
을 받으며 그 심판은 너희의 죄만 가
중된다고 가르침이니, 이 얼마나 너희
가 무서운 자란 말이던가?
51 이 우주 공간의 그 모두는 나 여호와
가 주관하여 창조한 것이거늘,
52 내가 만든 것, 내가 존재케 한 것을 너
희가 사랑하지 아니하면서 어찌하여
너희가 내 뜻을 알며 나에게 역사하는
백성이라 그리 말한단 말이던가?
53 이 우주 공간에 이 세상사에 존재하는
모든 것은 나 여호와의 주관하에 내가
창조한 것이거늘,
54 내가 만들고 내가 주관하는 것을 사랑
하지 아니하고는 너희는 정녕 나를
사랑한다 할 수 없음이니라.
55 이와 같은 이치를 깨달아야 할 것이니
라.
56 너희가 정녕 나를 사랑한다 하는 것은
너희가 이 지상에 존재하는 그 모두를
사랑하는 것이 나를 사랑한다 말할 수
있는 것이니라.
57 사악한 욕심을 버리지 못한 자는 너희
가 사랑한다는 그와 같은 것이 의미
요, 뜻이 없는 것이요,
58 천사와 같이 아름다운 마음으로 살아
가는 자만이 그 사랑의 의미를 알며

사랑의 뜻을 아는 것이니,
59 내가 너희에게 말하는 것은 욕심이라
는 것을 가지고 있어 그와 같은 마음
을 가지고 가면 아니 된다는 것이니라.
60 욕심을 가지고 사랑하는 체하며 인간
을 형식적으로 사랑하는 것, 계산속에
서 사랑하는 그와 같은 사랑을 하지
말라 함이니,
61 너희는 나의 뜻을 역행하며 지금 살아
가는 자요, 내가 원하고자, 내가 깨우
치고자, 너희에게 전하고자 하는 핵심
의 그 가르침을 모르고 있기 때문에
너희가 나의 뜻을 거역하는 자가 행
하는 것이며,
62 내가 너희에게 내린 그 뜻의 비유요,
그 의미를 모르기 때문에 너희 마음
대로 해석하며 너희 마음대로 가감하
여 너희가 그리 가르치고 또 전하고,
그를 듣고 그와 같이 상식적으로 생각
하는 형국이 흘러와서, 지금 이와 같
이 사악한 말세의 세상이라는 시대가
이루어졌음을 너희는 알아야 할 것이
니라.

## 6,551 번째 하나님 말씀

*2003년 6월 28일 0시 57분*

1 사랑하는 나의 아들아!
2 "네, 아버님! 말씀하옵소서."
3 나의 아들 예수가 죽음으로써 사랑이
라는 것을 전하며, 너희가 실천하여
하늘에 오를 수 있는 길을 깨우쳐 주
어 그가 죽어 간 지금에 2천 년의 세
월이 흘러오면서 종교 집단이요, 지도
자들이 과연 지금 어찌 가고 있는가?
4 그들은 말하느니라, 저희 신도들 앞에
당당히 서서 말하기를, 물욕이 가득
차면 너희가 하늘나라에 갈 수 없다
고 가르치느니라.
5 물욕을 가지고 있는 자는 정녕 하늘나
라에 갈 수 없다고 그리 말함이니라.
6 그러나 물욕이 가득 찬 곳이 어디이
던가?
7 지금 교회라는 곳, 회당이라는 곳, 성
당이라 지은 곳, 거기서 갈취하고 거
둬들인 것보다 물욕이 가득 차 있으며
욕심이 가득 찬 곳이 어디에 있던가?
8 너희는 그와 같이 말하면서, 하는 행
위는 돌아다보지 못하며, 너희가 그와
같은 죄의 온상으로 전락하여 있다는
것을 스스로 알지 못함이니,
9 이를 보는 나 여호와의 마음이 과연
어떠하겠는지 너희는 생각해 보았는
가?
10 저희를 따라서 구원을 받겠다는 그
백성에게 물욕을 가지고 있으며 물욕
으로 그득 찬 자는 정녕 구원을 받을
수 없으며 하늘나라에 갈 수 없다 하
여,
11 있는 것, 없는 것, 너희가 붙이는 헌금
의 명분 아래 많이 바치는 자가 구원
을 받으며 하늘에 오른다 말함이니,
12 과연 너희가 긁어 들이는 그것은 물
욕이 아니면 무엇이던가?
13 너희만큼 물욕에 젖어 있어 나의 피
조물 만백성에게 피를 빨아 가는 자들
은 없을 것이니,
14 교회라는 곳, 성당이라는 곳, 회당이
라는 곳, 모든 종파만큼 물욕에 의하
여 살아가는 자가 없으며, 너희보다

더한 재물에 대한 욕심이 있는 자가
없음이니라.
15 주는 것도 없이 갈취하는 것이 너희이
니, 과연 너희는 어떠한 자인가 너희
스스로 깨우쳐 보았는가?
16 너희는 나의 사랑하는 백성 앞에, 신
도들 앞에 물욕에 가득 찬 자는 구원
을 받을 수 없으며 하늘에 오를 수 없
다는 그와 같은 말을 하지 말라.
17 너희가 그들보다 더 사악한 자들이니,
그 사악한 자들이 가르치는 지도자로
서 있음이니,
18 너희가 과연 거기서 어떠한 진리를 보
며 나의 뜻이 거기에 있단 말이던가?
19 너희가 그 갈취하는 방법은 나 여호와
외에는 아무도 알 수 없으니, 수천수
만 가지 방법으로써 너희가 그리 갈취
하고 있음이니라.
20 그러니 바로 거기가 무엇이던가?
21 너희의 죄의 온상이요, 모든 죄가 시
작하는 곳이라는 것을 너희는 알아야
할 것이니라.
22 너희는 그리하여 나의 피조물 만백성
에게 뭐라 말하는가?
23 물욕이 가득 찬 자는 하늘에 오를 수
없다면서 너희는 그리 말하느니라.
24 너희는 하늘에 물질을 많이 바치라,
하늘에 물질을 많이 바치는 자는 그
물질의 양에 따라서 구원받게 된다는
것이니, 너희가 그리 나의 피조물 만
백성에게 가르치고 있음이니라.
25 물질을 바치지 않는 자는 구원을 받
지 못함이니, 많은 물질을 바치는 자
가 구원을 받을 수 있다 그리 가르치
며, 뭐라 말하는가?
26 물질이 가는 곳에 너희 믿음의 마음
이 있으며, 물질이 가는 곳에 너희 믿
음의 한계의 강도와 믿음의 자신이 거
기에 있음이니,
27 너희가 믿고 안 믿는 것, 그리고 너희
가 축복을 받고 받지 못하는 것, 그리
고 나 여호와를 경배하는 것, 경배하
지 않은 것, 그 모두가 물질을 바치는
곳에 너희의 마음이 감이니,
28 그 모두를 가지고 너희를 평가할 수
있다 반공갈 협박을 하면서 재물을 거
둬들이고 있으니,
29 그렇다면 이를 어찌 평가해야 하는가?
30 하늘나라에 바친다며 나의 피조물 만
백성으로부터 수없이 재물을 거둬들
임이니,
31 여기에서 둘 중의 하나는 사탄이요,
사악한 자라는 것을 너희는 알아야
할 것이니라.
32 너희가 거둬들인 재물을 하늘나라 나
여호와에게 바쳐 내가 그를 착복하고
그를 받아들여 관리한다면 나는 사탄
이요, 사악한 자이니라.
33 그러나 너희가 그 재물을 나에게 바치
지 아니하며,
34 인간 너희 계획에 의하여, 너희 방법
에 의하여 그 재물을 쓰고 너희가 행
한다면 너희는 분명히 사탄일 것이니
라.
35 나 여호와는 너희가 바치는 재물이
필요 없다 그리 말하였음이니, 나는
그 재물을 받아들일 일이 없으며 받아
들이지 아니함이니라.
36 오로지 나는 베푸는 여호와 하나님이
라는 것을 너희가 알고 있지 않은가?

37 그러하니 너희가 여기서 과연 누가
사탄이고 사악한 자인가를 스스로 평
가해야 할 것이니라.
38 너희는 나의 사랑하는 백성으로부터
하늘에 많이 바치는 자, 그리고 하늘
에다 쌓아 놓는 자, 그러한 물질을 많
이 바치는 자가 축복을 받는다며 거둬
들임이니,
39 과연 그 물질을 하늘나라 나 여호와의
창고라 하여 내 앞에 쌓아서 그를 내
앞에 바친다며 거둬들인다면 나 여호
와가 누구인가?
40 내가 사탄의 짓을 하고 있는 것이 아
니던가?
41 그렇다면 정녕 내가 사탄이니라.
42 그러나 내가 너희로부터 물질을 받은
사실이 없으며 물질을 받은 것이 없으
며 재물을 거둬들인 사실이 없다면,
43 중간에서 나의 백성을 우롱하여 거둬
들이고 착복하는 자, 과연 누가 사탄
이요, 사악한 악마의 자식인지를 너희
는 알아야 할 것이니,
44 분명히 여기서 짚고 넘어가야 할 것
이니라.
45 거둬들인 물질이 하늘나라 나에게 오
르지 아니한다면 나는 너희가 말하는
사탄이 아닐 것이며,
46 거둬들인 재물을 마음대로 쓰고 활용
하고 착복한다면 이는 곧, 그들이 사
탄이요, 사악한 자요, 악마의 자식이
라는 것이니, 이를 나의 백성 너희는
깨우쳐야 할 것이며,
47 이를 보고 너희 스스로 이와 같은 일
에 맹종하며 맹신하며 재물을 바치며
구원을 받겠다고 울고불고 찬송 부르
며 발광의 짓을 계속해야 할 것인가,
그 광란의 짓을 계속해야 할 것인가?
48 이제 너희가 중단하고 깨우쳐 진정한
참진리요, 나 여호와의 뜻을 따라 새
로 내리는 나의 성경이요, '하늘에 오
르는 길'이요, '하나님! 말씀하옵소서'
라는 나의 책을 읽고 깨우쳐 눈을 뜨
도록 하는 것이 너희가 가야 할 길이
며,
49 하늘에 오르는 진리의 빛을 볼 수 있
는 그 은혜와 영광을 얻을 것인가, 이
는 스스로 너희가 평가해야 할 일임
을 알라.
50 내가 나의 아들을 통하여 너희에게 다
시 전함이니라.
51 하늘에 물질을 많이 쌓아 놓는 자는
축복받으며, 그 물질을 많이 내는 자
는 믿음이 견고하며 나를 경배하는 마
음이 확실한 자며 나를 경배하는 마음
이 그득 차 있는 백성이라 그리 현혹
하여 물질을 나에게 바친다고 거둬들
임이니,
52 내가 그를 받아들인 사실이 없다면 그
들이 중간에서 착복하는 사탄이요, 사
악한 자라는 그 말을 잊지 말라, 사랑
하는 나의 아들딸들아!
53 이와 같은 잘못된 종교 지도자들의 세
치 혓바닥에 현혹되어, 너희가 영원히
죽지도 아니하며 죽일 수도 없으며 스
스로 죽을 수도 없는 영의 세계에 와
너희가 지옥에 가서 죽지 않은 생명
의 영혼을 가지고 고통의 세월을 갈
것인가, 너희가 나에게 오를 수 있는,
천국에 올라와 내 품에 안길 수 있는
영원히 죽지 않은 생명의 영혼의 세상

에 거듭나는 영광이요, 다시 태어나는
거듭남을 얻어 하늘나라 나에게 와 영
원히 존재할 것인가?
54 이는 얼마나 무서운 차이며 너희에게
얼마나 소중한 것인가를 너희 스스로
깨우쳐 행하도록 그리하라.

## 6,552 번째 하나님 말씀

*2003년 6월 28일 01시 04분*

1 사랑하는 나의 아들아!
2 "네, 아버님! 말씀하옵소서."
3 종교 집단이요, 지도자들이 그 백성에
게 그리 가르치느니라.
4 물욕이 가득 차면 교만, 방자해진다
하며, 너희가 교만, 방자하지 않으려
면 재물을 많이 바치며, 너희가 가진
것을 너희 손으로 지은 죄의 온상에
바치는 그와 같은 자가 구원을 받으며
영광을 얻는다 그리 말하고 있음이니
라.
5 그러니 물욕이 가득 찬 자가 누구이던
가?
6 작은 지폐 한 장을 내기도 어려운 그
신도라는 백성 그들이 과연 물욕으로
가득 찬 백성이며 가득 찬 사람이라
말할 수 있는가?
7 종교 집단이요, 지도자들이 지금 소유
하고 있는 그 물질이요, 관리하고 있
는 그 물질이 과연 신도들보다 적다
말한단 말이던가?
8 너희에게 맹신하는 그 불쌍한 백성 그
들보다 너희가 소유하고 있는 것이 적
단 말이던가?
9 과연 너희가 더 많은 것을 보유하고
물질이 가득 차 있는가, 그렇지 않으
면 너희 신도라 하는 백성이 물질이
그득 차 있는 삶을 사는가?
10 그러면 누가 더 교만한 자며 교활한
자인가를 너희는 알 것이니라.
11 작은 지폐 한 장을 내기 위해서 어렵
게 오는 신도들이 과연 물욕에 가득
찬 자인가, 너희처럼 주는 것 없이 그
저 갈취하며 재물을 긁어모으기 위해
수단과 방법을 가리지 아니하고 살아
가는 그와 같은 너희가 과연 물질에
차 있는 자인가?
12 누가 더 물질에 차 있는 백성인가, 그
리고 물질에 차 있는 자인가?
13 그리하여 물질에 차 있기에 누가 교만
한 자고 누가 교활한 자인지 너희 스
스로 그 답을 찾으라.
14 그 답을 찾지 못하는 백성은 하늘에
오르는 그 찬란한 빛을 볼 수가 없을
것이니라.
15 너희가 물질을 땅에 쌓으면 물질도 썩
고 너희 마음까지도 썩어짐이니 구원
을 받을 수 없다 그리 말하느니라.
16 그리하여 그 신도들에게 종교 집단이
요, 지도자들에게 그리 바치라고 말함
이니,
17 종교 집단과 지도자에게 바치는 그 재
물은 과연 이 지상에 쌓아 놓아도 썩
지 아니하며 너희 마음은 썩고 병들어
가지 아니한단 말이던가?
18 너희가 말하는 나의 사랑하는 백성이
가지고 있는 재물은 썩으며 그 재산을
쌓아 놓으면 재산이 썩으며 그 마음까
지도 썩어져 하늘에 오르는 길을 볼
수가 없으며 구원을 받지 못한다고 그

리 말하느니,
19 너희 종교 집단이 지상에 쌓아 놓은
것은 과연 썩지 아니하며 너희 마음
은 썩지 않으며 너희는 천사와 같이
변한단 말이던가?
20 그러니 어찌하여 이와 같이 어리석은
자들 앞에 너희의 그 소중한 재물이
요, 모든 시간이요, 맹신하며 그들이
가르치는 말에 눈이 멀어 세상이 어
떠한 것이며, 진리가 무엇인지, 하늘
에 오르는 빛이 무엇인지를 보지 못하
고 살아가는 백성 너희는 알아야 할
것이니라.
21 어찌하여 종교 지도자라 하는 자들,
그 집단에서 지상의 창고에 쌓아 놓는
것은 썩지 아니하며, 너희는 마음이
썩으며 모두가 다 썩어진다고 그리
말함인가?
22 과연 이를 어찌 받아들일 것인가 스스
로 너희가 깨우쳐야 할 것이니라.
23 너희는 말하느니라.
24 종교 지도자들이 보물을 하늘에 그득
히 쌓으라, 많이 쌓는 자가 구원을 받
으며 하늘에 오늘 수 있다 그리 가르
치는 그 보물은 재물을 가지고 말하는
것이 아님을 너희에게 내가 일찍이
깨우쳐 주지 아니하였던가?
25 이제 사랑하는 나의 아들을 따르는 그
제자들이요, 나의 법전을 읽고 깨우친
선택된 백성 너희는,
26 하늘에 보물을 쌓는 것은 너희 믿음
이요, 나의 뜻을 거역하지 아니하고
내 뜻에 따라 살아가는 그와 같은 삶
을 사는 것, 그것으로써 너희가 하늘
에 쌓는 보물이요,
27 내가 너희에게 바치라는 가장 소중한
보물이라는 것을 그들에게 너희가 깨
우쳐 주어야 할 것이니라.
28 그러니 아무것도 모르는 자, 진리가
무엇인지도 모르는 자, 나 여호와의
뜻도 모르고 그리 가르치는 자들의 뜻
에 따라 '옳소!' 부르짖으며 가고 있음
이니,
29 너희는 하늘에 오르는 길이 아니요,
지옥행으로 지금 떨어지고 있다는 것
을 알라.
30 하늘에 보물을 쌓는 것은 너희 믿음이
요, 나의 뜻에 순종하며 살아가는 것
을 하늘에 쌓는 것이 진정한 아름다운
보물이요,
31 세상 무엇과도 바꿀 수 없는 보물이라
는 것을 가르치는 교훈이라는 것을 그
들에게 알려 주도록 그리 전하라.

## 6,553 번째 하나님 말씀

*2003년 6월 28일 01시 07분*

1 사랑하는 나의 아들아!
2 "네, 아버님! 말씀하옵소서."
3 재물을 하늘에 많이 쌓는 자는 축복받
으며, 보물을 많이 쌓는 자는 구원의
길을 받는다 그리 말하는 그 재물과
보물이 무엇인지 내가 일찍이 깨우쳐
주었으니, 너희는 알고 있음이니라.
4 너희 인간이 천사처럼 살고자 노력하
는 마음, 오늘보다 내일이 더 아름다
운 변화의 역사를 가져오는 것이 너희
가 나에게 바치는 가장 소중한 보물이
라 내가 너희에게 그리 깨우쳐 주지
아니하였던가?

5 너희가 변화되는 삶을 사는 것, 정직
한 삶을 사는 것, 한 점의 부끄럼이 없
는 삶을 살아가고자 노력하는 그와 같
은 것이 나의 소중한 보물이요,
6 너희가 악습을 하나하나 버려 가면서
나의 뜻에 따라 순종하며 나의 십계명
이요, 내가 내리는 이 나의 법전을 지
키고 살아가고자 노력하는 것,
7 그것이 너희가 나에게 오는 길이며
하늘의 가장 소중한 보물이요, 귀한
보물이라는 것을 잊지 말라.
8 이를 하나하나 쌓아 놓는 것이 곧 구
원의 길이요,
9 나에게 와 심판을 받을 때 그 모두가
선행을 한 쪽과 악을 행한 쪽의 그 무
게의 중심에서 그 모두가 다 선한 쪽
에 존재함이니, 너희는 나에게 오를
수 있는 은혜와 영광을 받는다는 것
을 절대 잊지 말라.
10 너희가 아름답게 사는 것, 악습을 버
리는 것, 정직한 마음으로 사는 것, 한
점의 부끄럼이 없는 아름다운 모습으
로 살아가는 그 모두가 너희가 나에
게 와 심판을 받을 때 선한 쪽에 가 그
것이 존재하며 쌓이고 또 쌓임이니,
11 그 무게를 악이 어찌 감당할 수 있겠
느냐?
12 그것이 바로 너희가 구원을 받음이니
라.
13 너희가 재물과 보물이요, 보배를 하늘
에 쌓는 것은,
14 깨달음이요, 악습을 버리는 마음이요,
아름다운 마음을 쌓으라는 것을 내가
다시 한 번 이 깊은 밤 나의 아들을 통
하여 너희에게 전함이니,
15 나의 이 애절한 뜻을 너희가 깊이 깨
우쳐 이를 믿고 따르도록 그리하라.
16 너희에게 아무리 아름다움이요, 참진
리를 주어도, 너희가 믿지 아니하며
따르지 아니하며 이를 행하지 아니한
다면, 이는 버려지는 휴짓조각만도 못
한 것이니,
17 내 가슴이 얼마나 아프고 저려 오는
것인가를 알라.
18 진정한 길이요, 진정한 정답이요, 이
것이 아니면 정답을 찾을 수 없으며,
너희가 이것이 아니면 하늘에 오를 수
없는 길이거늘,
19 어찌하여 너희는 오답을 맞다 소리
지르며 나와는 정반대의 길을 달려가
는 데 전심전력을 다하고 있단 말이
던가?
20 불쌍한 나의 백성 너희는 이 이치를
깨달아야 할 것이니 그리 알라.

## 6,554 번째 하나님 말씀

*2003년 6월 28일 08시 16분*

1 사랑하는 나의 아들아!
2 "네, 아버님! 말씀하옵소서."
3 내가 이 세상에 나의 사랑하는 백성을
창조하여 살아가도록 하였음이니, 내
가 그 누구도 사랑함이 똑같으며, 너
희가 잘못했을 때 그를 다스림이 다
똑같음이니라.
4 그렇지 않으면 내가 공의의 하나님이
라 너희가 나를 따르지 아니할 것이
며, 천사와 사탄 또한 그들도 다스릴
수가 없을 것이니라.
5 너는 나의 아들로서 선택되어 160권

의 법전을 세상에 만들어 만백성을 깨
우치며 인도하는 그 역사를 이루나,
6 너 자신이 행하는 만큼 그 대가를 치
르며 네가 행하는 것만큼 역사한다는
것을 알라.
7 너라 하여 내가 더 생각하며 더 특혜
를 주는 것이 없으며, 너라 하여 내가
무엇을 이루어 주는 것이 없다 그리
말하였음이니,
8 너의 제자들 또한 그를 깊이 깨우쳐야
할 것이니라.
9 모세가 80이라는 그 나이에 모두를
역사했음이니, 그는 광야의 생활이요,
그가 죽어 갈 때까지 120이라는 나이
가 넘도록 살았으며 나의 뜻에 따라
모두를 역사했음이니,
10 그 노쇠하고 늙은 모세 자신도 그가
한 역사요, 그가 이룬 것 때문에 내가
그를 선택한 땅에 갈 수 없도록 내가
그 손을 놓았음이니, 이는 무엇이던가?
11 내가 공의의 하나님이요, 내가 모든
것을 너희가 보다시피 편파적인 것이
아니요,
12 내가 어떠한 백성은 특혜를 주며 어떠
한 백성에게는 어떠한 고난을 주는 이
러한 것이 없음을 일찍이 너희에게
보여 주었음이니,
13 이를 너희가 교훈으로 삼아 오늘을
살아가는 삶을 바로 세워야 함을 잊
지 말라.
14 너를 따르는 제자들이요, 나의 법전을
읽고 깨우치는 백성이, 네가 나의 아
들이요, 이 시대의 선지자요, 목자라
하니,
15 너희가 나의 성전에 와 나의 법전을
접하는 그 순간에 너희가 못 이룬 것,
역사하지 못하는 것을 이룰 수 있도록
무엇인가 거저 취할 수 있다는 그와
같은 생각을 하는 백성,
16 특혜를 받은 백성이요, 어떠한 권리가
있는 백성이요, 은혜를 받은 백성이라
그와 같이 기대하며 그와 같은 생각을
하고 사는 백성에게 그들이 마음의
자세를 바로잡도록 그리해야 할 것이
니라.
17 어떠한 것도 너희가 나의 법전을 읽
고 깨우친다 하여, 너희가 나의 강론
을 듣는다 하여 너희가 구원의 길을
스스로 볼 수 있으며 하늘에 오르는
길을 볼 수 있으며 내가 이루고자 하
는 역사가 무엇인가를 깨닫는 그 은혜
로써 너희는 모두를 다 접하며,
18 그 이상, 그 이하도 어떠한 은혜나 특
혜를 내가 너희에게 내리지 아니한다
는 것을,
19 그와 같은 마음을 갖고 너희가 하늘
에 오르는 길이요, 나의 뜻을 따라 너
희가 구원을 받고 못 받는 길을 너희
스스로 가는 것이며,
20 너희가 나로부터 어떠한 은혜요, 특혜
가 있는 것처럼 생각하며, 육의 삶의
생활의 편안함을 얻으며 안일함을 얻
는 그와 같은 생각을 하고 나의 성전
을 찾는 자, 그들은 존재할 수 없으며,
21 그들은 영원히 구원의 길을 갈 수 있
을 때까지 갈 수 없는 백성이라는 것,
이를 그들에게 깨우쳐 주고 전하여 줘,
22 그들이 특혜요, 은혜요, 나의 법전을
읽고 나의 성전에 오는 것이 어떠한
영광의 은혜가 특별히 있을 것이라는

그 기대를 버리라 그리 말하라.
23 너희가 구원을 받고 못 받는 것, 또한 행함에 따라 그대로 역사하며, 너희가 나의 뜻에 따라 순종하며 나의 뜻에 따라 역사하면 역사한 것으로써 그 상을 받음이니 그리 전하도록 하라, 사랑하는 나의 아들아!

## 6,555 번째 하나님 말씀

*2003년 6월 28일 11시 29분*

1 사랑하는 나의 아들아!
2 "네, 아버님! 말씀하옵소서."
3 나 여호와가 네 마음을 알고 있으며 네가 나에게 무엇을 원하는지 또한 알고 있음이니라.
4 그러나 너는 그와 같은 생각을 해서는 아니 됨이니라.
5 모두는 너 자신이 역사해야 하며, 너 자신이 모두 다 스스로 이루어 나가야 하는 것이니라.
6 나 여호와를 아버지라 부르는 네가 누구이던가?
7 이 세상에 누구도 지킬 수 없는 진리요, 이 세상에 누구도 갈 수 없는 정의로움이요,
8 한 치의 어긋남이 있는 판단이요, 한 치의 어긋남이 있어서는 안 되는 것이 나 여호와요, 네가 가야 할 길이니라.
9 오로지 참진리만을 너희에게 전하며 진실만을 너희에게 일깨워 주며, 모든 약속과 예언은 이루어지는 그와 같은 일을 역사하는 것이 나 여호와이니라.
10 그러니 모든 백성이 나를 공의의 아버지라 그리 생각하며 창조주 아버지라 부름이니,
11 네가 선택된 나의 아들이라 하여 내가 너에게 어떠한 특혜를 주며 너를 따르는 제자라 하여 그들에게 특혜를 준다 하면, 이는 절대로 있을 수 없으며 용서될 수 없는 것이라는 것을 너희는 알아야 할 것이니,
12 오로지 너희 노력과 역사로써 그 모두를 이루는 길을 가야 함을 잊지 말라.
13 사랑하는 나의 아들아, 두려워하지 말며 주저하지 말라.
14 이 세상의 그 모두는 무엇으로써 만백성에게 전할 수 있단 말이던가?
15 네가 나의 음성으로써 세상의 모두를 전할 수 있는 것도 아니요, 내가 너희에게 한 번을 가르침으로써 세상 모두를 전할 수 없는 것이니라.
16 나의 아들 예수가 세상에 나와 만백성을 깨우치고자 했던 그 기록된 것은 또한 무엇이던가?
17 너희가 말로써 기록할 수 없기에 성경이라 하여 그와 같이 기록되어 지금 2천 년의 역사가 흘러오는 동안에 너희에게 전해지지 아니하였던가?
18 나 여호와의 참진리라는 것은 영원히 존재하며 지워질 수 없으며 태워도 태워질 수가 없는 것이니라.
19 그리하여 영원히 존속하며 영원히 너희가 보고 깨우쳐 하늘에 오르는 길을 열어 주어야 할 것이니,
20 그리하여 바로 나의 법전이 책으로 기록되어 세상에 나감을 너희는 알아야 할 것이니라.
21 그것이 이루어지는 역사며 너희가 가야 할 길이라는 것을 너희는 잠시도

잊어서는 아니 될 것이니라.
22 네가 하고자 하는 말을 알고 있음이니
라.
23 네가 원하는 것이 무엇인가를 나는 알
고 있느니라.
24 사랑하는 나의 아들아, 어찌하여 네가
그와 같은 나약한 마음이요, 나약한
생각으로써 세상을 살아가려 하는가?
25 "창조주이신 아버님!
26 그럼 저는 어떠한 사람이옵나이까?
27 저는 무엇이옵나이까?
28 저를 어찌하여 이 길을 가라 아버님께
서 말씀하시며,
29 아버님은 저에게 무엇으로써 제가 갈
수 있는 길이요, 제가 역사할 수 있는
것을, 그리도 저에게 냉혹하시옵나이
까?
30 저는 부귀영화를 누리는 것도 아니며,
제가 남들보다 부유한 생활을 원하는
것도 아니옵나이다.
31 남들에게 박수받고 칭찬받고자 하는
것도 아니옵나이다.
32 제가 잘못 가고 있는 악습이요, 잘못
깨닫는 것을 바로잡을 수 있는 용기를
주십사 하는 제 간절한 소망이요, 기
도함을 아버님은 아실 것이옵나이다.
33 인간 세상의 부모와 자식의 그 관계
가 어찌 되옵나이까?
34 부모는 잘못 가는 자식을 위하여 때
로는 매를 들며 때로는 달래며 때로는
그를 가르치며 그와 같이 인간 세상의
부모와 자식의 관계도 그와 같이 역사
하지 않사옵나이까?
35 아버님께서 저를 아들이라 명하셨으
며 저를 아버지의 대명을 역사하는 자
식이라 명하셨으면,
36 어찌하여 저의 악습 하나를 버릴 수
있는 그 힘과 용기마저도 저에게 내려
주지 아니하시옵나이까?
37 과연 저는 아버님, 무엇이옵나이까?
38 저는 어찌해야 할 것이며 저는 어떠
한 사람이옵나이까?
39 저는 당신의 것이라는 걸 알고 있사옵
나이다.
40 모두는 당신의 것이라는 것을 저는 알
고 있사옵나이다.
41 그러나 어찌하여 아버님께서 저에게
악습 하나 버릴 수 있는 그 힘과 용기
를 주지 아니하시옵나이까?
42 이 세상천지에 아버님처럼 명확한 아
버님이 어디에 있으며, 아버님처럼 자
식을 사랑하는 자가 어디에 있겠사옵
나이까?
43 아버님, 저는 부귀와 영화를 바라지도
않습니다.
44 권세를 원하지도 아니하는 것을 아시
지 않습니까?
45 남들 앞에 박수받으며 남들 앞에 군
림하는 것을 바라지도 아니하는 것을
아버님께서는 아시지 않습니까?
46 다만, 제가 버릴 수 없는 악습이요, 남
들 앞에 곱고 아름다운 사람으로 서
고자 하며,
47 남들이 제 앞에 와 저를 보고 느낄 수
있는, 그리고 이는 정녕 아버님의 아
들이요, 하나의 부끄럼이 없는 삶을
살아갈 수 있는, 제가 버리지 못하는
악습이요, 제 가슴속에 뿌리내린 그
욕심 하나를 뽑아 줄 수는 정녕 없사
옵나이까?

48 그것도 아버님께서 자식에게 할 수 없
는 길이옵나이까?
49 하늘의 법도가 그리도 엄하며 하늘의
법도가 그리도 엄격하옵나이까?
50 하늘의 법도는 과연 그것도 용서되지
아니하옵나이까?
51 저는 남들처럼 부귀와 영화를 원하지
도 않사옵나이다.
52 제가 가지고 있는 악습 하나를 아버
님, 인간의 부모가 자식에게 매질하여
잘못됨을 바로잡듯이 그 사랑도 저에
게 말해 줄 수가 없사옵나이까?
53 저는 그를 원하고 있사옵나이다.
54 저 자신의 미래에 대한 것을 알고 싶
지도 아니하며, 미래에 대한 것을 알
려고도 하지 아니하옵나이다.
55 오로지 부모가 자식을 가르치듯이 저
의 악습을 빼낼 수 있으며 악습을 버
릴 수 있는 그 용기 하나만 주옵소서.
56 저의 삶의 고통이요, 오늘의 삶의 힘
들고 어려운 것보다도 저 자신이 악
습을 버리지 못하며 나쁜 생각을 지우
지 못하며 욕심의 뿌리를 버리지 못하
여 아버님 뜻대로 살아가지 못하는 그
고통이, 제가 오늘의 삶의 고통보다
천배 만배 더 고통스럽사옵나이다.
57 이를 아시면서 어찌하여 저에게 그
용기 하나를 주지 아니하시옵나이까?
58 과연 그것이 하늘나라에서는 있을 수
없으며, 공의의 하나님께서는 과연 있
을 수 없는 일이옵나이까?"
59 사랑하는 나의 아들아, 네가 말하는
그 뜻을 내가 알고 있음이니라.
60 만유와 모든 우주 공간이요, 이 세상
을 지탱하는 것이 무엇이더냐?
61 나 여호와의 참진리요, 나 여호와가
공의의 하나님으로서 존재함이 이 모
두를 지탱하게 됨이니,
62 이 우주 만물의 돌아가는 그 오묘함이
요, 정교함을 너는 알지 않는가?
63 그곳에 하나가 무너지기 시작하면 세
상사가 다 무너짐이니라.
64 내가 너에게 용기를 주며 네가 악습을
버릴 수 있으며 네가 모두를 다 저버
릴 수 있는 것을 준다면, 이는 정도가
아니며 공의의 하나님이 가는 길이 아
니니라.
65 그러니 작은 침이 하나 빠지면 모든
기계가 그 기능을 할 수 없으며 쓰러
지며 무너지며 고철이 되는 것이니라.
66 그리하여 내가 너를 그리 돕지 못하느
니라.
67 나의 아들 예수가 어찌하였느냐?
68 그가 죽음의 길이요, 그 길을 피해 갈
수 있는 기도를 했으며 눈물이 피보다
더 진한 기도를 나에게 드렸음이니라.
69 인간의 형체를 가진 그도 그와 같은
역사를 할 수 없는 그 나약한 마음을
다스려 달라 기도하였으나,
70 그것은 내가 그에게 용기를 주었음이
아니요, 그가 스스로 그를 터득하여
그 길을 저 자신이 두 주먹 불끈 쥐고
죽기 아니면 살기라는 마음으로 용기
를 내어 갔음이니라.
71 너도 그와 같이 가야 하는 나의 아들
이요, 만백성을 인도하는 목자이니라.
72 너는 오늘의 이 기도가 부끄러움을 알
아야 할 것이며,
73 네가 나의 아들로서 만백성에게 기록
하여 전하는 이 기도문을 전할 수 없

음이니라.
74 내가 네가 원하는 악습을 하나 빼 주
고 네가 가지고 있는 욕심의 뿌리를
버려 준다면,
75 너를 따르는 제자들이요, 그 모든 백
성이 그 하나를 버리지 못하여 발버둥
치고 오늘에 고통의 삶을 살아가고 있
거늘,
76 어찌하여 너는 가장 큰 것을 나에게
달라 하며, 그 많은 백성이 그를 버려
달라 할 때 그를 어찌하며, 그들의 노
력의 점수로써 내가 어찌 그를 심판할
수 있단 말이던가?
77 너는 오늘 냉정을 찾아야 할 것이며,
78 너는 나를 냉혹한 아버지라 그리 말하
나, 나는 너를 사랑하느니라.
79 내가 너를 사랑하기에 네가 스스로 그
길을 가야 하며, 모두는 네가 이루어
야 한다는 것을 잊지 말라.
80 두 번 다시 너는 나에게 그와 같은 기
도를 드리지 말 것이며,
81 두 번 다시 네가 원망하는 마음으로
나를 찾지 말며, 나를 아버지라 부르
지 말라.
82 너는 정녕 나의 아들이니라.
83 너는 정녕 나의 소유며 나의 아들이라
는 것을 잊지 말라.
84 그를 믿는다면, 네가 오늘 모두는 스
스로 이루고 역사하여 가도록 그리해
야 함이니,
85 이와 같은 기도를 두 번 다시 나에게
드리려거든, 너는 모두를 다 거둬 버
리며 네 방을 뛰쳐나가 네가 어찌 살
아가든 나와 부자의 인연을 끊어야 할
것이니 그리 알라.
86 사랑하는 나의 아들아, 너는 나의 소
유물이며 나의 것이니라.
87 내가 너를 사랑하는 것을 잊지 말라.
88 너는 나의 아들임을 절대 잊어서는 아
니 됨이니라.
89 그리고 내가 너를 사랑함을 잊지 말
라, 사랑하는 나의 아들아!

## 6,556 번째 하나님 말씀

*2003년 6월 28일 11시 37분*

1 사랑하는 나의 아들아!
2 나의 백성 너희는 모두 육을 가지고
존재함이니라.
3 육을 가지고 이 세상에 사는 너희는
육의 한계를 넘을 수 없으며 그 육의
한계가 있음을 알고 있지 않은가?
4 그리하여 너희가 그것을 벗어나기 어
렵고 힘든 길이라 내가 그리 말하며,
너희의 그와 같은 피나는 노력만이 내
가 너희를 기억하며 너희를 받아들이
며 너희 손을 잡는다 그리 말하지 아
니하였더냐?
5 그리하여 나 여호와가 성령은 영원히
지속하는 것이라 말하였으며, 그리하
여 영원히 지속하는 나의 성령으로써
만이 너희가 하늘에 오르는 길을 볼
수 있으며 역사할 수 있기에 내가 나
의 성경을 세상에 내려보냈으며,
6 또한 내가 지금 160권의 법전을 세상
에 책으로 만들어 너희에게 전하는 그
의미를 너희는 알고 깨우쳐야 할 것
이니라.
7 그러나 너희는 이를 감사하며 은혜로
생각하지 아니하며, 사탄이요, 사악한

자가 말세에 세상을 어지럽히는 그와
같은 행위라 하여,
8 이를 태워 버리며 찢어 버리는 그와
같은 자가 나에게 축복을 받으며 영광
을 얻으며 나의 뜻을 이루는 것이라
지금 그리 광분하고 있음이니,
9 이를 보는 나 여호와가 과연 어떠한지
너희는 알겠는가?
10 이제 모든 백성 너희는 알라.
11 나의 성령으로 태어난 나의 아들 예수
도 육으로써 존재할 때 그 육의 한계
가 있었음을 너희는 알아야 할 것이
니라.
12 나의 아들 예수가 육으로 존재하는 그
삶 속에서는 그가 만날 수 있는 사람
이 한계가 있으며 그가 대화할 수 있
는 사람도 육이 있기 때문에 한계가
있음이니라.
13 그가 이동하여 가야 할 장소에 가서
강론하며 나의 뜻을 가르치는 것도 그
가 한 장소에서 마치고 다른 장소로
옮김이니,
14 옮기는 곳에서 나의 백성을 만나며
옮기는 장소에서 강론할 수 있는 것
이 아니던가?
15 육의 한계를 가지고 있는 너희는 자
유로이 만백성을 위해 깨우치는 것이
어렵고 힘든 것이니라.
16 그리하여 육으로써 역사하는 것은 그
와 같이 제한이 있으며 한계가 있는
것이니라.
17 그리하여 나의 아들 예수도 한계를 벗
어나지 못하였듯이,
18 오늘 나의 아들 너 또한 인간으로서
모두를 역사함이니, 육의 한계를 넘지
못하게 되어 있음이 오늘의 네가 처해
있는 실정인 것이니라.
19 그리하여 나 여호와가 지금의 나의 아
들 너를 통하여 어찌하는가?
20 너도 육의 한계로써 네가 움직이는 장
소, 만날 수 있는 사람과 역사할 수 있
는 것, 강론할 수 있는 시간이요, 그
모두는 제한되어 있으며 통제되어 있
지 아니한가?
21 그와 같이 네가 수시로 역사를 이룰
수 없는 것이며,
22 밤낮을 가리지 않고 나의 뜻을 전할
수 없는 것은 육을 가지고 있는 한계
가 있기 때문이니라.
23 그리하여 내가 그를 역사하기 위해
법전이라 하여 이 책으로 새로운 성경
을 만들어, 성경이 존재하여 세상에
전해짐이니,
24 이는 나의 성령이기 때문에 영원히 존
재하며, 시간과 때를 가리지 아니하며
밤과 낮을 가리지 아니하고 만백성을
깨우치는 역사를 그들로 하여금 이루
고자 하여 내가 책으로써 세상에 만들
어 냄이니,
25 이게 곧 160권의 성령을 태워 내려보
내는 너희의 마지막 심판의 책임을
알라.
26 누군가는 책으로써 만들어 글로써 전
해야만 나의 참진리요, 나의 성령이
영원히 지속한다는 것을 너희는 알지
않는가?
27 이것도 너희가 모른다 말할 수 있던가?
28 책으로써, 글로써 증거하여 전해지지
아니하면 영원히 존속할 수 없는 것이
니라.

29 그리하여 내가 160권의 법전을 만드
는 그 의미와 소중함을 이제는 너희가
깨달을 수 있지 않은가?
30 그리하여 영원히 지속하기 위한 나의
진리가 영원히 너희를 깨우쳐 하늘로
오르는 길로 인도하기 위해서는 모두
가 글로써 증거하여 제시되어야 하며
영원히 존재해야 함이니라.
31 나의 아들은 육으로써 존재하기 때문
에, 그는 육을 가지고 있는 것으로써
그의 죽음이 있으며, 그는 이 세상을
떠남이 있으며,
32 그가 강론하는 것이 한계가 있으며,
그가 만나서 깨우칠 사람이 한계가 있
으며, 그가 설교로써 깨우칠 것이 한
계가 있으며, 그가 옮겨 갈 수 있는 장
소가 한계가 있음이니,
33 육의 한계를 벗어나지 못하는 것이 예
수도 그러했으며 오늘의 나의 아들도
그러하니라.
34 그리하여 내가 지금 성령으로써 모두
를 임하여 너희에게 내려보냄이니라.
35 나의 아들 예수가 너희에게 깨우쳤던
그 성령의 가르침은 그 제자요, 그 제
자의 제자들이 듣고 몇백 년 동안 세
월이 흐른 다음에 그를 집합하여 그들
이 묻고 또 물어 오늘의 성경이 이루
어졌음이니라.
36 지금은 직접 내가 임하는 시대이기에,
내가 나의 아들을 통하여 너희에게
전하는 나의 성령의 뜻을 기계에 주입
시켜,
37 하나의 오자와 탈자도 없이 바로잡아
나의 뜻을 세상에 이와 같이 누군가
는 책으로 만들어 전해야 하며 영원
히 존속하기 위하여 오늘의 160권의
법전이 세상에 나오는 그 의미를 알
것이며, 그 뜻을 알 것이며, 나 여호와
가 역사하는 그것까지도 너희가 알게
될 것이니,
38 오늘의 160권을 나의 아들을 통하여
내리는 나의 성령의 소중함과 이 귀중
함과 그 의미를 너희가 깊이 깨우쳐
야 할 것이니,
39 이를 보고 깨우치지 아니하는 자는 심
판대에 설 수 없다는 나의 이 무서운
뜻을 깊이 깨우쳐 너희 것으로 만들어
야 할 것이니라.
40 인간의 형태로써는 그 한계를 벗어나
서 모두를 역사할 수 없기 때문에,
41 그를 대변하며 그를 대신하여 나의 피
조물 만백성을 일깨워 주는 그 모두는
책으로써, 글로써 증거하여 기록되어
야만 영원히 지속한다는 것을 잊지
말라.
42 그리하기에 오늘의 이 역사가 이루어
지는 것은 당연하며, 이것은 거역할
수 없는 순리요, 진리의 뜻이요, 나의
뜻이라는 것을 너희는 알아야 할 것
이니 그리 알라.

## 6,557 번째 하나님 말씀

*2003년 6월 28일 11시 50분*

1 사랑하는 나의 아들아!
2 "네, 아버님! 말씀하옵소서."
3 성경에 기록되어 너희에게 가르치기
를 어찌 전하던가?
4 나의 아들 예수는 너희에게 전하였느
니라.

5 너희가 나 여호와를 사랑하며 구원을
받을 것이며 나에게 오르고자 한다면,
나 여호와를 사랑하며 나의 뜻을 따르
며 순종하는 그와 같은 자들이 구원을
받는다 그리 말하였음이니라.
6 또한, 예수는 어찌 기록하여 전하였던
가?
7 예수가 살아가는 모습이요, 그 행함을
지키며 사는 자, 그러면 나의 아들 예
수가 나 여호와에게 너희의 구원을
청하며 너희를 구원하는 길을 열겠다
고 그리 말하였음이니라.
8 그는 또한 뭐라 말하였는가?
9 그가 죽어서 감으로 인하여 다른 보혜
사를 너희에게 나 여호와가 내려보내
줄 것이며 너희에게 내릴 것이라 그
리 말하는 것을 기록하여 그와 같이
전하였느니라.
10 너희는 과연 이 뜻의 의미를 어찌 받
아들이며 진정한 마음으로써 나의 이
성경의 구절을 정독하며 그 의미를 알
고자 생각하는 백성이 과연 얼마나 있
는가?
11 나의 아들 예수가 그리 전하였느니라.
12 너희가 구원을 받으며 나 여호와가
너희를 기억할 수 있는 백성이 되고자
한다면, 나의 아들 예수가 지키고 살
았던 그 삶을 그대로 본받아 사는 것
이 나 여호와가 너희를 기억해 주는
길이라 그리 말하지 아니하였던가?
13 이 무서운 뜻의 의미를 너희는 깊이
새겨 봐야 할 것이니라.
14 그렇다면 지금 제3의 시대가 열림이
요, 예수는 나의 아들로서 보내진 자
며, 나의 뜻에 따라 그 명을 수행하기
위하여 세상에 육을 갖고 존재했다는
것을 너희는 알게 될 것이니,
15 너희가 이 구절의 성서를 읽으면서도
하늘의 뜻이 무엇이며, 창조주인 보내
준 자가 있으며, 보냄을 받은 자가 있
으며, 명을 받아 수행한 자가 있으며
명령을 내린 자가 있다는 이와 같은
엄연한 뜻을 알고 있음이니,
16 너희가 함부로 임의대로 해석하여 지
금 가르치는 모든 가르침을 여기서 다
시 방향을 바꿔 진정한 진리요, 나 여
호와의 뜻을 가르쳐야 한다는 것을 잊
어서는 아니 될 것이니라.
17 너희가 이와 같은 대목을 읽어 이 진
정한 뜻을 깨닫고도 오늘의 존재하는
집단의 존재함을 위하여 이를 행하지
아니하며 지금과 같은 형국으로써 나
의 피조물 만백성을 이끌어 구원을 받
고자 한다면,
18 너희는 나에게 오를 수 없는 것이요,
모든 나의 사랑하는 백성을 지옥의
낭떠러지로 밀어 넣는 그와 같은 사악
한 행위를 하고 있다는 것을 잊지 말
라.
19 이 세상에서 한 사람의 생명을 구원하
여 하늘에 오르는 역사를 이루는 그
상이 너희에게 이루 말할 수 없다 하
였음이니, 너희가 수많은 백성을 지옥
의 낭떠러지로 밀어 넣는 그 죄가 얼
마나 무섭고 두려운지 알아야 할 것이
니라.
20 예수는 말했느니라.
21 나 여호와의 성령이 너희에게 임하는
것은 어찌 임한다 했느냐?
22 나 여호와를 사랑하는 자에게, 나의

계명을 지키고 사는 자에게 나의 성령
이 그들에게 임한다는 것을 엄연히 기
록하여 성서에 기록하여 전했느니라.
23 그러니 나의 계명을 지킬 수 없으며
나의 율법을 지킬 수 없다고 말하는
너희는 사악한 자며 나를 능멸하는
행위임을 알겠는가?
24 다시 한 번 내가 너희에게 전하느니라.
25 예수는 반드시 성경에 기록하여 너희
에게 전하였느니라.
26 나 여호와의 성령이 사랑하는 백성 너
희에게 임하는 것은 바로 무엇이라 말
하였느냐?
27 나의 계명을 지키는 자에게만 나의 성
령이 임한다는 구절이 성경에 있음이
니,
28 이 무서운 구절을 알며 이 무서운 가
르침을 너희가 알면서 어찌하여 나의
계명을 지킬 수 없다고 그리 말하며
율법대로 살 수 없다 그리 말하는가?
29 그와 같이 말하는 것이 이 세상을 다
지배하고 통제하는 종교 집단이요, 지
도자들이요, 거기에서 구원을 받았다
울고불고하는 그 수많은 백성이 그리
생각하고 의식하고 지키고 살아감이
니, 이를 보고 과연 너희가 어찌해야
하겠는가?
30 너희는 이를 믿는 신도들이 과연 나에
게 오를 수 있으며 나에게 구원을 받
을 수 있다고 말할 수 있는가?
31 너희는 나를 사랑하지 않는 자, 나의
뜻을 순종하지 않는 자는 이 하늘의
세상에 올 수 없는 것이니라.
32 내가 너희를 하늘에서 내려다보는 가
슴 아픈 일의 한 구절을 내가 너희에
게 기록하고자 함이니, 그것이 얼마나
억지며,
33 너희 말에 남의 집 닭을 잡아먹고 주
인이 독촉하니 오리발을 내민다는 그
와 같은 형국의 그 형태가 지금 이루
어지고 있음이니라.
34 너희가 말하는 동양의 작은 나라의 가
장 중심에 있는 하나의 큰 성당이 있
느니라.
35 그 성당 앞에 너희를 가르치는 신부
라는 자들이 한 여인을 농락하였으며
그를 능욕했으며 그를 가지고 놀았으
며 그리 재물을 받았으며 그 육체를
신부라는 자들이 단체로 능욕한 것을
그 여인은 그 모든 내용을 써서 그를
목에다 걸고,
36 그 동양의 작은 나라의 가장 권위 있
으며 가장 위대한 중심부에 있는 성당
이라는 그 앞에 그 내용을 그대로 써
그가 서 있으며 눈물로 하소연하느니
라.
37 그리고 그 억울하고 슬픈 사연을 들어
달라 하는데, 그 신부들이 뭐라 말하
는지 아는가?
38 저 여자는 미친 자요, 저 여자는 근거
없는 짓이요, 저 여자가 오명을 씌우
는 자라 그리하며
39 그 여자를 불쌍한 자라 생각하지 아니
하며, 그를 사악한 자요, 사탄이라 감
히 신부들이 그리 말함이니,
40 이를 보는 나 여호와의 마음이 어디서
부터 너희를 다스리고 깨우쳐야 한단
말이던가?
41 그가 근거 없는 내용을 써서 목에 걸
고 서 있으며 몇 사람의 신부가 저를

능욕했다는 것, 과연 그것이 위법일
때, 그것이 진실이 아닐 때 너희는 그
와 같은 자를 그냥 놔두겠는가?
42 너희는 돌로 쳐 죽이려 했을 것이며,
너희는 법정으로 끌고 가 법의 심판을
받도록 그 앞에서 고통을 줄 수 있는
데까지 주었을 것이니라.
43 그러나 너희가 그리하지 못하는 것은
무엇이더냐?
44 과연 사랑하기 때문에 너희가 하지
않는 것이더냐?
45 근거가 있으며 그와 같이 사악한 행위
를 했기 때문이니라.
46 그와 같은 사악한 행위를 한 자들을
탓하며 그를 다스리며 너희가 지도자
로서 자격이 없다 하여 그와 같은 자
들을 단죄하는 것이 아니요,
47 그를 호소하는 용기 있는 그 불쌍한
나로부터 선택된 그 여인에게 너희가
그를 무시하며 욕하니,
48 단죄하고자 하는 그 용기에 그는 죽어
반드시 나에게 오를 수 있게 내가 그
를 거둬들일 것을 나의 아들을 통하여
너희에게 천명하느니라.
49 목에다 그 모두를 써서 기록하여 그
시간과 장소요, 그를 능욕했던 종교
지도자의 이름까지 기록한 그 여인,
그는 바로잡기 위한 오늘의 나의 법전
을 내려놓은 것보다도 더한 용기요,
50 그는 그보다 진실을 밝히기 위하여 몸
부림침이니, 그는 영원히 나에게 와
구원을 받을 것이라는 것을 알 것이니
라.
51 그들을 욕한 여인들이요, 그를 사악한
자요, 그가 간악한 자요, 사탄의 자식
이요, 남을 모함한 자라 말하는 자는
그가 비단 옥구슬을 들고 서 있는 그
모습을 볼 때 너희는 쥐구멍으로 들
어가야 한다는 것을 알라.
52 그와 같이 이 엄연한 사실이요, 진실
이 있으며 근거 있는 것도 너희가 아
니라며 그 약한 자를 욕하며 약한 자
를 능멸하며 뒤집어씌우니,
53 바로 그와 같은 자들이 나의 법전이
요, 나의 뜻이요, 나의 진리를 거역하
는 자들이며, 진리를 아무리 내보내도
진리가 아니라는 자들이나 마찬가지
니라.
54 나의 법전이 나의 성령을 태워서 내려
보내는 것이라 말해도 이게 사탄이요,
사악한 자라 말하는 그들과 같은 그
썩고도 썩은 세상이니라, 사랑하는 나
의 아들아!
55 이와 같은 뜻을 너의 제자들은 알아야
할 것이며, 너의 제자들이 두 주먹 불
끈 쥐고 그와 같은 자들을 다스려야
할 것이며, 그들에게 경종을 울려야
함이니,
56 너희가 나의 법전을 가지고 전하는 그
길밖에 없음이니라.
57 말로써 전해짐이니, 그 모두는 뒤집어
전해지는 것이 지금의 오늘의 종교 집
단이요, 그들의 물질이요, 그들의 조
직의 힘이요, 그들의 능력을 가지고
만행을 저지르는 것이니라.
58 부끄러운 줄을 모르며 용서를 빌 줄을
모르며 죄지은 것을 사과할 줄을 모르
는 그와 같은 자들이 어찌 종교 지도
자란 말이던가?
59 그러면서 그 신도들로 하여금 그가 정

신이상자요, 정신박약아요, 잘못된 자
요, 사악한 자라 그리 말하니,
60 그 말에 '옳소!', '아멘!'이요, '할렐루
야!'를 찾는 그 백성이 얼마나 더 사악
한 자인가?
61 저희는 양심도 없으며 생각도 없단 말
이던가?
62 저희끼리 누가 도둑질을 하여 도둑이
라 저희가 잡아 바쳤는데, 그가 도둑
이 아니라 억지를 쓸 때
63 너희는 통분해서 땅을 칠 것이니라.
64 너희가 눈으로 봤으며 도둑질한 자를
힘으로 밀어붙이며 법으로써 그가 아
니라 하여 방면할 때,
65 너희는 하늘을 보고 통곡하며, 무슨
하나님이 있으며 천주님이 있으며 예
수님이 있느냐 그리 악을 쓸 것이니,
66 그 여인 앞에서 악을 쓰는 그 모습이
그보다 더한 사악한 모습이니라.
67 너희는 그보다 더 통분할 것이며, 그
보다 더 통곡하는 일을 죽어 나에게
와서 볼 것이니 그리 알라, 이 사악한
인간들아!

## 6,558 번째 하나님 말씀

*2003년 6월 28일 11시 56분*

1 사랑하는 나의 아들아!
2 "네, 아버님! 말씀하옵소서."
3 너희는 수천 년 동안 내려오면서 뭐라
말하느냐?
4 나 여호와는 너희를 무조건 사랑하며
나의 성령은 나의 백성 모두에게 임
한다 그리 가르치며,
5 나의 사랑은 무조건적인 사랑이며 나
는 무조건적으로 너희에게 베푸는 하
나님이라 그리 말하며 가르치고 있지
않은가?
6 그러나 너희는 알아야 할 것이니라.
7 나 여호와는 무조건적으로 성령을 너
희에게 임해 주는 것이 아니며, 내가
무조건적인 사랑으로 너희에게 전하
는 것이 아니요,
8 너희를 깨우침으로써 너희가 스스로
그 악한 곳에서 벗어나는 그와 같은
노력이 있을 때,
9 내가 너희를 사랑하며 나의 성령이
너희에게 임한다는 것을 너희는 이제
바로 깨우치고 깨달아 바른길을 가도
록 해야 할 것이니라.
10 진정한 진리의 길을 가지 않는 자, 나
를 찾지 않는 자는 나의 성령이 너희
에게 임할 수 없음을 알아야 할 것이
니라.
11 너희가 정녕 성령이 임하고자 한다면
그를 받을 수 있는 삶을 살아가는 그
와 같은 노력이 필요하며,
12 너희가 나의 성령을 받을 수 있도록
애쓰는 그와 같은 삶 속에서 바른 삶
을 사는 자만이 내가 너희를 기억함이
니,
13 너희에게 나의 성령이 임한다는 것을
너희는 알아야 할 것이니라.
14 모든 백성 너희는 알아야 할 것이니
라.
15 너희가 아름답게 살고자 나의 뜻에 살
아가고자 노력하고 애쓰는 그 백성에
게만 나의 성령이 임한다는 것을 잊
지 말라.
16 진실한 마음으로써 나 여호와를 사모

하며 진실한 마음으로써 나의 계명을
지키고 살고자 노력하는 백성은 어떠
한 환경이요, 어떠한 고통 속에 있다
해도 내가 너희를 기억하며, 너희 가
운데 내가 존재하며 같이 있다는 것을
알아야 할 것이니라.
17 그러나 지금의 종교 집단이요, 지도자
들이 나의 뜻을 모르며 나의 가르침을
모르기에,
18 너희가 죄를 짓고 사악함 속에 있어
도 너희가 나를 찾으며 내가 너희 가
운데 같이 임한다는 그와 같은 착각
속에서 살아감이니라.
19 무조건 성령을 임해 주는 나 여호와
요, 무조건 사랑으로써 너희에게 임하
는 나 여호와라 너희가 그리 말하며,
20 너희가 어떠한 죄악 속에, 어떠한 사
악함 속에 있다 해도 내가 너희 가운
데 같이 있다고 생각하는 마음을 버려
야 하는 것을 알아야 할 것이니라.
21 이제 너희는 진실한 마음으로써 나
여호와를 찾으며 나 여호와를 사모하
며,
22 나의 계명이요, 내가 지키라는 것을
순종하고 노력하는 그와 같은 백성이
잘못된 곳에 있다 해도, 그들이 지옥
에 있다 해도, 그와 같은 마음을 가지
고 사는 자가 죄 속에 빠져 있어 허덕
인다 해도,
23 너희가 사악함 속에서 사탄들이 그
발목을 잡고 늘어진다 해도,
24 그와 같은 마음을 가지고 사는 자, 그
길을 위해 노력하는 자, 그 백성의 가
슴속에는 내가 너희와 같이함이니라.
25 그러나 너희가 알면서 죄를 짓는 자,
사악한 죄를 짓는 자, 그와 같은 생활
속에서 내가 너희 가운데 있다 그리
말하며 너희와 같이 있다 생각하지 말
라.
26 오로지 너희 가운데 내가 있는 백성
은 바로 내가 나의 아들을 통하여 말
했듯이, 진정 진실한 마음으로써 나
여호와를 사모하며, 진실한 마음으로
써 십계명을 지키고자 발버둥치고 노
력하고,
27 그 노력하는 삶을 살다 너희가 실수
하여 넘어졌을 때, 실수하여 너희가
죄 속에 빠졌을 때, 실수하여 너희가
암흑에 가 사탄들이 발목을 잡고 있을
때,
28 그와 같은 곳이라도 그와 같은 마음을
가지고 사는 백성의 마음 한가운데
내가 존재함이니, 그는 구원을 받을
수 있는 것이라 함이니라.
29 그와 같은 마음으로 살지 않는 자, 사
악한 생각으로 사는 자, 육의 행복이
요, 저 자신의 행복만을 위해 사는 사
악한 자, 그와 같은 자들의 가슴속 한
가운데에 내가 존재하지 않는다는 것
을 너희는 이제 깨우치라.
30 그들과는 같이하지 아니하며 그들을
내가 다스려 내 품에 안고자 하는 마
음이 없음이니라.
31 그들 속에는 나의 성령이 임할 수가
없으며 나의 사랑이 임할 수 없으며
나의 구원의 손길이 거기에는 닿을 수
가 없다는 것을 그들에게 깨우쳐 전
하라, 사랑하는 나의 아들아!
32 이 무서운 깨달음을 전해 주라.
33 이를 깨닫지 못하며 지금의 형국이요,

지금의 믿음의 형태로 관습에 따라 그
대로 간다면, 나의 사랑하는 백성이
천국이 아니요, 지옥으로 수없이 떨어
짐이니,
34 그들이 떨어지는 모습을 보고 피눈물
흘리는 나 여호와의 눈물을 닦아 줄
것은 너희밖에 없으며, 너희밖에 그
역사를 이룰 자가 없다는 것을 간곡히
간곡히 전함이니라, 사랑하는 나의 아
들딸들아!

## 6,559 번째 하나님 말씀

*2003년 6월 28일 12시 05분*

1 사랑하는 나의 아들아!
2 "네, 아버님! 말씀하옵소서."
3 나 여호와의 참진리요, 내가 역사하고
자 하는 것을, 또 하늘에서 이루고자
하는 그 모든 뜻을 일부분밖에 볼 수
없는 것이 너희임이니라.
4 그리하여 너희가 하늘의 역사하는 그
길을 볼 수 있도록 너희를 인도하는
것이 나 여호와의 뜻이요, 나의 법전
이 세상에 내려감이니라.
5 너희는 참진리요, 하늘의 역사하는 것
을 일부밖에 볼 수 없는 것이니,
6 인간 자신의 노력으로써는 부분적인
것만을 볼 수 있으며 일부의 진리를
깨달으며 단편적인 진리의 그 길을 깨
닫고 너희가 볼 수 있는 것밖에 되지
않는다는 것을 알고 있을 것이니라.
7 너희는 참진리요, 내가 역사하는 것을
일부분만을 파악하며 깨닫고 볼 수 있
는 능력밖에 없음을 나는 알고 있으며
또한 너희도 그를 알고 있을 것이니라.
8 그러나 너희가 그 한계를 단편적이나
마 일부분의 진리를 깨닫는 그것이
너희가 나에게 오를 수 있는 기초요,
그 모두가 역사하는 그 소중하다는 것
을 너희는 여기서 깨달아야 할 것이
니라.
9 하늘의 뜻을 너희가 다 알 수는 없음
이니라.
10 너희가 노력하는 그 한계에 따라서 단
편적이요, 일부분을 알 수 있으며 일
부의 진리를 깨닫게 되는 것이 너희
인간의 한계이니라.
11 그러나 지금의 종교 집단이요, 지도자
들이 뭐라 가르치며 말하느냐?
12 너희가 참진리를 깨닫는 그 기초를 깨
닫는 것이요, 일부를 깨달아 그 단편
적인 것을 아는 것이거늘,
13 그것으로써는 구원을 받을 수 없으며
그것은 구원을 받는 데 아무런 도움이
되지 않는 것이며 그는 다 무익한 삶
이니, 너희가 되는대로 사는 것이 중
요하며,
14 오로지 나 여호와를 찾고 부르짖는 것
만이 구원을 받는 길이라 너희가 그리
말함이니,
15 그것이 오늘날 너희가 잘못되게 가르
침이니라.
16 너희는 조금 깨닫는 것, 단편적인 진
리를 아는 것, 일부분의 진리에 눈이
뜨는 것, 그것이 얼마나 위대하고 소
중한가를 알아야 할 것이니라.
17 그 깨달음을 얻지 아니한다면 너희가
참진리요, 모든 진리요, 하늘에 오를
수 있는 그 깨달음을 알 수 없기 때문
이라는 것을 알아야 할 것이니라.

18 그리하여 너희가 참진리를 알 수 있는 법전을 내가 내려보내며 성경을 세상에 내려보내는 것이 무엇인 줄 알겠는가?

19 너희가 깨달을 수 있는 일부분의 그 진리의 단편적인 면을 깨닫고 진리의 길이 무엇이며 하늘에 오르는 길의 기초를 깨달았을 때,

20 나의 성경을 읽으며 나의 법전을 읽었을 때 너희가 참진리의 길에 눈이 뜨이게 되며 그 모두를 보게 될 수 있는 것이니라.

21 너희가 기초적인 깨달음을 얻지 못하며 일부분의 진리를 노력으로써 깨닫는 그와 같은 애쓰는 노력의 대가 없이는 참진리의 전부를 볼 수 없으며, 하늘에 오르는 역사함을 볼 수 없으며,

22 나의 법전에 기록하여 너희에게 깨우치고자 하는 것을 알 수 없는 것이니라.

23 그러니 너희가 한계에 도달하고자, 나에게 역사하고자 하는 것은 너희가 기초적인 깨달음의 노력이 중요하다는 것을 알아야 할 것이니라.

24 그리하여 너희는 인간이 살아가는 삶의 그 모두를 다 버리고 살라, 그리해도 너희는 구원을 받는 것이라 그리 말하고 있지 아니하는가?

25 이것이 너희가 오늘 나의 피조물 만 백성을 지옥으로 이끌어 가는 것이니라.

26 너희는 인간 삶의 그 모두를 다 버리며 살라, 그것은 구원의 기초가 되지도 못하며 구원에 도움이 되지 아니한다고 그리 가르치는 말에 현혹되어 지옥으로 가지 말라.

27 이제 너희는 인간 삶의 그 모든 것에서 노력하고 깨달아 스스로 얻을 수 있는 참진리의 한 가닥을 잡고 깨달았을 때, 그 한 가닥으로 인하여 너희는 모든 하늘의 역사하는 것을 알 수 있는 그 이치라는 것을 깨닫도록 그리 말하라.

28 크나큰 제방이 작은 구멍으로써 무너지는 역사를 하듯이,

29 너희가 작은 빛을 노력하여 하늘에 오르는 찬란한 빛을 볼 수 있을 때, 그 한 가닥에 의하여 하늘의 문이 열리는 역사가 이루어진다는 것, 그것을 너희는 잊지 말라.

30 오늘의 사악한 백성이 삶에 연연하지 말라, 삶의 기초는 구원을 못 받는다, 오직 나 여호와의 뜻에 따라 내가 선택하는 것, 내가 너희에게 구원의 손을 내미는 자만이 구원을 받는다 그리 말함이니,

31 그리고 내가 너희를 구원하여 선택하는 자만이 천국에 오르는 역사를 이룰 수 있다 그리 말함이니,

32 너희는 그와 같은 역사가 이루어지는 기초가 먼저 인간 영혼이 존재하며 사는 이 세상에서 이루어져야 한다는 것을 잊지 말라.

33 지금 종교 집단이요, 지도자들이 잘못 가르치는 그것 때문에 나의 사랑하는 백성이 무너지며 지옥으로 떨어져 가고 있다는 것을 잊지 말라.

34 이제 내가 너희에게 다시 한 번 깨우쳐 전하느니라.

35 너희가 나에게 기도하는 마음과 너희

마음속에서 생각하는 아름다운 모든
마음과 그 모두를 행동으로써 옮겨 사
는 삶의 기초 위에서 너희가 구원을
받을 수 있는 역사가 이루어진다는 것
을 깨닫도록 나의 피조물 만백성에게
전하도록 그리하라.
36 너희가 기도하는 것으로써만 구원을
받는 것이 아니요, 너희가 성전을 찾
는 것으로써만 구원을 받는 것이 아니
요,
37 너희가 생각으로써만 천사가 된 자요,
너희 죄를 모두 면죄부를 받은 것처럼
그와 같은 행동으로써 살지 말라 그리
하라.
38 너희가 간곡히 기도하고 비는 마음이
요, 또한 너희가 생각하는 마음이요,
그와 같이 소원하는 애절한 마음의 기
도, 그 모두가 행동으로 옮겨졌을 때
역사함이니,
39 또한 너희가 그와 같은 기도를 드린
다면, 기도를 드리는 방법과 기도의
의미를 먼저 깨달아야 할 것이니라.
40 너희가 기도하는 것은 나에게 무엇을
이루어 달라 역사하는 것이 아니요,
41 너희가 바로 설 수 있는 힘과 용기를
부여해 달라는 그와 같은 기도가 나에
게 드리는 기도니,
42 나에게 드리는, 내가 듣는 그 기도와
너희가 아름답게 살고자 하는 그 생각
과 그 모두를 행동으로 옮기는 이 세
가지가 일치되었을 때,
43 너희가 하늘에 오르는 길을 볼 수 있
으며 나에게 도달할 수 있는 영광을
얻는다는 것을 절대 잊지 말도록 그리
전하라, 사랑하는 나의 아들딸들아!

## 6,560 번째 하나님 말씀

*2003년 6월 28일 23시 50분*

1 사랑하는 나의 아들아!
2 "네, 아버님! 말씀하옵소서."
3 내가 너희에게 뭐라 일러 깨우쳤던가?
4 나의 법전을 접하지 않는 백성, 이를
정독하여 깨우치지 않는 백성, 이와
같은 삶을 살지 않는 자는 심판의 자
격이 없다고 내가 그리 말하였음이니,
그 말이 정녕 얼마나 무섭고 두려운
말인지를 아는가?
5 너희가 나의 법전을 접하여 읽지 아니
하였을 때 너희가 심판대에 설 자격
의 기준이 미달한다 하였음이니, 너희
는 이와 같이 무서운 말을 과연 어찌
듣는가?
6 한쪽 귀로 흘려보내는 그와 같은 삶
을 사는 것이 너희이니라.
7 지금 사후의 세계가 있으며 천국과 지
옥이라는 곳이 엄연히 있다 내가 그리
말하나, 그리 믿지 않으려 하는 백성
이 많이 있으며,
8 설마 그와 같은 것이 있을까 하는 생
각을 하며, 죽지 아니하면 그를 알 수
없다고 감히 그리 말하는 백성이 수없
이 있음이니,
9 지금 곧 나의 법전을 접하지 않는 자
는 심판대에 설 수 없다는 그와 같은
나의 무서운 성령의 가르침을 너희는
그저 흘러가는 말로써 듣고 이 두려움
과 무서움을 모르고 사는 것이 나의
백성이니라.
10 너희는 알아야 할 것이니라.
11 지금 나의 새로운 성경이요, 나의 법

전을 접하지 않는 자는 심판대에 설
수 없다는 말은 무엇이던가?
12 나의 법전을 읽고 깨우치는 자만이 하
늘에 오르는 찬란한 빛을 볼 수 있다
하였음이니, 이를 접하지 않는 자는
빛을 볼 수 없음이니, 너희가 바로 무
엇이던가?
13 나에게 오를 수 있는 그 빛을 보지 못
한다면 너희는 반대의 길로 가는 자
며, 내가 가고자 하는 길을 역행하는
자가 아니던가?
14 내가 이루고자 하며 내가 역사하는 것
을 역행하는 너희가 어찌 나에게 오
를 수 있으며, 나에게 와 영광과 축복
을 나로부터 과연 받을 수 있다고 그
리 생각하는가?
15 그러니 내가 불로 써 내린 십계명을
지키는 것, 나의 율법을 지키는 것, 그
리고 내가 지금 마지막 시대에 나의
법전을 내린 것을 지키고 깨우치지 아
니하는 자는 심판을 받을 수 없다 한
그 의미를 깊이 깨우치라.
16 너희가 나의 뜻을 거역하기 때문이니
라.
17 너희가 나의 법전을 읽고 깨우치며 나
의 십계명을 지키고 사는 것은 나의
뜻에 너희가 순종하는 것이며 나의
뜻을 따르는 것이나,
18 너희가 그를 따르지 아니하며 그리 행
하지 아니하고 그를 역행하는 자들이
과연 너희가 나에게 오를 수 있으며
구원을 받을 수 있다고 말할 수 있는
가?
19 그 이치를 너희가 깨닫는다면, 나의
법전이 내가 정녕 나의 모두를 태워
서 내리는 나의 성령이요, 마지막 심
판의 기준인 법전이라 한다면,
20 이를 보지 못하고 읽지 아니하는 자는
나와 관계없는 길을 가는 자이기에,
21 너희는 모든 심판의 자격이요, 너희가
역사할 수 있는 것을 역사할 수 없으
며, 은혜를 받을 수 없는 백성이라는
그 깊은 의미를 깨우쳐야 할 것이니
그리 알라.

## 6,561 번째 하나님 말씀

*2003년 6월 28일 23시 55분*

1 사랑하는 나의 아들아!
2 "네, 아버님! 말씀하옵소서."
3 나의 피조물 만백성 너희가 육을 가
지고 이 지상에 살아가면서 무엇인가
를 만들어 내며 무엇을 개발하고 창조
하는 그와 같은 변화를 이루는 백성,
그 발명이라는 것을 하는 백성, 그리
고 무엇인가 창의적인 것을 만들어 내
는 그와 같은 백성,
4 그들이 노력하지 아니하고 무엇이 이
루어지는 것을 보았는가?
5 그들은 피나는 노력에 의해서 무엇인
가를 이루고자 노력하는 그 결과에 의
해 무엇인가를 이루는 것이니라.
6 너희가 발명하는, 과학의 발전하는 어
떠한 형태요, 너희가 기계를 만들어
내는 것이요, 인간이 즐기는 시 한 수
를 써 내는 것이요, 하나의 음악을 작
곡 작사하는 것이요, 한 구절의 아름
다운 시를 암송하고 글을 써 내는 그
모든 것도 다 너희가 노력하지 아니
하면 만들어짐이 없는 것이라 내가

너희에게 그리 깨우쳐 주었음이니라.
7 인간은 노력하는 그 속에서 모든 것이
이루어지며 그와 같은 것이 역사한다
는 것을 알아야 할 것이니라.
8 나 여호와는 노력하지 않는 자에게 능
력을 내리지 아니하며,
9 노력하는 자의 그 위에 내가 깨달음을
주고 그로부터 무엇인가를 역사할 수
있는 지혜를 준다는 것을 너희는 알
아야 할 것이니라.
10 너희가 무엇을 하나 만들고자, 무엇을
이루고자, 너희가 시 한 수를 쓰고자,
음악 한 곡을 작곡 작사하기 위해 아
무리 노력하고 노력해도 그 의미를 찾
지 못하며 실마리를 찾지 못하며 머릿
속에 그 구상이 되지 아니하며 만들어
내지 못하여 고통과 시련에 몸부림치
는 때가 있음이니라.
11 또한, 과학의 발명이라 하여 너희가
기계를 만들며 너희가 편하고자 만백
성이 쓸 수 있는 어떤 발명품을 만들
어 내는 것도, 그를 만들다가 한순간
에 막히는 것이 있으며 아무리 고심하
고 생각하고 노력해도 이루어지지 아
니하며 풀리지 않을 때가 있을 것이니
라.
12 그리하여 너희가 수년간, 수십 년간,
때로는 몇 시간 동안 고심하며 노력하
고 무엇인가를 찾고자 노력해도 그것
이 이루어지지 아니하며 전혀 생각이
떠오르지 아니하는 때가 있을 것이니
라.
13 그리하여 너희가 고심과 고민 속에
무엇인가 몇 년 동안 찾지 못하고 찾
으려 애써도 찾지 못했던 그 실마리
가 한순간에 깨달아지며 풀어지는 것
을 알 것이며, 너희가 말하는 스쳐 가
는 지혜요, 아이디어를 얻게 되며 깨
달음을 얻게 되는 것이니라.
14 그러니 그 한순간에 이루어지는 것이
바로 무엇인 줄 아는가?
15 나 여호와가 성령으로써 너희에게 임
하여, 노력하는 자에게 내가 노력하는
대가 위에 그 성령으로써 깨달음을 주
며 지혜를 주어,
16 너희가 '아차!' 하는 그 순간에 번뜩
떠오르는 그 지혜는 오로지 나 여호와
가 성령으로써 너희에게 임해 주는
것이니 그리 알라.
17 이는 곧 무엇인 줄 알겠는가?
18 노력하지 아니하는 백성, 말로써만 하
는 백성에게 내가 내려 주지 아니함이
니라.
19 너희가 노력하고 연구하고, 또 그를
이루고자 고심하고, 또 너희가 역사하
고자 노력할 때,
20 내가 너희에게 번개처럼 스쳐 가는 지
혜를 역사하는 것이 바로 내가 너희
에게 내리는 성령이라는 것을 알라.
21 이제 너희는 노력하지 아니하면 아무
것도 얻을 수 없으니,
22 말로써 무엇인가를 이룰 수 있다 하는
그와 같은 믿음의 길을 가는 백성 너
희에게 행함이 중요하며,
23 너희가 기도하는 마음이요, 너희가 바
라는 마음이요, 소원하는 그와 같은
마음을 행동으로써 이루어졌을 때 모
두가 역사한다는 것,
24 노력하는 자에게 내가 성령으로써 번
개와 같이 스쳐 가는 아이디어를 주며

생각을 주며 깨달음을 주며 너희가
만들고자 하는 것을 만들 수 있는 그
실마리를 풀어주는 것,
25 그게 바로 내가 너희에게 내리는 상
이요, 은혜라는 것을 알라, 사랑하는
나의 피조물 만백성들아!

## 6,562 번째 하나님 말씀

*2003년 6월 29일 0시 02분*

1 사랑하는 나의 아들아!
2 "네, 아버님! 말씀하옵소서."
3 너희가 어두운 방에 조명을 비추는 것
은 무엇이던가?
4 너희가 그 전등의 스위치라는 것을
켬으로써 그 조명이 밝히게 됨이니,
어두운 방을 일순간에 환하게 비추어
주는 그와 같은 형국을 보면서 살아갈
것이니라.
5 바로 내가 너희에게 성령으로 임하는
것이 그와 같은 역사로써 임하는 것이
니라.
6 너희에게 내가 성령으로 임하는 것은
조명을 비추는 그 순간처럼 그 모두가
너희에게 비추는 것이 나의 성령이며,
나의 성령은 너희에게 필요할 때 그
와 같이 임한다는 것을 알라.
7 그리하여 너희가 무엇인가를 이루고
자 노력하지 않는 자에게는 절대 나
여호와는 나의 성령을 너희에게 임하
지 아니하며 너희에게 지혜를 내리지
않는다는 것,
8 노력하는 자에게만 내가 너희를 위해
그와 같은 은혜와 영광을 내린다는 것
을 잊지 말라.
9 너희가 나로부터 받은 지혜요, 두뇌
요, 그 모두를 최선을 다하여 동원하
여 무엇인가를 이루고자 역사할 때,
10 끝까지 너희가 노력할 때, 너희가 지
혜요, 두뇌요, 생각의 그 모두를 끝까
지 다 사용하는 그와 같은 노력을 보
일 때,
11 나의 성령이 너희에게 조명이 비추듯
이 내가 너희에게 성령으로 임하여
너희가 역사할 수 있도록 인도하며 그
길을 열어 준다는 것을 알아야 할 것
이니라.
12 나 여호와가 그와 같이 노력하는 자,
내가 너희에게 준 지혜요, 능력이요,
그 모두를 다 동원하여 무엇인가 이루
고자 노력하는 그 아름다운 모습이 있
을 때 나 여호와가 너희를 찾아감이
니라.
13 그리하여 너희가 찾고자 또 노력하는
것, 너희가 역사할 수 있는 것을 내가
다 이루어 준다는 것을 알아야 할 것
이며 이를 잊지 말도록 그리하라.
14 일순간에 모두를 이룰 수 있도록 성령
이 너희에게 임하여 주며, 성령이 임
했을 때 너희가 이루지 못했던 것도
일순간에 이루어짐이니,
15 그는 오로지 너희가 가지고 있는 지
혜요, 너희의 두뇌요, 네가 노력할 수
있는 인내의 마음이요, 그 모두를 동
원하여 무엇인가를 이루고자 최선을
다하는 노력을 했을 때, 내가 너희에
게 성령을 임해 주니,
16 그가 조명과 같이 너희에게 역사한다
는 뜻이 거기에 있음이니라.
17 게으른 자, 노력하지 않는 자는 그와

같은 역사의 은혜를 받을 수 없으며
내가 너희를 기억하지 않는다는 것을
너희는 알아야 할 것이니라.
18 그러니 너희가 가지고 있는 모든 생
각의 두뇌를 다 동원하여 무엇인가를
역사하고자 할 때 조명의 빛처럼 내가
너희에게 성령이 임한다 했음이니,
19 지금 나의 법전을 만들고 나의 법전을
가지고 만백성을 구하고자 전하겠다
는 그와 같은 역사를 이루는 나로부터
선택된 백성이요, 나의 아들을 따르는
제자 너희는,
20 과연 너희가 가지고 있는 최고의 두
뇌를 법전을 위하여 다 사용하고 있으
며 최선을 다하는가 알아봐야 할 것
이니라.
21 너희는 나의 법전을 만드는 데, 나의
법전을 가지고 전하여 만백성을 구하
는 데 너희의 모든 지혜와 두뇌로 생
각하는 모두를 다 최선을 다하여 노
력했을 때,
22 조명의 불빛처럼 내가 너희에게 깨우
침을 주며 역사할 수 있도록 지혜를
줌이니라.
23 그리하여 내가 너희에게 임했을 때
모두가 다 이루어지며 모두를 역사할
수 있다는 것을 잊지 말라.
24 너희가 만백성을 구하는 선택된 백성
이라면 최선을 다하라.
25 최선을 다했을 때 내가 너희에게 빛
을 내리며 빛과 같이 나의 성령을 내
림이니,
26 너희에게 그 성령이요, 내가 임했을
때 너희는 못 이루는 것이 없으며 모
두를 다 역사할 수 있는 그와 같은 기
적의 한 단면을 보고 체험할 것이며,
27 거기에서 너희는 만백성을 구하는 길
에 계속 전진하게 될 것이며, 나의 성
령이 너희에게 임할수록 너희는 그와
같이 밝고 환한 길이요, 하늘에 오르
는 길을 계속 올 수 있으며 하늘에 오
르는 이치를 깨달음이니,
28 깨달은 만큼 너희가 만백성을 동화시
키며 그들을 순화시키며 그리하여 그
들 자체도 지옥으로 가는 발길을 멈추
고 천국으로 오는, 너희를 따라올 수
있는 그와 같은 백성으로 동화시키고
순화시키는 것이 너희가 해야 할 일
이라는 것을 잊지 말라, 사랑하는 나
의 아들딸들아!

## 6,563 번째 하나님 말씀

*2003년 6월 29일 0시 15분*

1 사랑하는 나의 아들아!
2 "네, 아버님! 말씀하옵소서."
3 2천 년 전 내가 나의 아들 예수를 너
희에게 보내어, 그 육의 형체를 가진
그가 육의 고통을 다 겪고 인내하며
죽음으로써 끝을 맺은 것은 과연 무엇
때문에 내가 그리 역사한 줄 알겠는가?
4 너희에게 바른 삶을 살도록 하며, 사
랑을 베풀며, 살아가는 인간의 도리가
무엇이며, 나에게 오르는 그와 같은
삶이 무엇인가 그를 본보기로 내가 그
리하였거늘,
5 너희는 지금 어찌 가고 있는가?
6 나의 아들 예수의 그 고통스러운 죽음
을 너희의 죄를 대속하기 위하여 그는
그리 죽었다 말하며,

7 그리하여 너희는 죄를 다 용서받은
자요, 나의 아들 예수가 모든 죄를 안
고 갔다 함이 지금의 종교 집단이요,
지도자들이 가고 있는 형국이니라.
8 나의 아들은 그와 같은 것으로써 고통
스러운 죽음을 당하지 아니할 수 있었
으며,
9 내가 그 죽음을 보면서도 그의 손을
잡지 아니하고 놓았던 것은 무엇인 줄
알겠는가?
10 인간 너희가 육의 삶에 연연하는 그
와 같은 삶에서 벗어나 창조주요, 나
여호와가 존재하는 세상이요, 내가 존
재하는 구원하는 길이요, 영원히 사는
하늘나라에 오를 수 있는 삶을 살아가
도록 하기 위하여 그와 같은 가슴 아
픈 역사의 한 장면을 내가 기록하고
또 그리 만들었다 말하였거늘,
11 어찌하여 너희는 그와 같은 깊이를 모
르는가?
12 지금의 잘못된 종교 집단의 관습이요,
너희가 매달리고 쇠사슬에 얽매어 그
들에게 끌려가는 그와 같은 형국으로
써 구원을 받는다는 생각으로 오늘의
믿음을 가고 있으니,
13 너희가 얼마나 어리석고 불쌍한 백성
이던가?
14 나의 아들 예수의 죽음은 너희 죄를
대속해 주며 너희 후손들이 짓는 죄를
다 용서해 주는 그와 같은 것으로써
너희가 말하나,
15 나의 아들 예수가 육의 고통이요, 모
든 시련을 인내하는 그 아픔을 내가
보면서 그를 거둬들이지 아니한 것은
그런 뜻이 아님을 알라.
16 나에게 오를 수 있는 변화되는 삶이
요, 깨달은 삶을 살아 너희가 나에게
오를 수 있는 삶을 살도록 너희를 일
깨워 주기 위하여 그와 같은 역사가
이루어졌음이니, 지금 나의 법전을 세
상에 내보냄도 또한 그와 마찬가지니
라.
17 육의 세상이 아닌 한 차원 높은 세상
을 보고 너희가 깨달음을 얻고 나에
게 오르도록 하는 것이니라.
18 그리하여 내가 나의 법전을 내려보내
는 것이요, 너희가 지은 죄를 사하도
록, 너희가 지은 죄를 용서해 주는 그
와 같은 길로써 나의 법전이 세상에
내려간 것이 아니니라.
19 너희가 지금 한 차원 높은 세상의 삶
을 살아, 죽고 사는 것이 없는 하늘나
라요, 이곳에 너희가 올라올 수 있도
록 길잡이로서 내가 나의 법전을 세상
에 내려보내는 것이요,
20 너희가 이를 읽고 깨달아 하늘에 오
는 길을 보도록 하는 것이 나 여호와
의 뜻임을 알아야 할 것이니라.
21 이제 너희는 나의 아들 예수의 그 고
통이 너희의 모든 죄를 대속했으며,
너희 후손이 대대손손 짓고 짓는 그
사악한 죄를 나의 아들이 다 대속해
주기 위해서 그와 같은 길을 갔다 생
각하지 말라.
22 너희가 하늘에 올 수 있는, 한 차원 높
은 세상에 올 수 있는 그 삶을 살기 위
해서는 너희는 사랑을 베풀며, 나의
아들 예수가 역사한 그와 같은 삶을
본보기로 살아야만 구원을 받을 수 있
기에,

23 너희에게 본보기로서 나의 아들을 세
상에 내려보냈다는 것을 알라.
24 너희가 부르짖는 그와 같은 구호요,
울고불고 나의 아들 예수의 보혈로써
구원받았다 말하는 모습을 바라보는
나 여호와가 보기에 너희가 얼마나
처량하고 불쌍한 모습인지 알겠는가?
25 너희는 그저 나의 아들을 믿기만 하
면, 나 여호와를 믿기만 하면 구원을
받는다고 그리 가르침이니라.
26 나의 아들을 믿기만 하면 너희는 이
지구상에서 잘살 수 있으며 축복을
받으며 행복한 삶을 살 수 있으며, 오
랫동안 살 수 있으며,
27 너희 생명까지도 남들보다도 더 오래
연장된다는 그러한 생각으로써 나의
피조물 만백성을 이끌어 가며, 그들에
게 그와 같은 욕심으로써 기도하는 마
음으로 믿음을 가도록 지금 가르치는
것이 종교 집단 너희가 하고 있는 짓
이니,
28 얼마나 너희가 해괴망측한 짓을 하고
있는가?
29 나는 나의 아들에게 뭐라 나의 법전에
기록하여 전하는가?
30 만백성을 구원하기 위하여 160권의
법전을 만들어 나의 성령을 직접 받아
이를 역사하기 위해 내려간 나의 아들
도 내가 그를 용서함이 없으며, 그에
게 은혜와 혜택을 줌이 없으며,
31 나의 백성과 똑같이 그가 실수했을
때 대가를 치르며, 그가 잘했을 때 상
을 받는 것이라 내가 그리 말하였음이
니라.
32 공의의 하나님이요, 창조주 나이기에
그와 같이 역사한다 하였거늘,
33 어찌하여 너희는 나의 아들 예수를
믿으며 나를 믿기만 하면 지상에서 잘
살며 축복을 받으며 오래오래 살 수
있으며 행복을 누리고 살 수 있다는
그와 같은 것으로써 나의 피조물 만백
성을 현혹하는가?
34 그 말을 또 믿고 따라가는 자는 무엇
인 줄 알겠는가?
35 겉에는 꿀을 발랐으며 속에는 독소가
발려 있는 그 꿀을 먹기 위해 날아드
는 벌과 나비와 같은 것이 지금의 신
도요, 구원을 받았다 하는 백성이니라.
36 너희가 소원하는 것을 이루어 주며
너희가 역사하고자 하는 것을 들어주
며 그리고 너희가 생각하는 대로 이
루어 주는 그와 같은 나 여호와가 아
님을 알아야 할 것이니라.
37 그와 같이 너희가 기도하고 경배하며,
손으로 지은 성당이요, 성전이요, 교
회에 가서 재물을 바치고 기도한다 하
여 그와 같이 모든 것이 이루어진다는
생각 그 자체도 버려야 할 것이니,
38 그와 같은 생각을 하고 가는 백성은
믿음이 무엇인 줄 모르며 진정한 믿음
을 모르는 백성이니라.
39 그 모두를 접어 버리며 그 모두를 너
희가 생각지 아니하며, 오로지 나 여
호와의 뜻에 의해 계명이요, 율법이
요, 지금 내리는 나의 법전대로 너희
가 묵묵히 살아가는 자,
40 그와 같은 자가 진정한 믿음의 길을
가는 백성이요, 나는 그들을 기억한다
는 것을 잊지 말라.
41 나의 아들 예수가 전하고자 했던 그

사랑의 삶을 실천하는 삶으로 너희가
살아야 하는 것이며, 그와 같은 삶을
살지 않는 자는 정녕 구원을 받을 수
없음이니라.
42 너희는 나의 아들 예수가 살아왔던 그
고난의 길보다도 더 고통과 시련의 길
을 기쁨으로 생각하며 그를 받아들이
며,
43 그와 같은 고통과 시련을 즐거움의 삶
으로 살아가는 그와 같은 마음가짐으
로써 세상살이를 살아가야 할 것이며,
44 너희가 마음을 그리 다스려 가야 하
는 것이 나의 아들 예수의 죽음의 만
분의 일이라도 그 뜻에 따르는 자며
그것에 감사하는 백성이라는 것을 잊
지 말라.
45 너희가 단 하나의 목숨마저도 바칠 수
있는 준비된 삶을 사는 자, 그것이 진
정한 믿음의 길을 가는 백성이니라.
46 그러한 백성이야말로 진정한 믿음의
길을 가는 백성이며, 반석 위에 서서
하늘에 오르는 빛을 볼 수 있는 백성
이라는 것을 너희는 알아야 할 것이
니라.
47 나의 법전을 만들고 전하는 백성은 육
의 세상에서 너희가 잘살고 못 사는
것, 영광이요, 행복한 삶이요, 그러한
것들에 관여하지 말라.
48 나의 성령으로 이루어진 나의 법전을
전하는 선택된 백성 너희는 그와 같
은 것에 연연해서는 아니 됨이니라.
49 나의 법전을 만들고 전하며 선택된 나
의 아들을 따르는 제자들이요, 나로부
터 선택된 백성 너희는 지금 모든 종
교 집단이요, 만백성에게 핍박을 당하
며 이단이라 너희에게 돌팔매를 던져,
50 너희가 그 돌팔매를 맞으며 모욕을 당
하며 인간 대우를 받지 못하는 고생스
러운 길을 산다 해도,
51 너희가 그 삶이 영광의 길이요, 너희
가 치욕적인 삶이 아니라는 것을 알
라.
52 너희는 그와 같은 고통과 역경 속에서
살아가는 것이 나로부터 영광을 받는
길임을 알라.
53 죽음을 마다하지 아니하고 받아들이
는 자세가 너희가 가야 할 길이니라.
54 나의 법전이 세상에 나오는 것을 비난
하는 자, 그리 오해하는 자, 박해하는
자, 너희가 죽임을 당한다 해도 나의
법전을 위하여 나의 선택된 백성은
두려워해서는 아니 될 것이며 주저해
서는 아니 된다는 것을 알아야 할 것
이니라.
55 나의 법전을 가지고 만백성을 구하고
전하는 그 역사를 하는 자는 어떠한
비난과 오해와 박해와 죽음마저 요구
한다 해도 너희는 주저하지 말며 두
려워하지 말라.
56 그것이 나로부터 선택된 백성이 가야
할 길이며 너희가 역사해야 할 길이
라는 것을 잊지 말라.
57 참진리가 잘못된 것을 바로잡기 위해
서는, 참진리가 짓밟히는 그와 같은
세상이나, 진리는 진리이니라.
58 영원히 변하지 않는 것이요, 살아서
움직이는 것이 진리이니,
59 결국은 죽어 가는 너희의 사악한 그
가르침은 살아서 움직이는 진리의 뜻
을 이길 수 없기 때문이니라.

60 너희가 어떠한 핍박을 당하든, 돌팔매
를 맞든, 모욕을 당하든, 사탄이요, 이
단이라 너희를 핍박하며 인간 이하의
대우를 한다 해도,
61 어떠한 고생과 시련이 닥친다 해도 그
것은 너희의 영광의 길이요, 영광의
삶이요,
62 죽음의 목숨마저도 던져야 할 때, 그
를 받아들이고 순종하는 것이 너희가
영광의 길이라는 것을 잊지 말라, 사
랑하는 나의 아들딸들아!
63 그것만이 너희가 영광의 길임을 알라.

## 6,564 번째 하나님 말씀

*2003년 6월 29일 0시 24분*

1 사랑하는 나의 아들아!
2 나 여호와가 이 세상을 성전이라 그리
만들었으며, 이 지상의 성전을 누구를
위하여 만들었는가?
3 나의 사랑하는 백성 너희를 위하여
그리 만들었음이니라.
4 그러니 이 세상에 아무리 아름다운 자
연이요, 소중한 것보다도 가장 더 귀
하고 소중한 것이 무엇이던가?
5 나의 피조물 만백성 너희이니라.
6 그러니 나의 백성 너희는 소중한 것
이며, 너희 자신의 존엄성을 생각하며
살아가야 할 것이니라.
7 서로 존경하며 서로 믿고 의지하며
서로 사랑하는 그와 같은 마음을 가지
고 살아가는 것이 인간의 도리이며,
너희가 살아가는 근본이어야 함을 알
아야 할 것이니라.
8 그러나 지금 너희가 살아가는 그 형
태요, 너희 마음의 자세는 과연 어떠
했던가?
9 너희가 마음을 들여다보도록 하라.
10 이웃을 사랑하며 인간을 소중히 생각
하며 인간의 존엄성을 알며, 동식물도
모두 '우리'라 하였음이니,
11 그중에서 너희와 더불어 살아가는 너
희 형제들이 얼마나 소중하고 귀한 자
인가?
12 그러나 지금 모든 백성이 살아가면서
어찌 변했는가?
13 인간 자체를 상품 가치로 따지며, 너
희의 이해관계에 따라서 인간을 그 가
치로써 따져 보며,
14 그리고 너희가 상품의 대상으로써 지
금 보는 그와 같은 세상으로 변화되어
있음이니,
15 이 또한 얼마나 잘못된 것이며 이 얼
마나 서글픈 일이란 말이던가?
16 나의 사랑하는 백성 너희가 상품 취
급받는 그 자체가 얼마나 불행한 일이
며, 너희 자신을 얼마나 저주하며 욕
되는 삶을 살고 있는가?
17 이 모두는 과연 어찌하여 발생하였는
가?
18 이와 같이 너희가 인간을 상품 가치
로 따지는 것이 지금 종교 집단이요,
지도자들이 그와 같은 역사를 만들었
음을 알아야 할 것이니라.
19 저희가 손으로 지은 그 죄의 온상에서
그들은 나의 피조물 만백성에게 헌금
이요, 십일조를 너희가 얼마나 많이
바치며 얼마나 많이 내느냐에 따라서
그들은 그 인간의 값을 따지기 때문이
니라.

20 그리하여 너희가 성전을 지어 그를
팔고 사는 그 장삿속에서도 나의 피조
물 만백성이 얼마만큼 재물을 내는 자
가 있으며 누가 얼마나 많이 바친다는
그와 같은 계산을 하며,
21 그를 따지고 따져 팔고 사는 그와 같
은 사악한 행위가 지금 이루어지고 있
음이니,
22 나의 사랑하는 백성을 너희가 상품으
로써 지금 취급하고 있음이니, 이것이
종교 집단이요, 지도자들이 나의 피조
물 만백성을 사악하게 만들었으며, 그
들의 아름다운 그 가슴속을 황폐하게
한 것이 너희이니라.
23 값을 따지기 시작한 것이 바로 너희이
니, 그 죄를 너희가 다 어찌 나에게 와
받으려 생각하는가?
24 너희가 교회라는 곳에 모여 지금 하
는 그 설교요, 그 모두가 재물을 거둬
들이며 사람을 평가하는 그와 같은 근
원지요, 사악한 죄의 근본이 거기라는
것을 너희는 알아야 할 것이니라.
25 바로 교회라는 것을 알라.
26 그와 같은 믿음의 자세로써 믿음을 간
다는 자들이 나의 피조물 만백성을
구원하는 것이 아니요, 그들을 상품
가치로써 생각하고 따지고 살아감이
니,
27 이것이 얼마나 잘못되었단 말이더냐?
28 나의 사랑하는 백성이 바치는 그 재
물과 금화를 가지고 인간을 평가하고,
상품의 가치를 따지듯이 너희가 나의
사랑하는 만백성을 그리 따짐이니,
29 그들의 그 귀중한 생명을 상품화하여
계산하는 그 앞에 가서 무엇을 얻고
자, 무슨 구원을 받고자 하늘에 오르
는 길이라 하여 울고불고 그와 같은
행위를 하는 자,
30 저희를 상품으로 계산하여 팔고 산다
는 그 사실을 알면서도 어찌하여 저
희는 인간의 존엄성이요, 저 자신이
그와 같이 비참한 굴욕감마저도 느끼
지 못하며, 그 모두를 상실한 백성으
로서,
31 그저 설교자가 말하는 대로 '아멘, 할
렐루야!', 그저 '믿습니다, 믿습니다!'
소리 지르고 있음이니,
32 어찌하여 저희가 그 굴욕감마저도 느
끼지 못하는 불쌍한 백성으로 그리 세
뇌되고 전락하였단 말이더냐?
33 저희를 상품으로 따지는 그 종교 지
도자들의 설법을 들으며 저희가 '믿습
니다, 맞습니다!' 소리치고 광란의 짓
을 하고 있으니,
34 너희가 시장바닥에서 무엇인가를 서
로 팔고 사고 거래하는 장사꾼의 그
형태보다도 더 험악한 짓을 하고 있으
며, 그들보다도 사악한 짓을 하고 있
으며,
35 그들보다 말할 수 없는 뒷거래를 이루
는 자요, 인간을 사고파는 자들이니라.
36 시장바닥에서 그들이 만드는 물건을
서로 팔고 사고 교환하며 서로 돕고
살아가는 것이 시장바닥에 살아가는
사람들이니라.
37 그들은 인간을 팔지 아니하느니라.
38 그러나 종교 집단 너희만이 인간을 팔
며 인간으로 장사하는 자들이니, 너희
가 바로 얼마나 무서운 자들이며 얼마
나 사악한 자들이냐?

39 너희는 인신매매요, 사람을 팔아서 착
복하는 것만을 따지나,
40 너희는 나의 피조물 만백성을 상품으
로 만들어 그를 사고파는 그와 같은
행위를 하니,
41 너희가 인신매매 자요, 나의 피조물
만백성을 물건으로 보는 자들이니라.
42 인간을 인간으로 보지 않고 물건으로
보는 자들이 과연 물건으로 보는 자들
을 하늘을 오르게 하기 위하여 무엇을
노력하며 무엇을 가르치며 너희가 얼
마나 변화되는가?
43 너희가 나의 피조물 만백성을 인간으
로 본다면, 한 점의 부끄럼이 없는 종
교 지도자로 서는 데 최선을 다해야
할 것이니라.
44 그러나 너희가 너희 죄를 속이며, 너
희가 살아가는 행위를 숨기며, 너희가
죄를 짓는 행위를 두려워하지 아니하
며 무서운 줄을 모르며 감히 너희가
사악한 짓을 하는 것은 평가할 수 없
다고 말함이니,
45 너희가 나의 피조물 만백성을 인간으
로 생각한다면 같은 인간이 인간을 평
가할 수 있으나,
46 너희는 나의 사랑하는 피조물 만백성
을 상품이요, 물건으로 만들고 그리
취급하고 다루기 위해 그 물건이요,
상품이 인간을 심판할 수 없다는 그와
같은 사악한 생각에서 이루어진 것이
라면 너희는 과연 어찌하겠는가?
47 너희 조상은 그와 같은 사악한 방법
으로써, 너희 신도라는 자들이 종교
지도자들을 심판할 수 없다 하였음이
니,
48 종교 지도자는 사람이요, 신도들은 사
람이 아니요, 물건으로 취급하기 때문
에 감히 그와 같은 무서운 행위를 할
수 있었다는 것을 잊지 말라.

## 6,565 번째 하나님 말씀

*2003년 6월 29일 0시 33분*

1 사랑하는 나의 아들아!
2 "네, 아버님! 말씀하옵소서."
3 진리는 죽어 있는 것이 아니요, 진리
는 살아 있음이요, 진리는 지워질 수
가 없으며 버려질 수가 없다 내가 너
에게 일찍이 깨우쳐 만백성에게 전하
라 하였음이니라.
4 나 여호와의 참진리는 고정되어 존재
하는 것이 아님을 너희는 이제 알아
야 할 것이니라.
5 나 여호와가 역사하며 나 여호와가 나
의 아들을 통하여 너희에게 깨우쳐 주
며 하늘에 오르는 길의 빛을 보도록
인도하는 새로운 성경이요, 새로운 법
전 속에 기록되어 있는 그 참진리는
살아서 움직이기 때문이니라.
6 그리하여 나의 진리는 움직이는 것이
며, 그 움직이는 진리이기 때문에 나
의 법전에 기록되어 있는 그 모든 나
의 성령의 뜻은 과거와 현재와 미래에
도 존재하는 것이며, 너희가 그 속에
서 다 깨달음을 얻을 수 있는 것이니
라.
7 그리하여 진리는 살아서 움직이는 것
이며, 또한 나의 법전은 무한정으로
확장되어 성장함을 너희가 알아야 할
것이니라.

8 내가 뭐라 말하였느냐?
9 나의 법전이 살아서 움직인다고 그리
하였음이니,
10 이는 곧 나의 진리요, 나의 뜻이기에
살아서 움직인다고 내가 그리 말하였
음이니,
11 진정한 참진리는 살아서 움직이며 또
한 그 진리는 무한대로 확장되어 성
장한다는 것을 너희는 알아야 할 것
이니라.
12 다만, 너희가 이 진정한 진리를 각자
가 어찌 깨달으며 그 뜻을 어찌 이해
하느냐에 따라서 하늘과 땅의 차이의
변화가 이루어지는 것이니, 이를 나
여호와가 바로잡고자 함이 나의 뜻이
니라.
13 나의 뜻을 따르며 깨닫고 살아가는 백
성 너희 자신도 참진리를 어찌 깨닫
고 어찌 그 뜻을 이해하느냐에 따라서
문제가 발생하게 되며,
14 너희가 나의 진리를 진정 제대로 깨닫
고 가르친다면 이와 같이 사악한 자
의 천국과 같은 험악한 세상의 역사는
이루어지지 아니하였을 것이니라.
15 너희가 진리의 뜻대로 제대로 깨우치
고 전한다면, 예수가 깨우친 대로 전
한다면 이 세상은 아름다운 역사 속에
서 지상의 천국이 이루어졌을 것이니
라.
16 그러나 너희는 진리라 하여 내가 내
린 참진리를 자신의 이해관계 쪽으로
변화시키고 변질되도록 그리 깨우쳐
나의 피조물 만백성을 깨우친다면 또
한 너희는 나와는 관계없는 길을 가
는 것이니,
17 너희는 자신도 모르게 나 여호와에게
등을 돌리고 떠나가는 그와 같은 백성
의 형국으로써 지금 살아가게 됨이니
라.
18 그리하여 너희가 나의 법전을 읽고
깨우쳐 진리의 뜻을 직접 깨닫지 못하
고, 지금 잘못된 종교 지도자들이 진
리의 의미를 모르며 인간의 생각으로
써 변질하여 가르치는 그 설교에 의하
여 너희가 지옥 불로 떨어진다 내가
그리 말하였음이니라.
19 나 여호와가 나의 법전을 통하여 내리
는, 또 나의 아들을 통하여 강론으로
써 너희에게 전하는 진정 진실한 진리
는 결코 변화되지 아니하며 영구히 존
재한다는 것을 너희가 알아야 할 것
이니라.
20 다만, 진리를 연구하고 파악하는 백성
이 그 과정에서 너희가 변화되고 변
질한 그와 같은 새로운 인간의 생각이
요, 인간의 뜻을 만들어 내기 때문에
나의 진리가 변질되어 오늘과 같은
이 험악한 세상의 역사가 이루어졌음
이니라.
21 지금의 잘못 가고 있는 종교 집단 그
들이 참진리를 깨우치지 못하고 있는
것을 바로잡아 나의 피조물 만백성을
정녕 하늘에 오르는 길로 인도할 수
있는 그와 같은 지도자로서 다시 태
어나는 그 역사를 이루고자 내가 160
권의 법전을 지금 세상에 내려보냄을
알아야 할 것이니라.
22 이제 지금 잘못 가는 종교 집단 지도
자요, 그 신도 너희가 거듭나는 역사
를 지상에서 이루라.

23 육을 가진 세상에서 너희가 거듭나는
역사를 이루며, 그리하여 죽어 거듭나
는 그 은혜를 입어,
24 너희가 지옥 불로 가는 것이 아니요,
천국에 올라올 수 있도록, 내 품에 올
수 있도록 너희가 살아가는 변화를
이루도록 그리하라.
25 그렇지 않은 자는 영영 나와 관계도
없는 먼 길로 가며 나에게 등을 돌리
고 떠나가는 나그네와 같은 자가 되니
그리 알라.

## 6,566 번째 하나님 말씀

*2003년 6월 29일 0시 42분*

1 사랑하는 나의 아들아!
2 "네, 아버님! 말씀하옵소서."
3 나의 피조물 만백성이, 수천 년 동안
믿음의 세상을 오며 그 믿음의 길을
달려온 그 백성이 진정한 참진리를
제대로 파악하여 오늘에 그리 살아왔
다면 오늘의 지상은 낙원이 되었을 것
이니라.
4 그러나 지금의 종교 집단과 지도자,
그리고 그 신도라는 백성이 해석을
잘못하여 가르치며 또한 해석을 잘못
가르쳐 그 듣는 자가 그 의미를 모르
니,
5 지금의 모든 종교 지도자의 무지에서
발생한 그 모든 행위 등이 이 세상을
이와 같이 험악하게 만들었음이니라.
6 그리하여 그들 스스로 말세요, 종말의
시대가 열렸으며 지금의 너희가 마지
막 형국이라 그리 말하느니라.
7 그러면서 심판의 시대라 너희가 그리
말하느니라.
8 그리고 이 심판의 시대는 너희를 현
혹하는 거짓 선지자가 세상에 나와
너희를 훼방하며 무너뜨린다는 그와
같은 말을 하고 있음이니,
9 심판의 역사하는 것도 그러하며, 선지
자가 내려와 너희를 다시 깨우치는 제
3의 시대가 역사하는 것도 다 너희가
오늘날 나의 참진리를 제대로 파악하
며 제대로 깨달아 가르치지 못하였기
때문이니,
10 그 모든 원죄는 너희라는 것을 알아
야 할 것이니라.
11 너희는 지금 어떠한 형국으로 가고 있
는가?
12 나의 진리를 잘못 파악하며 잘못 이해
한 그와 같은 종교 지도자 너희가 나
의 피조물 만백성을 지금 어찌 끌고
가고 있는지 아는가?
13 너희가 하늘에 오르는 길이라는 것이
지옥으로 떨어지는 그와 같은 길임을
알아야 할 것이니라.
14 그러면서 지금의 잘못 파악하였으며
참진리를 알지 못하는 그들이 어찌 가
고 있는가?
15 그들은 편협한 생각과 저희가 가지고
있는 그 고집스러운 생각에 일치하지
아니할 때는 어떠한 종교 집단이요,
어떠한 단체도 이단이요, 사탄이요,
사악한 자들이라 그리 가르치며,
16 그들과 겸상하지 말며 그들과 대화하
지 말며, 그들이 하는 말에 귀를 막으
라 그리 말함이니,
17 너희가 정녕 나 여호와의 참진리를 가
르치는 진정한 지도자라면 누가 뭐라

하든, 사탄이 뭐라 하든, 어떠한 집단
에서 어떠한 사람이 무엇을 강론하든
그를 듣지 말라 귀를 막는 그와 같은
행위는 하지 아니할 것이니라.
18 진정 너희는 정답을 갖지 아니하고
오답을 가지고 있기에, 정답을 가진
자가 오는 것을 두려워하며,
19 정답을 가진 자가 강론하는 것을 들어
너희를 맹종하고 맹신하는 백성이 눈
을 뜨고 귀가 열릴까 봐 두려워 편협
한 오기와 같은 생각을 하고,
20 너희와 더불어 같이 아니 하는 자는
사탄이요, 사악한 자라 하며 너희가
나의 피조물 만백성을 쇠사슬로 꽁꽁
묶어, 손목과 발목에 족쇄를 채워 움
직이지 못하도록 끌고 가는 그와 같은
지금의 행위이니,
21 이를 바라보는 나 여호와의 마음이 얼
마나 가슴 저리고 아프던가?
22 나의 피조물 만백성을 내가 세상에 내
려보낼 때, 너희 인간이 노력하는 것
만큼 모두 얻고 살 수 있도록 다 내려
주었으며,
23 너희에게 하나씩의 특성을 다 주어 바
르게 살 수 있는 그와 같은 은혜를 다
내린 나의 백성에게,
24 잘못 가르치는 종교 지도자의 욕심이
라는 근원을 가진 사탄의 그 후예들이
나의 백성을 쇠사슬로 묶고 손발에
족쇄를 채워, 움직이지도 못하며 도망
갈 수도 없으며 뛰지도 못하며 변화
할 수도 없이 그와 같이 끌고 가는 것
이 지금의 모든 행위이니,
25 이를 바라다보는 나 여호와의 마음이
얼마나 아픈가를 과연 너희는 생각해
볼 수는 없겠는가?
26 저희가 만든 교리요, 저희 교회요, 저
희 성당이요, 저희 법당이요, 성당이
요, 회당이요, 그 집단들이 저희의 이
해관계에 따라서 만든 그 교리를 가지
고 나의 피조물 만백성이 하늘에 오르
는 길이요, 나 여호와의 진리요, 내가
내리는 성령의 뜻이라 그리 가르침이
니,
27 이는 정녕 나와 관계없는 그와 같은
가르침이니, 그를 듣고 구원을 받았다
는 백성이 지옥으로 끌려가는 그와 같
은 형국으로 가고 있는 것을 보는 나
여호와의 아픈 마음을 너희라도 들여
다볼 줄 알아야 할 것이니라.
28 모든 종교 집단이요, 지도자들이 성서
를 모르며 내가 원하는 뜻을 모르니,
그들의 마음은 편협하기가 한이 없으
며, 오만에 차 있는 자들이요,
29 그와 같은 종교 집단과 지도자로부터
끌려가는 나의 백성을 해방하며 탈출
시키는 것이 너희가 해야 할 길이며,
30 그들의 눈을 뜨게 하고 귀를 열어 주
는 것이 나의 법전이니, 너희가 법전
을 만들어 그들의 가슴에 전해 주는
데 잠시도 소홀히 해서는 아니 됨을
알라.
31 내가 너희를 사랑하노라.

## 6,567 번째 하나님 말씀

*2003년 6월 29일 07시 52분*

1 사랑하는 나의 아들아!
2 "네, 아버님! 말씀하옵소서."
3 이 우주 공간에 무엇인가를 너희가

채우며 가득히 담는다는 생각을 해 보
라.
4 과연 그것이 어떠한 능력으로써, 어떠
한 힘으로써 그 모두를 채울 수 있는
가?
5 인간의 너희 마음가짐이 그러하느니
라.
6 이 우주 공간에 선한 것으로써 가득히
채우는 것과 악한 것으로써 다 채우
는 것,
7 너희가 마음을 선하게 갖는 것과 악한
마음을 갖는 것, 그 이치와 그 섭리가
같다면 너희는 그를 믿겠는가?
8 너희가 이 세상 우주 공간에 선한 마
음이 그득히 차는 것과 너희 마음속
에 있는 선한 마음으로써 너희 자신이
그득히 차는 것이요,
9 또한 우주 공간을 악한 것으로 덮는
것과 너희 마음을 악한 것이 지배하
는 것이 똑같다고 내가 너희에게 그
리 깨우쳐 준다면, 과연 너희는 그 의
미를 알겠는가?
10 이 우주 공간의 모두를 채우는 것이
너희 마음 하나를 채우는 것과 같음
을 너희는 알아야 할 것이니라.
11 그러니 너희가 이 우주 공간이 선한
것으로써 다 덮여 있다면 이 우주는
하늘에서 이루어진 것같이 지상에서
이루어지는 것이니,
12 곧 너희의 마음이 선한 것으로써 그
득히 차 있을 때 너희는 하늘에 사는
천사요, 너희가 악한 마음으로 그득히
채웠을 때 사탄인 것이니,
13 우주 공간이 선한 것으로써 다 채워지
는 것처럼 너희의 마음이 그리 채워
지는 것이 같은 역사라면,
14 너희의 마음을 선한 것으로 채우는
것이 얼마나 힘들고 어려운 길인지
알겠는가?
15 그러나 그를 채워야 하며 그를 지켜야
하는 것이 인간 너희이니, 그와 같은
마음으로써 존재하고 살았을 때 나에
게 오를 수 있다는 것을 잊어서는 아
니 될 것이니라.
16 우주 공간을 선한 것으로 채운다 함이
니, 너희가 그 마음 하나 다스리는 것
이 수천수만 가지요, 이 우주 공간에
존재하는 모든 것의 그 숫자요, 그들
과 접하고 대화하고 그들과 만나는 그
모두가 다 너희가 선한 마음으로써
행해야 하기 때문이니라.
17 우주 공간이 선한 마음으로 다 채워져
있는 것과 너희 마음이 선한 것으로
채워진다 하는 것은 우주 공간의 수천
수억의 모든 것과 너희가 접하고 상
대하며, 이해관계가 얽히며 그들과 너
희가 상면할 때,
18 너희가 그들과 역사할 때 그 모두가
다 선한 마음으로 다스려져야 하기 때
문이며,
19 그 모두를 접할 때 너희가 선하고 아
름다운 마음으로써 그들과 상대해야
할 것이며 그들과 대화해야 할 것이
며, 그들과 이해관계를 나누며 살아가
는 그와 같은 너희가 되어야 하기 때
문이니,
20 그게 곧 천사와 같은 마음이요, 하늘
에 오를 수 있는 마음이니라.
21 우주 공간에 존재하는 수십억의 인구
들과 너희가 상대하며 거래하며 역사

하는 그 모든 순간순간에 너희가 선하
고 아름다운 천사와 같은 마음으로 모
두를 역사해야만 너희가 하늘에 오르
는 것이니,
22 우주 공간에 모든 것이 다 선하게 비
치는 것과 너희가 마음이 선해지는
것과 같다는 이치가 여기에 있음이니,
너희가 마음 한 자리 다스리는 것이
얼마나 위대한 것인지를 알겠는가?
23 그러나 너희는 그 마음을 다스리지
아니하면 하늘에 오를 수 없으며, 그
마음이 역사하지 아니하면 너희가 나
에게 구원을 받을 수 없다는 것을 알
라.
24 그러니 너희가 마음을 다스리라.
25 너희가 마음을 작은 좁쌀보다도 더
작은 마음으로 하나로 결집하라 내가
하였음이니,
26 그 마음이 선한 것으로써만, 사랑하는
것으로써만, 아름다운 것으로써만 나
올 수 있도록 그리 너희를 다스리라
는 그 의미를 이제 너희가 알아야 할
것이며 알게 될 것이니라.
27 그러니 너희가 마음 한 자리를 다스
리는 것이 이 세상을 다 덮는 것과 같
다는 것을 잊지 말라.
28 그와 같이 너희의 마음을 다스림이
위대함이요, 그 마음을 다스리기가 어
렵고 힘든 길이니라.
29 그러나 너희는 그리 가야 하며 갈 수
있다는 것을 알라.
30 나 여호와요, 창조주가 너희에게 명하
며 내가 역사한 것은 이루지 못할 것
을 명하지 아니하였음이니,
31 이를 명심하고 또 명심하여 너희가
역사할 수 있는 그와 같은 자세로 바
로 서도록 그리하라.

## 6,568 번째 하나님 말씀

2003년 6월 29일 07시 58분

1 사랑하는 나의 아들아!
2 "네, 아버님! 말씀하옵소서."
3 이 세상 만백성이 살아가면서 저희가
가슴에 안고 있는 비밀이요, 말 못 할
사정들을 많이 안고 살아가느니라.
4 그러니 나로부터 선택된 백성 너희는
어떠한 자세로 살아야 하는지 알겠는
가?
5 이 세상에 모든 백성이 가지고 있는
비밀이요, 남들에게 말할 수 없는 그
모두를 너희 앞에는 털어놓을 수 있는
그와 같은 사람으로서 너희가 그리
변화되며 그리 살아가야 함을 잊어서
는 아니 될 것이니라.
6 모든 나의 백성이 너희에게 다가올
때 그들이 행복을 느낄 수 있는 그와
같은 삶을 살아갈 수 있도록 너희의
삶이 그리 변화되며 그리 살아가야 한
다는 것을 잊지 말아야 할 것이니라.
7 고달프고 힘든 백성이 그의 삶을 너
희에게 주저 없이 의논하며 너희에게
가르침을 듣고자 하는 백성으로서 변
화되어야 하는 것이 너희가 삶을 살
아가는 길임을 잊지 말라.
8 언제라도 편안한 마음으로 너희를 찾
아올 수 있는 그와 같은 사람으로 너
희가 변화해야 함을 내가 다시 한 번
강조함이니, 그를 명심하고 또 명심해
야 할 것이니라.

9 모든 사람이 너희를 믿을 수 있는 사
람으로 변화되며, 그와 같은 삶을 사
는 것이 나로부터 선택된 백성 너희가
살아가는 길임을 알라.
10 모두를 넓은 가슴으로 끌어안는 삶을
살아야 할 것이며, 남을 칭찬하기를
주저하지 않는 그와 같은 삶을 사는
백성이 되어야 하며,
11 타인으로부터 칭찬을 받는 그와 같은
삶을 살아야 할 것이며,
12 나 여호와의 뜻에 따라 살아가는 선
택된 사람이라는 그와 같은 말을 들을
수 있는 변화되는 삶을 살아야 함을
잊지 말라.
13 그리하여 모든 백성이 너희를 보기를
예수가 재림하여 이 세상에 내려온 사
람이 바로 너희라는 그와 같은 말을
들을 수 있도록, 그와 같이 아름다운
모습으로 삶을 살지 아니하면 아니 될
것이니, 그와 같이 아름다운 모습으로
써 너희가 삶을 살도록 그리하라.
14 그것만이 나의 백성이요, 나의 아들을
따르는 백성이 가야 할 길이며,
15 만백성을 구하는 전사요, 나로부터 선
택된 백성이요, 악으로 덮인 이 세상
에 그 악을 제거하며 그 악을 거둘 수
있는 것은 너희뿐이니,
16 그와 같은 삶을 사는 것이 바로 나로
부터 선택된 백성이요, 천 년에 걸쳐
서 새로운 역사의 뿌리를 내리는 위대
한 역사가 이루어짐을 알아야 할 것
이니라.
17 내가 너희에게 말하기를, 천 년에 걸
쳐서 이 세상에 지상의 낙원을 이룬다
함이니, 너희는 그를 믿지 아니하며
그를 너희는 설마 하는 마음으로 생
각하나, 그리해서는 아니 될 것이니라.
18 너희가 노아의 방주의 역사를 본다면
이 모두는 그보다도 정확한 것임을 알
며, 그리 이루어진다는 것을 믿어야
할 것이니 그리 알라.

## 6,569 번째 하나님 말씀

*2003년 6월 29일 12시 02분*

*(강론을 마치며)*

1 사랑하는 나의 아들아!
2 "네, 아버님! 말씀하옵소서."
3 너희의 양식이 되는 하나의 그 과일
나무에도 열매가 엶이니, 그 과일의
열매가 제자리를 잘 지키고 그가 성숙
해져 익었을 때 모든 백성은 그를 취
하며 양식으로써 사용하지 않더냐?
4 그 과일의 열매가 중도에서 떨어진다
면 그것은 무엇이더냐?
5 그건 흙으로 떨어져 퇴비가 되며 아무
런 가치가 없이 되지 않더냐?
6 너희는 여기서 깨우치고 깨달음을 알
아야 할 것이니라.
7 나의 법전을 읽고 깨우친 백성, 나의
성전에 와 강론을 듣는 백성, 그 모두
가 그들이 중간에서 떠남이요, 그들은
정녕 그 과일의 결실을 거두지 못하며
중간에서 떨어지는 것과 똑같음을 너
희는 알아야 할 것이니라.
8 그리고 너희는 오늘 나의 아들을 통하
여 내가 너희에게 명함을 지켜야 할
것이니라.
9 나의 법전을 항상 너희 몸에서 떼어
놓지 말며, 항상 이를 접하기를 게을

리하지 말라 내가 너희에게 명함이니
라.
10 너희가 항상 나의 법전을 정독하고 깨
우치며 책과 더불어 살아가는 그와 같
은 삶을 살아야 함을 잊지 말라.
11 내가 너희에게 뭐라 말하였느냐?
12 나의 법전을 접하지 아니하고 읽지 않
는 자는 구원의 심판을 받을 수 없다
고 내가 그리 말하였음이니, 이와 같
이 내가 너희에게 전하는 것을 너희
는 황당무계하다 그리 말할 것이며,
13 모든 자들은 사탄이요, 사악한 자가
하는 말이라 그리 말하며, 너에게 맹
종하며 맹신하기에 그와 같은 짓을 한
다 할 것이니라.
14 그러나 노아가 방주를 만들 때 어찌
하였는가?
15 그가 말하는 것을 듣지 않은 자, 그를
미친 자며 그가 만드는 데 그에게 힘
이 되며 그들에게 도움을 받기 위하여
그가 그들을 구원하는 배에 탈 수 있
도록 같이 만들자 했다 하지 않던가?
16 그는 구할 것을 알기 때문에 거기에
타지 않는 자는 구원할 수 없기 때문
에, 같이 만들어 같이 역사하자고 노
아는 그리 얘기했으나 따라 준 자가
없었음이니라.
17 그러니 너희는 두려워하지 말라.
18 나의 법전을 읽지 않는 자는 심판을
받지 못한다 하였음이니, 바로 이것은
무엇을 의미하는가?
19 너희가 귀를 기울여 들으라.
20 너희가 나의 법전을 놓으며 나의 법전
을 정독하지 않는 그 순간에 너희는
나에게서 떨어지며 나와 반대의 길을
가는 그와 같은 삶을 사는 순간에 역
사가 이루어지는 것이니라.
21 너희가 아무리 어렵고 힘들며 노쇠하
여 걸을 힘이 없다 해도 너희는 나의
법전을 놓지 말라.
22 나의 법전을 놓지 아니하며 정독하고
너희가 그 뜻대로 살아가는 자는 곧,
그 과일이 익어 모든 백성이 양식으로
취할 수 있는 것과 마찬가지로 너희가
하늘에 오르는 그 열매의 결과를 볼
수 있음이니,
23 나의 법전을 놓는 그 순간에 나를 등
지는 것이며, 나와 너희는 관계가 없
는 자가 되며, 나에게서 멀어지는 자
들이니,
24 나의 백성에서 너희가 떨어져 나간다
는 것을 잊지 말라.
25 과일의 열매가 견디지 못하여 중간에
떨어지는 그와 같은 형국이니,
26 어떠한 시련과 고통과 어려움이 있다
해도 나의 법전을 절대로 너희 손에서
놓아서는 아니 될 것이니라.
27 너희가 팔다리를 자르는 일이 있으며
너희 목숨을 던진다 해도 나의 법전을
놓지 말라.
28 나의 법전을 놓는 그 순간에 너희는
나와 남남이 되며 반대의 길을 걸어가
는 자들이니,
29 너희가 나에게 오르는 길이 하늘에 오
르는 길이요, 천국에 오르는 길이요,
30 너희가 반대로 가는 길은 무엇이더냐?
31 지옥으로 가는 길이니라.
32 그곳에는 죽음이 없으며 너희가 죽음
을 선택할 수도 없으며,
33 누구도 너희에게 죽음을 줄 수 없으

며, 너희를 죽게 할 수 없으며, 너희를
구원할 수도 없으며, 너희를 구제할
수도 없는 영원한 그 속에서 존재함이
니라.
34 그러니 내가 오늘 너희에게 간곡히
명함이니, 이를 너희 가슴속 깊이 새
겨 실행하도록 하라.
35 절대로 너희가 어떠한 상황에서도 나
의 법전을 버리는 일이 없도록 그리하
라.
36 항상 법전을 정독하고 법전과 같이 더
불어 사는 그와 같은 삶을 살 때, 너희
는 과일이 익어 만백성에게 좋은 양식
이 되듯이, 나에게 오르게 되는 길이
니라.
37 다시 한 번 말하느니라.
38 법전을 놓는 순간에 너희가 나로부터
등지고 떠나는 자가 됨이니 그리 알라.

## 6,570 번째 하나님 말씀

*2003년 6월 30일 09시 04분*

1 사랑하는 나의 아들아!
2 **"네, 아버님! 말씀하옵소서."**
3 구약의 시대에 내가 모세로 하여금 모
든 백성이 나에게 오르는 그 지상의
낙원을 이루고자 하였으나 그 백성이
나에게서 등 돌렸음이니,
4 내가 나의 아들 예수를 세상에 내려보
내 너희의 구원의 길인 지상의 천국
을 이루고자 하였으나, 또한 너희가
그와 같이 그를 듣지 아니하며, 그를
믿으려 하지 아니하며,
5 오만과 자만의 그 욕심이요, 기존의
그 세력에 의하여 나의 아들이 그와
같이 또한 죽음으로써 모두를 마치도
록 한 것이니,
6 2천 년의 그 세월이 흘러 지금 내가
나의 성령을 직접 너를 통하여 내려보
내 만백성을 구하고자 함이니, 이게
마지막이라 내가 너희에게 그리 말하
였음이니라.
7 내가 마지막으로 너희에게 기회를 준
다 하는 것은, 두 번 다시 구원의 길이
요, 구원의 방법이 없으며, 오늘의 너
희가 이 길을 선택하지 아니하면 아무
것도 이룰 수 없다는 것이 나의 뜻이
거늘,
8 너희는 이 무섭고 두려운 의미를 그저
지나가는 말로 듣고 마는 것이니, 너
희가 얼마나 자만하고 오만한 백성인
줄 알겠는가?
9 내가 다시 나의 아들을 통하여 너희에
게 말함이니,
10 나의 법전을 읽고 접하지 아니하는 자
는 너희가 심판대에 설 수 없다는 그
무서운 의미를 깊이 새겨 두어야 함을
알아야 할 것이니라.
11 지금까지 모든 백성이 내가 원하는
길을 온 것이 아니요, 나를 등지고 나
를 멀리하는 그와 같은 삶을 살았음이
니라.
12 내가 너희에게 뭐라 말하였느냐?
13 아무리 고달프고 어렵고 힘들다 해도
너희가 법전을 놓지 말라 그리하였음
이니라.
14 너희가 법전을 놓고 법전을 떠나는 순
간에 하늘에 오르는 길이 아니요, 나
와는 정반대의 길로 너희가 추락의
길로 가는 것이니,

15 어떠한 고통과 힘들고 어려운 길이 있
다 해도 나의 법전이요, 나의 성전에
서 등 돌리고 떠나는 일은 없도록 하
라 내가 그리 말하였음이니,
16 이것이 바로 하늘에 오를 수 있는 마
지막 기회이기 때문임을 알아야 할
것이니라.
17 내가 지금 나의 법전을 등 돌리고 떠
나는 자는 구원의 길이 아니요, 나와
반대의 길로 간다 했음이니,
18 지금까지 온 모든 백성이 나의 뜻을
따르는 것이 아니요, 나를 능멸하며
나의 뜻을 거역하는 그와 같은 삶으로
써 이 세상에 덮여 있으며, 이 세상을
모두 그와 같은 사악한 자가 지배하
고 있음이니라.
19 그리하여 그를 바로잡으려고 지금 내
가 역사함이니,
20 이것에 참여하는 자, 초청받은 자, 부
름을 받은 너희는 어떠한 시련과 고
통에도 두려워하지 말라.
21 내가 너희 마음이 이 세상의 우주 공
간과 똑같다 그리하지 않았던가?
22 이 우주 공간에 악한 마음이 채워 있
는 것이 너희 마음속에 악한 것이 채
워져 있는 것이요, 이 우주 공간이 선
한 것으로 채워지는 것이나 너희 마
음이 선한 것으로써 변화되는 것이 똑
같은 이치요, 똑같은 역사라 하지 아
니하였던가?
23 그러니 너희가 푸른 하늘을 보며 마
음을 기쁘게 갖는 그 자체나 너희가
기쁜 마음으로 하늘을 쳐다보는 것이
나 그와 같은 마음의 형태는 서로 상
통함이니라.
24 너희가 하늘을 쳐다보고 맑고 기쁜 마
음을 얻으며 푸른 하늘에서 생명력을
얻는 것처럼 너희 자신이 푸른 마음처
럼 고운 마음으로 하늘을 본다면 또한
그 하늘이 더 아름다움이니,
25 이와 같이 너희가 하늘을 보고 사는
그와 같은 마음의 변화의 역사함을
알아야 할 것이니라.
26 하늘의 아름다움을 보며 너희가 감사
함을 느끼며 나 여호와가 모든 것을
주관하며 이룬다는 것을 알게 되면,
지상에 이루어지는 그 모든 오묘한 삶
을 내가 또한 다 역사한다는 것을 너
희는 알 수 있을 것이니,
27 이 우주 공간의 그 모두는 나의 주관
하에 이루어지며 나의 역사에서 벗어
나는 것이 없음을 너희는 알아야 할
것이니라.
28 모든 동식물이 살아가는 방법이요, 생
명체를 가지고 존재하는 그 모두가 살
아가는 방법이요, 그들이 존재하는 그
오묘함을 너희는 알아야 할 것이니라.
29 하나하나 너희는 그 의미를 알아야
할 것이니라.
30 바람이 불 때 바람이 불며, 비가 올 때
비가 오며, 하늘에서 너희가 빗물이
내릴 때 그 내리는 것, 파도가 쳐야 할
때 파도가 치는 것, 그 모두가 다 나의
주관하에 이루어짐이니라.
31 그와 같이 내가 주관하여 이루어지지
아니하는 것이 없음을 너희는 알아야
할 것이니라.
32 우주 공간에 이루어지는 모든 그 변화
와 너희의 육신에서 이루어지는 그 변
화 또한 같은 것임을 알아야 할 것이

니라.
33 너희가 마음 하나를 비우는 것, 너희
가 악한 마음에 젖어 있는 것, 그것이
우주 공간이 악하고 선한 것으로 덮여
있는 그것뿐만이 아니라, 너희 모든
신체 구조의 변하는 그 모두가 다 우
주 공간의 역사와 같음을 알라.
34 파도가 치는 것, 비가 내리는 것, 그리
고 너희 몸에서 스스로 변화되는 모
든 몸동작 하나하나가 다 스스로 이루
어진 것이며 필요에 의해서 이루어진
것이 아니던가?
35 이것이 생명을 가지고 태어난 너희가
다른 것이니, 그와 같은 나의 위대한
창조물이라는 것을 너희는 알아야 할
것이니라.
36 기계라는 것은 그저 명한 것밖에 움직
이지 못하나, 너희는 스스로 판단력을
가지고 움직이는 것이니 그것이 너희
가 다름을 알라.
37 그리하여 나 여호와가 존재하며 너희
를 내가 가장 높은 지혜요, 사랑하는
모습으로 만들었다는 것이니,
38 아무리 유능한 기계라도 너희가 만든
것은 명한 것 외에는, 한 가지 명해진
그 기능 외에는 역사할 수 없으나,
39 너희의 몸의 그 모든 동작은 스스로
변하며 스스로 역사하며 그때마다 너
희가 의식적으로 대처할 수 있는 그
와 같은 순발력의 행동이 이루어지는
것, 그 모두가 무엇인 줄 알겠는가?
40 그것이 바로 너희가 다른 점이니라.
41 그것이 바로 너희가 나로부터 유일한
성령을 받은 자요, 우주 공간의 변화
에 모두가 대처하듯이 너희가 대처하
며 너희가 살아갈 수 있도록 너희 자
신도 모르는 순간에 이루어질 수 있는
그와 같은 기능, 그것이 너희가 나로
부터 받은 영광이요, 은혜요, 너희의
다름임을 알아야 할 것이니,
42 내가 지금 나의 아들을 통하여 내리는
의미를 잘 깨우쳐 너희가 깨달음을
얻도록 그리하라.

## 6,571 번째 하나님 말씀

*2003년 6월 30일 11시 56분*

1 사랑하는 나의 아들아!
2 "네, 아버님! 말씀하옵소서."
3 나로부터 선택된 백성이요, 사랑하는
나의 아들 너를 따르는 백성, 그리고
나의 법전을 접하며 나의 법전의 강
론을 들으며 공부하며 깨우침을 가고
자 하는 백성, 너희는 이 세상에서 가
장 불행하고 고통스러운 백성이라는
것을 알아야 할 것이니라.
4 또한, 너희처럼 행복한 백성이 세상에
없음이니,
5 이것이 바로 너희가 오늘에 살아가는
그와 같은 현실이니라.
6 나의 법전을 접하고 깨우치기 시작하
는 백성 너희는 인간 세상에서 너희
가 이루고자 하는 모든 아름다운 청운
의 꿈을 때로는 버려야 할 것이며,
7 너희가 인간 세상에 살고자 하는 그
설계도요, 계획을 때로는 다 버려야
하는 그와 같은 선택의 길을 가지 아
니하면 이 길을 갈 수 없는 것이니라.
8 아름다운 꿈을 길러 왔으며 아름다운
그 청운의 꿈을 위해 노력하고 연구했

던 너희가, 어느 날 갑자기 그 모두를 접어 두며 나의 법전을 읽고 깨우쳐 만백성을 구하는 전사로서 변화된다는 것은 너희가 얼마나 마음 아프며 고통스러운 길이던가?

9 인간 세상의 삶을 모두 다 포기하지 아니하면, 때로는 그들로부터 등 돌리지 아니하면 정녕 이 길을 갈 수 없는 그와 같은 백성으로서 선택되는 자들이 있음이니라.

10 그러니 너희가 이와 같은 길을 감으로 인하여 주변으로부터 사탄이요, 이단이요, 잘못 가는 것이라 핍박을 받으며, 때로는 형제로부터, 때로는 너희를 사랑하는 부모로부터, 그리고 친지와 모든 이웃 사람에게 소외되는 그와 같은 삶을 살아가며,

11 너희만이 고독한 그와 같은 삶의 외로운 길을 가야 하는 생활이 지속할 수도 있음이니라.

12 때로는 직장 동료요, 직장의 모든 인간관계로부터 너희는 외톨이가 되며 따돌림을 받는 그와 같은 삶을 살아가며,

13 직장과 사회에서 너희만이 말 못하는 고통과 외톨박이의 그 어려운 삶의 길을 가게 되는 수도 있으며, 또한 그리 가게 되는 것이 너희라는 것을 알아야 할 것이니라.

14 너희가 변해 가는 것, 너희가 변해 가는 그와 같은 삶이요, 세상의 이치를 그들은 알지 못함이니,

15 육의 세상에서 눈으로 보이는 것, 육안으로써 보이는 것만을 가지고 점수를 매기며 평가를 하며 그를 가지고 따지는 그 백성에게 보이지 않는 너희의 그 변화는 그들에게 무가치한 것이며, 아무런 관계가 없으며, 이 세상에 존재할 수 없는 바보와 같은 사람으로 보임이니,

16 그와 같이 고독하고 외로운 길을 가는 것이 너희이니, 얼마나 인간으로서 불행한 삶을 선택한 자인가?

17 다만, 너희가 나에게 와 구원을 받으며 영광된 길의 아름답게 살아가는 그 삶을 살며, 그리고 너희가 버리지 못하는 그 악습을 인간으로서 버리고자 노력하는 그때 얻어지는 기쁨이요,

18 또한 미래에 사후의 세계에 너희가 나에게 올 수 있다는 보이지 않는 그 믿음의 세상 그것을 보고 가야 하는 것이니라.

19 그러니 육의 세상에서 그 모두는 육으로 보이는 것, 그와 같은 육 안에서 너희가 볼 수 있는 것, 만질 수 있는 것만을 가지고 모두를 평가하며 점수를 매김이니,

20 때로는 너희가 사랑했던 연인들과 사랑했던 사람들과의 그 관계가 불행하게 끝나며 또 불행하게 헤어지는, 그와 같은 너희가 말할 수 없는 고통의 시련의 길을 또한 가야 할 것이니라.

21 너희가 정녕 나의 법전이 나 여호와의 뜻이요, 창조주 뜻이라 믿고 가는 백성, 사랑하는 사람들이, 사랑하는 연인들이 그를 이해하지 못하며 따라오지 못할 때, 그 선택의 기로에서 어떠한 길을 선택해야 하는 그 아픔의 상처를 가슴에 안고 살아가야 하는 것이 또한 너희이니,

22 정녕 너희가 얼마나 어렵고 불행한
백성인가?
23 가정의 헤어짐이요, 가정의 불행이요,
그 모두가 너희가 지금은 불행으로써
끝나는 것과 같은 시련과 아픔이 너희
에게 닥쳐 올 수 있음이니,
24 이 모두를 견디고 이길 수 있는 그와
같은 삶을 살아간다는 것이, 변화되는
삶도 어려우며, 주변의 인간관계와 너
희를 이해하지 못하는 그 상황에서
사랑하는 연인이요, 가정이요, 그 모
두를 던지고 떠나야 하는 그와 같은
역사함을 너희는 언젠가는 겪게 될
것이며,
25 그와 같은 고통과 번뇌 속에서 무너지
는 자가 있는가 하면 선택하는 자가
있는 그와 같은 삶을 너희가 살아야
하니,
26 인간 세상에 살면서 얼마나 불행한
백성인가?
27 인간 육의 세상에 불행한 일과 자신이
불행하다 하는 것을 너희가 느끼게
될 것이며,
28 그리고 고독에 의하여 몸부림치는 그
와 같은 삶을 살아갈 수 있음이니라.
29 '과연 이 길이 하늘에 오르는 길이요,
진정한 길이요, 이 길을 위하여 모두
를 다 버려야 하는가?' 몸부림치며 너
희가 양자택일의 그 기로에서 그 가
슴 아픈 고독한 삶을 선택하느냐, 그
렇지 않으면 인간으로서 평범하게 살
아갈 수 있는 길을 갈 것이냐, 그를 선
택하게 되는 그와 같은 아픔의 삶을
너희는 가야 할 것이니라.
30 그러나 너희는 알아야 할 것이니라.
31 지금의 모든 백성이 너희에게 사탄이
요, 이단이요, 너희를 바보 같은 자요,
불행한 자라 그리 말하며, 너희가 외
롭고 고통스러운 길을 가는 것을 모
자란 사람들이라 그리 말하나,
32 그들은 세상의 이치를 모르며 하늘의
이치를 모르며, 육의 눈으로 보이지
않는, 육안으로 보이지 않는 세상에서
이루어지는 그 아름다움을 모르며,
33 그를 모르고 저희가 오만과 자만에
빠져 있기에 너희에게 그와 같은 핍박
을 할 수 있을 것이니라.
34 그러나 너희는 이와 같은 핍박에서 무
너져서는 아니 되며, 이 모두를 스스
로 극복해야 할 것이며,
35 이것이 너희가 임하는 삶이요, 육의
세상에서 넘어야 할 고비라는 것을
알아야 할 것이니라.
36 이 육의 세상에서 나의 법전을 읽으며
나의 아들을 따라 이 길을 가는 것은
백 가지 중에 아흔아홉 가지를 다 잃
으며 오로지 하나를 잡고 가야 함이니,
37 이게 얼마나 너희가 밑진 계산이요,
감히 상상할 수 있는 계산이던가?
38 그러나 너희는 하나가 소중함을 알아
야 할 것이니라.
39 너희가 상사요, 윗사람에게 모두를 다
바쳤거늘, 그가 너희를 배신했다 할
때, 너희가 가장 소중한 것 하나를 버
리지 못하고 아흔아홉 개를 충성한
것을 다 안다고 하나,
40 너희 욕심이요, 너희가 이루고자 했던
그 뜻 하나를 갖고 있기에 너희가 그
를 모셨으며 그를 따랐다 내가 그리하
지 아니하였던가?

41 너희는 아흔아홉 개를 다 잃고 하나
를 선택하는 그 용기가 필요함이니,
42 과연 그 용기를 선택할 수 있는 백성
이 얼마나 있겠는가?
43 그러니 너희가 조심스럽게 나의 법전
을 전하며 조심스럽게 대화를 하며,
너희가 아름답게 변하는 삶으로써 너
희가 육에서는 보상을 받는 길밖에
없음이니라.
44 너희가 변하는 것, 악습을 하나 떨어
버릴 때, 남으로부터 지탄받을 수 있
는 도저히 버릴 수 없는 것을 버릴 수
있는 그와 같은 삶을 사는 것,
45 그것을 너희가 버리지 못하면 변화된
것이 아니요, 너희도 일반 백성과 같
은 것이며,
46 나의 아들 예수의 보혈로써 구원을 받
았다 말하는 것처럼 너희도 나를 믿
으면 구원을 받는다는 착각 속에서 헤
매는 백성이니,
47 하나하나 모두를 버리면서 거기서 기
쁨과 행복을 얻으며 나에게 오르는
삶을 위하여 너희가 살아가는 데 최
선을 다해야 할 것이니 그리 알라.

## 6,572 번째 하나님 말씀

*2003년 6월 30일 12시*

1 사랑하는 나의 아들아!
2 "네, 아버님! 말씀하옵소서."
3 이 세상 살아가는 모든 나의 백성이
너희에게 바보 같은 자요, 잘못된 자
라 하며 너희를 핍박하고 따돌려 외
로운 삶이요,
4 고독과 스스로 싸워서 이겨야 하는
그 힘들고 어려운 삶을 살아가는 너희
를 보고 바보요, 잘못된 사람이라 말
한다 하여 너무 괴로워하며 슬퍼하지
말라.
5 너희는 나의 법전을 접하고 정독할 수
있으며, 나의 아들을 통하여 내리는
하늘의 강론을 들을 수 있지 않은가?
6 너희 자신이 그와 같은 법전을 읽고
강론을 듣고 깨우치면서 하얀 마음으
로 변화되는 것을 너희 스스로 발견할
것이며 그를 알고 있을 것이니라.
7 너희는 육의 삶이 전부가 아니라는 것
을 내가 너희에게 깨우쳐 주지 아니하
였던가?
8 이 세상에 너희가 살아가면서 단 한
번의 죽음이 아니요, 너희는 두 번의
죽음을 맞이한다는 것을 알고 있지
않은가?
9 너희는 육의 세상에 죽어 가는 첫 번
째 죽음보다도 두 번째 죽어 가는 그
죽음에서 이를 대처하며 여기서 너희
가 구원을 받을 수 있으며 죽지 않는
자로 다시 태어나기 위한 그 길을 가
고 있지 않은가?
10 그를 위하여 살아가고 있음을 너희는
발견할 수 있으며 그 길이 있다는 것
을 알게 될 것이니라.
11 그러니 지금 나의 법전을 접하고 살아
가는 백성 너희가 핍박받는 그것은
당연하니라.
12 너희를 핍박하는 백성 그 자신이 나의
법전을 접하지 아니하며 나 여호와의
뜻을 모르니, 너희보다 그들이 더 불
행한 자며 비참한 자임을 너희는 알
아야 할 것이니라.

13 육안으로 볼 수 있는 이 세상에 모두
를 다 바치며 살아가는 자들, 거기에
도 계산을 따지고 이해관계에 따라서
흔들리는 마음을 가지고 사는 자들,
14 너희가 이해관계에 따라서 마음이 흔
들린다 하면 악과 선을 선택하는 것에
서 너희 눈에 보이는 이해관계에서
선을 구분하지 아니하며 선택하는 그
와 같은 백성이라 함이니,
15 그들이 얼마나 수시로 무너지며 그들
이 바로 설 수 있단 말이던가?
16 너희가 바로 서기 위해서 얼마나 어
려운 길을 가고 있느냐?
17 그 길을 가지 못하는 자들이 어찌하
여 너희에게 불행하다 말할 수 있는
가?
18 정녕 나의 법전을 모르며 사후 세계의
변화를 모르며 내가 역사하고자 하는
뜻을 모르고 나의 법전이 마지막 시대
의 심판이라는 소중함을 모르고 살아
가는 그 백성이야말로 불행한 자며
불쌍한 자라는 것을 알아야 할 것이
니,
19 너희는 괴로워하지 말고 두려워하지
말며, 너희 자신이 불쌍하다고 생각하
지 말라.
20 그리고 어떠한 상황에서 어떠한 외로
움 속에서 너희가 선택의 길을 간다
해도 너희 스스로 선한 길을 선택하
는 그와 같은 용기로써 모두를 극복하
고 살아가는 삶을 살아야 함을 절대
잊어서는 아니 됨이니라.
21 내가 너희에게 뭐라 말하였느냐?
22 법전을 놓고 떠나는 그 순간에 너희는
나와 관계없는 길을 가는 자들이니,
그 떠나는 초라한 모습을 나의 아들은
보고 있음이니라.
23 너희가 법전을 놓고 나의 성전을 떠나
는 그 초라한 뒷모습, 너희가 지옥 불
로 어깨가 처져 걸어가는 그 모습을
나의 아들은 보고 있으며 그를 알고
있음이니라.
24 그러니 그와 같은 삶을 살아서는 아니
된다는 나의 애절한 뜻을 너희가 가
슴에 깊이 깨우쳐,
25 나의 법전을 놓지 말며 나의 성전을
떠나지 않는 그와 같은 삶을 살도록
하라는 것이 나 여호와의 뜻이니,
26 이를 명심하여 너희 것으로 만들어 삶
의 지표로 삼도록 그리하라.

## 6,573 번째 하나님 말씀

*2003년 6월 30일 12시 08분*

1 사랑하는 나의 아들아!
2 "네, 아버님! 말씀하옵소서."
3 너희는 육의 죽음을 눈으로 보며 그
현실 속에서 이루어지는 것을 알고 있
음이니라.
4 그리하여 너희는 그 모두에 대해서
인정하며 그를 등 돌리고 돌아설 수
없는 것이며, 그를 또한 잊는 자가 없
지 않은가?
5 너희는 눈으로 보는 그 현실 속에서
죽으며 모두 역사하는 것만 믿으려
하느니라.
6 너희는 또한 죽음이라는 것을 피할 수
없으며 그 누구도 찾아오는 그 길을
돌릴 수 없다는 것을 너희는 눈으로
볼 수 있기 때문에 그를 믿느니라.

7 그러나 너희는 여기서 깨우쳐야 할
것이 있음이니라.
8 모든 삶을 지금부터 재조정하여 너희
자신을 다시 다스리지 아니하면 정녕
너희가 그리 갈구하고 원하는 구원의
길을 올 수 없음을 알아야 할 것이니
라.
9 나의 아들을 따르는 제자들이요, 나의
법전을 읽고 강론을 듣고 깨우친 백
성, 너희는 이제 깨우쳐야 함을 알라.
10 너희 삶을 다 재조정해야 할 것이며,
너희 마음의 거울에 냉정히 비춰 봐야
한다는 것을 잊지 말라.
11 너희가 세상을 떠나는 그 순간까지 어
떻게 살았느냐 하는 것, 어떻게 살아
왔느냐 하는 것, 그 모두는 다 너희에
게 달렸으며, 너희가 심판을 받는 것,
그 모두 또한 너희 손에 달렸다는 것
을 잊지 말라.
12 너희가 구원의 길에 오르고 못 오르
는 것은 너희 손에 달렸으며 너희 마
음에 달렸다는 것을 잊어서는 아니
됨이니라.
13 이를 지금 가르치지 못하는 것이 종교
지도자들이요,
14 너희 손에 달렸으며 마음의 역사함에
모두 달렸다는 것을 너희에게 그리
가르치지 아니하며, 믿음으로써 너희
가 구원을 받는다 그리 말함이니,
15 너희는 육의 영광을 위해서 살 것인
가, 너희를 창조하고 보낸 나 여호와
에게 영광과 은혜를 돌리는 삶을 살
것인가?
16 그 모두가 너희 손에 달렸으며 지금
이 결정할 때라는 것을 잊지 말라.
17 구원을 받고 받지 못하는 것은 너희
손에 달렸음이니라.
18 그러니 이를 거부하는 자, 믿음으로써
이루어지고 역사하며 행하는 것으로
써 구원을 받을 수 없다고 그리 말하
는 자는 아니 됨이니라.
19 또한, 나의 법전을 접하고 읽는 그와
같은 백성만이 구원을 받는다 그리 말
해도 이를 읽지 아니함이니,
20 이와 같은 기회는 단 한 번밖에 없음
을 알아야 할 것이니라.
21 그와 같이 소중하고 귀한 기회를 함부
로 버리고 있으니, 너희처럼 불행하고
불쌍한 백성이 이 세상에 어디 있단
말인가?
22 너희가 바로 서야 함을 잊지 말라, 사
랑하는 나의 아들딸들아!
23 너희는 죽음을 눈으로 보며 너희를
찾아오는 죽음을 피할 수도 없음을 인
정하듯이, 너희에게 사후의 세계가 있
으며,
24 너희가 구원을 받고 못 받는 것은 너
희 손에 달렸으며 너희 마음에 달렸
으니, 너희 스스로 이루고 역사해야
한다는 이 소중함을 잊지 말라.
25 그리고 나의 법전을 접하지 아니하며
읽지 아니하는 자는 심판을 받을 수
없다는 것, 그리고 이것이 너희에게
내려 주는 마지막 기회라는 이 무섭고
두려운 나의 가르침을 너희 가슴 깊
이 새겨, 접하고 읽고 깨우쳐야 할 것
이라는 것을 잊지 말라.

# 2003년 7월

## 6,574 번째 하나님 말씀

*2003년 7월 1일 09시 16분*

1 사랑하는 나의 아들아!
2 "네, 아버님! 말씀하옵소서."
3 이 세상 나의 피조물 만백성이 하늘에
오르는 구원의 길을 올 수 있는 것이
며 구원을 받는 것은 무엇이라 말하였
더냐?
4 2천 년 전 예수가 이 세상에 나와 베
풀고자 했던 것, 그리고 그 모두를 역
사하고자 했던 것을 그대로 행하고 살
아가는 그와 같은 삶이 바로 너희가
하늘에 오를 수 있는 그 길의 기초요,
근본이라 그리 말하였음이니라.
5 그러니 지금 이 세상에 수십억 그 많
은 인구 중에서 예수의 삶을 가장 본
받아야 하며 그대로 살아가야 할 자
가 누구라 말하는가?
6 그 첫 번째 행할 자가 너며, 그 모든
백성 중에서 가장 철저히 행하여야 할
자가 네가 되어야 하는 것이 아니던가?
7 어찌하여 너는 그와 같은 이치를 깨닫
지 못하는가?
8 예수가 했던 것, 예수가 사랑을 베풀
었던 것, 그가 살아왔던 그 삶을 그대
로 답습하는 것이 네가 제일 첫 번째
해야 할 자며 정확하게 행할 자가 바
로 너이니라.
9 네가 나의 성령을 받아 기록함이니,
너보다 예수의 삶을 그대로 본받아 행
할 사람은 세상에 없음이니라.
10 네가 제일 철저히 그리 행하여야 하
며, 네가 제일 먼저 실천하는 자가 되
며,
11 네가 그리 행하는 자가 되어야 한다는
것을 잊지 말라.
12 너는 나의 성령을 받아 만백성을 구하
는 새로 나오는 성경이요, 나의 법전
을 기록하여 전함이니,
13 네가 예수의 삶을 가장 많이 닮아야
하며 그대로 살아야 하며, 제일 먼저
네가 행해야 할 자며,
14 네가 제일 먼저 변해야 한다는 것을
너는 어찌 그 이치를 깨닫지 못하고
있는가?
15 너보다 먼저 변해야 할 자, 너보다 먼
저 깨우칠 자가 없음이니라.
16 네가 제일 먼저 변해야 하며, 네가 가
장 그대로 행해야 하며, 네가 제일 먼
저 행해야 하고 먼저 깨우치는 자가
되어야 한다는 것을 잊어서는 아니 될
것이니라, 사랑하는 나의 아들아!
17 "네, 아버님! 알았사옵나이다.
18 예수는 30년이라는 세월을 살았사옵
나이다.
19 그리고 저는 60년이라는 세월을 살았
사옵나이다.
20 예수는 30년밖에 살지 아니하였으며,
예수님이 산 것은 30년이요, 제가 산
것은 60년이니, 30년밖에 살지 않은
사람이 살았던 그 모든 인간의 삶의
경험을 버리는 것과 60이라는 그 배
의 나이를 산 제가 버리는 것이 더 어

렵고 힘들다고 저는 그리 생각했으며,
21 그리하여 저는 아버님께서 더 용서해
주시며 제가 서서히 변해도 되는 걸
로 알았사옵나이다.
22 그러나 그를 돌이켜 보면 그것이 아님
을 이제야 깨달았사옵나이다.
23 예수님은 30년밖에는 인간 세속의 삶
을 못 살았으나 저는 60년이라는 인
간 세속의 삶을 살았음이니,
24 그보다 제가 인간 세속에서 산 생활이
더 길었음이니, 인간으로서 행복이요,
즐거움을 제가 배로 누렸다는 것을,
25 그리하여 아버님께 제가 부끄럽다는
것, 그리고 제가 예수님보다 배로 행
복했다는 것,
26 육의 세상에서 육의 마음대로 살아가
는 그것이 행복이라 하면, 예수님은
30년을 살았으며 저는 60년을 살았음
이니, 1살에서부터 30살까지 산 예수
님의 그 생활이 어린 시절을 빼고 난
다면 저는 백 년을 산 것과 같은 아버
님으로부터 그와 같은 많은 영화와 인
간의 삶의 즐거움을 산 것은 배로 즐
겁게 살았으며,
27 배로 즐겁게 산 제가 바로 서고 깨우
치는 것이 무엇이 그리 아쉽고 어렵고
힘들어서 그 끈을 놓지 못하고 오늘도
이리 몸부림치는 것인가를, 이제 제가
얼마나 어리석은 자인가를 알았사옵
나이다.
28 육의 세상으로 돌아가고자 육의 세상
에서 살고자 하는 것,
29 예수님의 30년보다 저는 60년이요,
백 년을 살다시피한 제가 무엇 때문
에 그 모두를 빨리 버리지 못하며,
30 예수님보다 배는 빨리 버리고 접어야
할 것을, 빨리 놓을 것을 놓지 못하는
이와 같은 어리석은 삶으로써, 제가
정반대로 모든 것을 생각하고 있었으
며, 어리석음을 이제야 알았사옵나이
다.
31 예수님은 3년이라는 세월을 가지고
모두를 역사하였으나, 저는 33년이라
는 그 길고도 긴 세월 속에서 열 배라
는 그 세월을 가지고 모두를 다 역사
함이니, 그보다 더한 위대한 역사요,
모두를 이루며 하나님으로부터 은혜
를 받은 것이 없거늘,
32 깨우쳐 3년을 산 예수님과 제가 30년
을 넘게 사는, 그리고 30년을 넘게 역
사하는 것이 얼마나 제가 축복받고 영
광된 것인가를 모르고 제가 그 세월
속에 변하면 된다 그리 생각하며, 느
긋한 생각으로 제가 잘 지키지 못했
던 그 모두가 얼마나 어리석은 것인
가를 이제야 알았사옵나이다.
33 이제 제가 작은 것도 지킬 수 있고, 제
가 33년을 사는 것도 예수님의 열 배
의 축복을 받은 것이며, 예수님이 30
년을 산 것보다 60년을 살았음이니,
34 저는 30살부터 60살까지 산 것은 1살
에서부터 30살 산 것보다 두 배, 세
배 삶을 더 누렸음이니,
35 저는 예수님보다 백 년 이상 육의 세
상에서 향락을 즐기며 육으로써 모두
를 느끼고 즐거움을 더 느꼈던 것을,
36 제가 너무 많이 느꼈기 때문에, 그 습
관에 젖었기 때문에 그를 버리기가
어렵다 그리 생각하였으나,
37 그와 같이 누리고 살 기회를 하나님께

서 주신 것이 얼마나 영광인가, 그와
같이 많이 누리고 살았으니 그 모든
속세의 부질없는 것을 이제 놓아도
억울하지 아니하며 놓아도 섭섭하지
아니하며 놓아도 아쉬움이 없다는 그
와 같은 생각으로 오늘부터 그 마음을
다시 잡고 보니,
38 제가 아버님께 받은 은혜와 영광이 너
무 크고 크다는 것을 알았사옵나이다.
39 이제는 많은 세월 속에 산 것이 제가
그를 지우기가 고통스러운 것이 아니
라,
40 많이 누리고 살았기에 아낌없이 버릴
수 있는 그와 같은 마음으로 기도를
드리오며,
41 30년이요, 32년이요, 33년의 그 길고
도 긴 세월을 제가 역사하는 것은, 빨
리 제가 바로 서서 예수님이 역사했던
그 3년 안에 제가 바로 서서,
42 나머지는 덤으로 저에게 주신 세상이
니, 그 덤의 세상을 아름답게 살며 천
사와 같은 세상의 삶을 살아,
43 모든 백성이 지상의 천국이요, 여기서
천사와 같이 살다 하늘에 오른다는 것
을 덤으로 사는 그 인생을 모두 바쳐
그들에게 봉사하고 희생하는 마음으
로 살겠사옵나이다.
44 3년의 깨우침보다도 30년의 깨우침
을 더 아름다운 삶의 세월을 보이라는
것, 3년 안에 모든 것을 깨우치고 30
년이라는 세월은 그저 덤으로 사는 아
름답고 더 바랄 것도 없고 더 얻을 것
도 없고 더 역사할 것도 없이 천사처
럼 그저 그리 살아야 하는 것을,
45 그리하여 저에게 생명을 주셨으며 죽
음에서 연장해 주신 그 의미요, 뜻을
아버님, 이제는 알았사옵나이다.
46 조용히 기도하고 경배하며, 예수님의
삶을 제가 제일 먼저 터득할 것이며,
그대로 행할 것이며, 그대로 살아가겠
사옵나이다.
47 이 어리석고 불쌍한 아들을 용서하여
주옵소서."

## 6,575 번째 하나님 말씀

*2003년 7월 1일 11시 58분*

1 사랑하는 나의 아들아!
2 "네, 아버님! 말씀하옵소서."
3 너의 제자들에게 이르라.
4 네가 나의 십계명을 암송하며 그를 따
라 기도하며 경배하여 나의 음성을 받
아 160권의 나의 성령을 기록하여 만
백성을 구하는 역사를 이룸이니,
5 이는 곧 나에게 십계명을 지키겠다는
굳은 약속과 결의와 같음이니라.
6 너희는 과연 나의 아들이 사탄이요,
사악한 자라면, 나 여호와가 내린 그
십계명을 매일같이 암송하며 그리 지
키고 살겠다 맹세하겠는가?
7 사탄은 왕사탄의 것을 지키겠다 약속
하고 맹세하는 것이지, 나 여호와의
뜻을 지키고 행할 수가 없음이니라.
8 비록 사탄이라 해도 그가 나의 뜻을
암송하며 그를 지키고 살겠다 하면,
그 정성에 감복한 나 여호와가 그를
거둬들이지 아니하겠는가?
9 너희는 그 이치를 하나 깨우친다면,
나의 아들이 십계명을 암송하는 것은
나에게 약속하는 것이며, 내가 친필로

쓴 것을 지키며 살겠다는 약속을 매
일같이 함이니,
10 너희는 그와 같은 이치의 깨달음을
알아야 할 것이니라.
11 오늘 내가 너희에게 일깨워 줌이니,
12 나의 아들은 죽은 자 중에서 다시 부
활하여 산 자라 하였음이니,
13 나의 아들은 내가 죽은 자 중에서 다
시 살려 놓았으니,
14 내가 그 길을 지키라 하여 그가 그와
같이 선택된 나의 아들이라는 차이점
이요,
15 너희 또한 죽은 자가 될 것이나 너희
는 살아 있는 육신에서 죽은 자가 되
라 하는 것이니,
16 너희가 가고 행하는 그 길이 더 어렵
고 힘듦을 나 여호와가 알고 있음이니
라.
17 너희는 스스로 죽어서 다시 태어나는
삶을 살아야 할 것이나,
18 나의 아들은 내가 그를 죽은 자 가운
데서 다시 살렸음이니, 이것이 너희와
나의 아들의 차이요,
19 거기에 너희의 한계가 있음을 알아야
할 것이니라.
20 너희는 죽은 자가 되라 하였으니 스스
로 너희가 죽은 자가 되어야 할 것이
니라.
21 이제 너희는 아무것도 생각하지 말라.
22 '나는 오로지 죽은 자라' 그리 생각하
며 '나는 죽었다.' 그리 생각하면 될
것이니라.
23 오늘 나의 강론을 듣고 나의 기도 소
리를 듣는 너희는 아무것도 생각하지
말라.
24 너희 이름 앞에 '나는 죽은 자다.' 그
리고 '세상에 존재하지 아니하며, 나
는 스스로 죽은 자다, 내가 스스로 나
를 죽여 창조주 아버지 앞에 다시 부
활할 수 있는 그 영예를 얻으며 다시
태어나는 그 영광을 얻으려고 나는
오늘 죽은 자다.' 그리 말하라.
25 세상 속에서 살아가는 것은 너희 마
음을 혼동케 하며 너희 자신을 다스
릴 수 없어 바로 설 수 없음이니,
26 그를 다스려 나가는 것은 너희가 죽음
으로써 나에게 모두를 다 바치라.
27 그러니 너희 이름 앞에 '나는 죽은 자
다.' 그리하라.
28 나의 아들은 내가 죽은 자를 부활시켰
음이니, 이것이 너희와 다름이니라.
29 나의 아들은 선택되어 명을 받아 세상
에 나간 나의 아들이요,
30 너희는 나의 아들에게 내린 그 강론을
듣고 스스로 깨우쳐 하늘에 오르는 역
사를 이루어야 하는 것이니,
31 이것이 하늘과 땅의 차이이니라.
32 그러니 스스로 너희가 죽은 자요, 죽
어야 할 것이니,
33 이제 너희 이름 앞에 '나는 죽은 자라'
항상 생각하고 살라.
34 그러면 지금의 고통과 번뇌요, 악습을
지우지 못하는 것을 고칠 수 있음이니,
35 너희는 죽은 자라는 것을 항상 가슴
에 새기고 암송하며 그를 가지고 살라.
36 한 발짝을 걸을 때도 '나는 죽은 자요.'
밥을 먹을 때도 '나는 죽은 자요.',
37 이제 하늘에서 너희가 악습을 버릴
수 있는 나의 가르침을 명함이니, 너
희는 받을 때가 되었음이니라.

38 너희가 지키고자 노력하는 것이 가상
하며 너희가 최선의 노력을 다하여
왔기에 내가 그 이치를 가르쳐 줌이니
라.
39 이것이 공의의 하나님이요, 만백성이
요, 천사와 사탄에게 한 점의 부끄럼
이 없는 진리를 가르치며 정도로써 가
르치는 나 여호와의 뜻이니,
40 너희가 그만큼 받을 수 있기 때문에
상을 내림이니, '나는 죽은 자라'는 것
을 항상 가슴에 안고 살라.
41 그러면 너희가 모두를 이길 수 있음
이니라.
42 그리고 내가 오늘 나의 아들을 통하여
너희에게 전했듯이, 어떠한 악조건에
서도 '허허' 웃을 수 있음이니, 오로지
죽은 자라는 것만 가슴에 안고 살아가
며 그와 같은 것을 깊이 새기고 가라.
43 너희가 글로 써서 가슴에 새기는 것
이 아니요, 칼끝으로써 살점에 죽은
자라 써서 기록하고 사는 마음을 항상
잊지 말라.
44 '나는 죽은 자'요, 오늘부터 죽은 자라
그리 생각하라.
45 그러면 모두를 다 버릴 수 있으며, 낙
타가 바늘구멍을 통과하는 그 길을 너
희가 통과할 수 있는 그 영광이 있음
을 알라, 사랑하는 나의 아들딸들아!

## 6,576 번째 하나님 말씀

*2003년 7월 1일 23시 49분*

1 사랑하는 나의 아들아!
2 **"네, 아버님! 말씀하옵소서."**
3 내가 너희에게 뭐라 가르쳤느냐?
4 너는 죽은 자라 하는 그와 같은 것을
너희 가슴 깊이 새기고 새겨서 살았을
때, 어떠한 고비도 너희 스스로 넘길
수 있는 마음이 다스려지느니라.
5 내가 너희에게 그리 가르쳐 주었음이
니라.
6 너희는 그와 같은 삶을 살지 아니하며
그와 같은 생각을 잠시라도 저버린다
면, 너희가 후회할 수 있는 그와 같은
너희 삶을 버리지 못하게 됨이니라.
7 내가 너희에게 뭐라 일깨워 주었느냐?
8 너희가 지은 죄요, 잘못된 것은 너희
가 아무리 선한 마음을 갖고 산다 해
도 그는 너희에게서 떨어지지 않는다
하였음이니라.
9 그들은 항상 너희 주변에 있어서 너
희 마음의 중심에서 밀려날 뿐이요,
10 그 모두는 너희 몸에 같이 존재하다
나에게 와 심판을 받는다고 그리 말하
였음이니라.
11 그러니 너희가 너는 죽은 자요,
12 너는 세상사에 나 여호와 하나님으로
부터 은혜를 받은 자요, 그리하여 나
의 품에 돌아오기 위하여 너희 자신
이 존재치 아니하며,
13 너를 지우고 사는 그와 같은 삶이 아
니면 갈 수 없다고 가르쳐 주며,
14 너희가 정녕 그것을 받아 그대로 알고
있다면 너희는 죽은 자와 같은 삶을
살라 하는 의미가 거기에 있는 것이
아니던가?
15 그러니 너희가 죽은 자와 같은 삶을
살지 아니하며, 너희가 살아가면서 스
스로 네 마음의 불화요, 네 마음을 참
지 못하고 그 울분을 터트렸을 때, 너

희는 바로 무엇이더냐?
16 나의 뜻에 순종하지 아니하며 나의 뜻을 거역하는 것이 아니냐?
17 그와 같은 그 순간에 너희 스스로 하나의 죄를 더 짊어짐이니,
18 그리하여 너희는 그를 후회하며 깨닫지 못함을 너 자신에게 자책하며 괴로워하지 않는가?
19 그러니 괴로워하지 아니하며 하나의 죄목을 더 너희 목에 걸지 아니하려거든, 너희는 아예 죽은 자라는 생각을 마음속 깊이 간직하고 그리 살라.
20 그리 살면 너희가 죄를 짓지 아니하며, 나의 뜻을 거역하지 아니하며, 너희 자신을 자책하지 아니하며, 너희가 변하지 못하는 것을 고통스러워하며 괴로워하지 않는 삶을 살 것이니라.
21 이제 너의 제자들에게 깨우쳐 주라.
22 너희는 죽은 자라는 마음을 갖고 살라 하였음이니, 너희가 정녕 그를 갖고 살지 못하며 나를 믿지 못하여 그와 같이 행하지 못하거든,
23 너희는 이 세상 자연의 돌아가는 그 이치를 보도록 그리하라.
24 너희가 지금 존재하는 이 우주 공간의 지구에서만이 생물이 존재하며 생명을 가지고 존재하는 것이 아니던가?
25 내가 너희를 가장 아름다운 나의 형체로, 가장 예쁜 모습으로써 만들었다 말하지 않더냐?
26 그러니 내가 너희만 존재하는 이 지구에 너희를 존재하게 하려고 이 모든 아름다운 역사가 그대로 지탱한다면 너희는 과연 믿겠는가?
27 내가 너희에게 생명을 주어 이 세상에 태어나는 한 번의 기회를 준 것도 큰 은혜요, 영광이나,
28 너희가 살아갈 수 있도록 이 지구라는 이 지상을 내가 존재하도록 만들어 놓은 것, 그것 하나만 생각한다 해도, 과연 나 여호와가 존재함이요, 존재하지 아니함을 너희가 시시비비하며 갑론을박할 수 있겠는가?
29 너희가 살고 있는 지구의 모든 온도가 조금 높아진다든지 온도가 더 낮아진다면, 과연 너희가 존재할 수 있으며 생명체가 존재할 수 있겠는가?
30 그리고 물이라는 것이 존재하기에 이 지구는 식혀 가며 열을 받아 가며 그와 같은 조화 속에서 움직이는 그 대단한 역사를 과연 너희는 알고 있는가?
31 그와 같은 정밀한 우주 공간의 움직임이며 그 변화를 그 누가 그리 정확하게 만들 수 있으며, 그 역사가 있단 말이던가?
32 과연 그는 누가 만들었느냐?
33 너희는 지구는 둥글다 하며 그 액체와 같은 것들이 그대로 있는 것, 바다가 그리 존재하는 것,
34 그리고 이 지구가 좀 더 뜨거워지거나 계속 식어 간다면 너희는 과연 존재할 수 있겠는가?
35 지구가 스스로 열이 올랐을 때 열을 식혀 주며 온도가 높아질 때 그 온도를 낮춰 주며, 낮춰진 온도를 조절하는 그와 같은 정밀하고 위대한 역사의 흐름 앞에서 과연 나 여호와가 존재함이요, 존재하지 아니함을 시시비비할 수 있단 말이던가?

36 너의 제자들에게 깨우쳐 주라.
37 이제 너희가 세상을 보고 생각하며
세상의 이치를 보고 나 여호와가 존재
하는지 존재하지 아니하는지 깨달을
때가 되지 아니하였는가?
38 이 세상에 모든 동식물이요, 모든 생
명체가 살아가는 그 존재함도 중요하
지만,
39 너희가 그들이 살아갈 수 있도록 이
지구의 온도요, 그 모두를 조절해 주
면서 그를 맞춰 갈 수 있도록 하며 역
사하는 것,
40 그와 같이 스스로 지구 자체가 말이
없는 이 땅덩어리요, 이 흙이 너희가
살아갈 수 있도록 그 온도요, 모두를
조절해 주는 것,
41 자전과 공전을 하면서 이루어지는 역
사를 본다면, 과연 이 얼마나 오묘한
것인가?
42 나 여호와를 전지전능한 아버지라 너
희가 부르는 데 부끄럼이 없는 나 여
호와가 아니던가?
43 너희가 이와 같은 이치를 들여다보며
그 깊이를 연구하고 또 공부해 보도록
그리하라.
44 그리하면 이 지구가 존재하는 것, 이
지구가 지탱하는 것, 모든 동식물이
뿌리를 내리고 살 수 있도록 이루어지
는 그 모든 것을 본다면, 나 여호와가
존재하고 존재하지 아니함을 시시비
비할 가치도 없느니라.
45 너희의 작은 머리요, 작은 생각으로써
그 모든 것을 지배하는 것처럼 어리석
은 생각을 하지 말라.
46 그러니 내가 너희에게 죽은 자라 하
는 마음을 알겠는가?
47 너희가 아무리 생각이 뛰어나며 과학
의 변화를 이룬다 해도, 이 지구에 동
식물이 존재할 수 있도록 자체 온도
를 조절해 나가는 그와 같은 역사,
48 그리고 필요한 산소요, 물이요, 모두
가 다 존재할 수 있도록 영원히 공급
되는 그와 같은 역사는 과연 누가 만
들며 누가 준비하여 내렸다 생각하는
가?
49 그러니 너희가 그와 같은 위대함을
안다면,
50 너희가 너희 머리로써 이 세상을 지배
하는 것처럼 오만과 자만에 빠져 있지
말라.
51 그리고 너희가 구원을 받는 것, 또한
구원을 받았다 하는 것, 그리고 나의
아들 예수의 보혈로써 모두 역사했다
는 오만한 생각을 하지 말라.
52 그 모두는 나 여호와가 역사함이니라.
53 그러니 너희가 그 위대함을 안다면
너희 자신이 미약한 것이 무엇이며 너
희 자신의 존재가 무엇인가를 알겠는
가?
54 그렇다면 우주 공간의 역사요, 나 여
호와 창조주 앞에 '저는 죽은 자요, 저
는 아무것도 모르며 아무런 능력도 없
습니다.' 하며 겸손한 마음으로 너희
는 살아갈 수 없는가?
55 그리 살아가는 것이 너희가 모든 것
에서 벗어나는 길이라 내가 전해 준
그 뜻을 가슴 깊이 새겨,
56 너희가 삶에서 그와 같은 역사를 이루
도록 그리하라, 사랑하는 나의 아들딸
들아!

57 내가 너희를 사랑하며 너희는 나로부
터 초청받은 자요, 나로부터 선택되었
다는 그 위대함을 아직 실감하지 못할
것이니라.
58 그러나 너희가 얼마나 영광된 백성인
지를 머지않아 알게 될 것이니,
59 그때 너희가 받은 만큼 진정 역사했
을 때 내 옆에 올 수 있으며 내가 역사
한 자리에 너희가 올 수 있음이니라.
60 내가 너희에게 내려 준 것만큼 그 은
혜요, 감사함에 보답하지 아니하며,
오만하고 게으르게 살아가는 자, 그리
고 나의 뜻을 순종하지 않은 자, 나 여
호와를 의심하는 자, 나의 법전을 의
심하는 자,
61 그리고 나의 아들이 세상에 존재하며
나의 법전을 받아 기록하는 그를 의심
하는 것, 그 모두가 나의 은혜에 거역
하는 짓이며 나를 능멸하는 것이라는
것을 절대 잊지 말도록 그리하라.
62 법전의 의미를 깨우쳐 보라.
63 그 많은 160권의 법전이 과연 무슨 내
용이며 어떠한 것을 역사하는가?
64 이 지구의 오묘함을 보는 것처럼 나의
법전에 그와 같은 오묘함이 있음이니
라.
65 너희가 지금의 모든 존재하는 역사요,
온도를 조절해 주며 생명이 존재할
수 있도록 내가 다 역사한 것 못지않
은 것이 법전이라는 것을 절대 잊지
말라, 사랑하는 나의 아들딸들아!

## 6,577 번째 하나님 말씀

*2003년 7월 1일 23시 56분*

1 사랑하는 나의 아들아!
2 "네, 아버님! 말씀하옵소서."
3 나의 피조물, 사랑하는 백성 너희는
육으로 볼 수 있는 것, 너희가 육으로
볼 수 있는 세상만 보며 살아감이니라.
4 그 보이는 세상은 너희가 알 수가 있
음이니라.
5 그리고 그다음의 세상은 너희가 상상
의 나래를 펴며, 너희 생각이요, 너희
가 느끼는 대로 알고 깨닫는 것이며,
6 그러니 너희가 오죽 답답하면 그런 말
을 하겠는가?
7 '정녕 죽어 봐야 알지, 죽지 아니하고
어찌 알겠느냐?'
8 그리 말하느니라.
9 그러니 나의 피조물 만백성이 육을 가
진 지금의 세상에 존재하고 살아가는
것은 육이 존재하는 세상에서 존재하
면서,
10 하늘의 뜻이요, 나 여호와가 이루고자
하는 천국과 지옥의 역사하는 그 모든
관계를 너희가 알 수 없느니라.
11 그리하여 너희가 알 수 없기에 천국
의 그 위대함을 모르며 지옥이 얼마나
무섭고 두려운 것인가를 아직 피부로
느끼지 못하며 무서움을 알지 못함이
니,
12 너희는 육이 한 줌의 흙으로 돌아가
고 영혼이 나에게 왔을 때 그때야 알
게 됨이니, 그때는 늦음이라 내가 그
리 말하였느니라.
13 육이 존재하며 육이 보이는 세상은 볼

수 있으나,
14 그 이상 너희의 육이 없는 세상은 볼
수가 없으며, 육을 떠나 이루어지는
세상은 너희가 볼 수 없고 알 수 없음
이니라.
15 다만, 나 여호와가 너희에게 가르쳐
주며 열어 주지 아니하면 너희는 그
를 알 수 없는 것이니라.
16 그리하여 나로부터 선택된 백성에게,
그리고 너희가 진정한 믿음을 갈 때,
하얀 마음으로 천사와 같이 변했을
때,
17 나 여호와가 너희에게 살아서 볼 수
있는 기회의 문을 내가 열어 줄 수 있
는 선택을 얻는 백성이 있음을 너희는
알아야 할 것이니라.
18 너희는 육을 가지고 사는 그 세상에서
보이는 것만 알며 보이지 않은 다음
의 세상을 볼 수 없으니, 어떠하던가?
19 너희가 공부하는 과목 중에서 배우지
아니한 과목은 그를 알 수 없음이니라.
20 그러니 배우지 않은 과목은 이해하지
못함이니,
21 너희가 그 과목을 이해하지 못할 때
그 답답함이 오죽하겠는가?
22 그보다 더 답답한 것이 하늘의 이치
요, 하늘의 역사를 모르는 것과 같음
이니라.
23 그 답답함보다도 너희가 더 답답하며
더 이해하기가 어려운 것이 하늘의 뜻
이요, 다음 세상의 역사함이니라.
24 그러니 너희가 배우지 않은 과목을
어찌 알며 이해하겠는가?
25 그러니 그것을 모르는 자, 배우지 않
은 학생이 얼마나 답답하겠느냐?
26 그리하여 내가 너희에게 그 모든 과
제를 풀어 줄 수 있는 선생을 세상에
내려보냄이니,
27 너희가 육의 세상에 살면서 다음의 세
상을 볼 수 없는 그 안목을, 내가 변화
되는 세상이요, 하늘의 뜻을 볼 수 있
도록 가르친 것이 무엇인 줄 알겠는가?
28 나의 아들을 통하여 지금 내리는 160
권의 법전이 곧 너희가 과제를 풀 수
있는 방법을 가르쳐 주는 것이니라.
29 선생이 제자에게 어려운 과제들을 설
명하며 가르쳐 주듯이, 너희에게 알
수 없는 다음 세상의 그 어렵고 이해
못 하는 과제를 하나하나 풀어 주는
것이 나의 법전에 기록되었음을 너희
는 알아야 할 것이니라.
30 너희가 천국과 지옥이라는 것은 죽어
와 보고 가야만 알지, 그렇지 않으면
알지 못하는 것을,
31 그 답이 나의 법전에 있음을 알아야
할 것이니라.
32 그러하니 너희가 나의 법전을 보지
아니하면 하늘의 이치를 알 수 없다는
것이 여기에 있음을 알아야 할 것이
니라.
33 배우는 학생에게 선생이 어려운 과제
를 풀어 주어서 그가 깨달음을 얻을
수 있는 것처럼,
34 너희가 나의 법전을 읽지 아니하면 하
늘의 이치요, 하늘의 뜻을 모르며 하
늘에 오르는 참진리의 길을 깨닫지 못
하며 보지 못하기 때문에,
35 그 모든 문을 열어 주는 것이 나의 법
전임을 알아야 할 것이니라.
36 그리하여 내가 너희에게 깨우쳐 주기

를 뭐라 하였더냐?
37 너희가 법전을 읽는 것을 최선을 다
한다 해도,
38 너희가 나의 법전을 읽을 때 가슴에
안고 정독하는 마음으로써, 경건한 마
음으로써 나 여호와의 뜻이라며 내가
내린 뜻이요, 의미가 무엇인가를 하나
하나 깨우쳐 가면서 그를 읽고 깨우쳐
볼 때,
39 하늘의 뜻을 알 수 있는 것이 나의 법
전이라 내가 그리하였거늘,
40 어찌하여 너희는 사후의 세계를 몰라
답답하며, 하늘에 오르는 길이 무엇인
지 몰라 답답하며, 어찌 살아가는 것
이 정녕 하늘에 오르는 길이요, 선택
된 백성인지 그를 모르는 답답한 너희
에게 정답을 내가 내려 주는 것이 나
의 법전임을, 너희는 이를 보지 않는
가?
41 나의 법전을 가슴에 안고 정독하고 정
독하는 백성은 하늘의 뜻을 알 수 있
으며 하늘에 오르는 길을 알 수 있으
며 내가 역사하는 것을 다 알 수 있는
답이 여기에 있음을 너희는 알라.
42 배우지 않은 과목을 알지 못하는 학생
에게 스승이 상세히 가르쳐 주고 깨우
쳐 줘 그 눈을 뜨여 주는 것보다도 더
상세히 알 수 있으며 깨달음을 얻을
수 있으며 답을 얻을 수 있는 것이 곧
나의 법전이라는 것을 잊지 말라.
43 그러니 나의 법전을 정독하고 또 읽고
또 읽으라.
44 그리하여 너희가 나의 법전을 접하지
아니하는 자는 그 답을 알 수 없기에,
너희가 깜깜한 밤길을 헤매다 지옥의
낭떠러지로 떨어진다는 것, 그것이 정
답임을 알라.

## 6,578 번째 하나님 말씀

*2003년 7월 2일 0시 06분*

1 사랑하는 나의 아들아!
2 "네, 아버님! 말씀하옵소서."
3 나의 피조물 만백성 너희가 수천 년
동안 그 역사 속에서 나를 믿고 나를
경배하며 구원의 길을 오겠다는 그 백
성의 삶이 과연 어떠한 삶이었으며,
4 그 백성은 과연 나 여호와가 존재함을
얼마나 믿고 살아왔다고 생각하는가?
5 항상 그들은 흔들리는 생활 속에서,
항상 그들은 무너지는 속에서, 항상
그들은 악과 선의 선택에서 저희의 이
해관계요, 육의 삶의 편하고 슬픔에
따라서 악과 선에서 무너지는 그와 같
은 삶을 살아온 것이 수천 년 동안 흘
러온 나의 수많은 백성의 삶이었음이
니라.
6 그러니 그들이 과연 진정한 믿음을 믿
었으며 진정한 믿음의 길을 왔다 생각
하는가?
7 그들이 믿고 온 것만큼 그들은 그 대
가를 받을 것이며,
8 그들이 믿음 속에서 흔들린 자는 그와
같은 죄의 대가를 치르는 것이니라.
9 그것으로써 그 모두는 심판을 받을 것
이며,
10 나의 법전을 읽지 않고 깨달았다는 백
성 그들도 다 똑같이 어쨌든 그 대가
를 치르고 역사할 것이니라.
11 그러니 이제 나를 믿는 백성 너희는

나 여호와가 존재함을 먼저 믿어야 할
것이며 너희는 그를 믿어야 할 것이
니라.
12 너희가 내가 존재함을 믿거든,
13 나의 법전이 세상에 내려오는 것, 나
의 아들을 통하여 160권의 대장정의
법전이 새로운 성경이요, 새로운 법전
이라 하여 너희에게 전해지는 것을
그대로 믿어야 함을 알아야 할 것이
니라.
14 너희가 정녕 그래도 나를 믿지 못하며
나의 법전을 믿을 수 없거든,
15 너희는 세상사에 살아가는 것, 움직이
는 것의 그 아름다움과 오묘함을, 세
상사에 이루어지는 그 조화를 연구하
며, 그 조화의 변화를 너희가 깨달아
본다 하면,
16 정녕 너희가 나 여호와가 존재한다,
안 한다 갑론을박할 수 없으며,
17 나를 의심하는 마음을 가질 수가 없을
것이며, 나의 법전을 의심할 여지가
없을 것이니라.
18 그러니 너희가 일차로 세상에 이루어
지는 그 아름다운 삶의 역사요, 그 모
두가 존재하는 그와 같은 이치를 깊이
연구해 보도록 하라.
19 그러면 너희는 감탄과 감탄으로써 마
음을 진정하지 못할 것이니라.
20 그리하여도 자연의 세상에 움직이는
것, 자연이 역사하는 것, 그 동식물이
존재하는 모두를 가지고도 정녕 이해
할 수가 없거든, 그러면 너희 자신을
가지고 한번 생각해 보도록 그리하라.
21 너희의 신체 구조를 가지고 생각하고
깨닫는다면 나 여호와가 존재함을 알
것이니라.
22 너희가 만든 아무리 정밀한 기계요,
과학의 힘을 다 동원하여 만든 것이라
하여도 그 모두는 어떠하던가?
23 너희가 입력한 것, 너희가 명 내린 것,
너희가 행할 수 있는 그 정해진 한계
의 능력을 그들은 벗어날 수가 없으
며,
24 스스로 자신을 방어하지 못하며 스스
로 역사하지 못하는 것이 너희가 과학
으로 만든 이 세상에 존재하는 그 모
든 기계요, 모든 과학의 산물이니라.
25 그러니 그것 하나를 본다 해도 너희가
깨달음이 없겠는가?
26 그들은 정해진 것 외에는 발휘할 수
없음이니라.
27 그러나 너희 신체 구조는 과연 어떠하
던가?
28 눈은 눈으로써 위급할 때 보호할 수
있도록 자동으로 그 모든 명을 받아
움직이며,
29 너희의 모든 신체 구조는 위험에 처했
을 때 스스로 자동으로 모두 역사하며
자동으로 변화하는 속에서 자신을 보
호할 때 보호하며,
30 공격하고자 할 때 공격하며, 공격하는
자를 차단하며 그와 같은 모든 것이
자동으로 이루어진다는 것,
31 그것이 너희가 과학으로 만든 그 역사
와 나 여호와가 너희를 세상에 창조
한 것과의 그 차이이며 위대함이라는
것을 너희는 알아야 할 것이니라.
32 너희의 육체가 변화되는 것, 너희 육
체에서 스스로 모두 역사하는 것, 그
리고 외부와 내부에서 이루어지는 모

두를 스스로 차단하며 그를 다스리는
자동으로 이루어지는 그 역사의 위대
함이 곧 나 여호와가 창조한 산물인
너희라는 것을 알아야 할 것이니라.
33 내가 너희에게 다시 말함이니, 너희가
아무리 정밀하게 만든 기계라 해도 그
기계가 자동으로 생각해서 어떠한 상
황 판단이요, 그 준비를 할 수 없으며,
다스릴 수 없는 한계가 있지 않은가?
34 그러나 인간 너희는 나 여호와가 창
조한 나의 창조물이기에, 어떠한 변화
에도 스스로 방어하며 공격하며 차단
하고 밀고 나가며, 행하며 생각할 수
있는 그 모두를 이루는 것이 너희라는
것을 잊지 말라.
35 너희의 신체 구조의 변화되는 그 위
대한 모습을 너희가 안다 하면, 너희
는 나 여호와가 존재함을 믿을 것이며,
36 나 여호와가 존재함을 믿는다면 너희
는 새로 내리는 나의 성경이요, 나의
법전을 믿는 마음부터 다스려야 함을
잊지 말라.
37 그리하여 나의 법전을 정독하고 읽고
깨우쳐야만 너희가 나의 뜻을 알 수
있음이니,
38 나의 뜻을 아는 자만이 나에게 올 수
있는 것이며, 내가 역사하는 새로운
세상의 참여자로서 너희가 나로부터
부름을 받게 되며 나로부터 쓰이는 백
성이라는 것을 잊지 말라.

## 6,579 번째 하나님 말씀

*2003년 7월 2일 0시 35분*

1 사랑하는 나의 아들아!
2 "네, 아버님! 말씀하옵소서."
3 나의 피조물 만백성 너희는 살아가면
서 수없는 마음의 갈등을 겪으며 결정
해야 할 때가 많은 것이 너희 삶이니
라.
4 양 갈래 길에서 한 길을 선택하는 그
와 같은 삶에 수없이 부닥침이니,
5 옳은 길과 옳지 못한 길에서 어떠한
길을 선택해야 하는가 하는 그와 같
은 많은 시련 속에서 너희의 그 결정
여하에 따라서 너희 삶의 그 모두가
이루어지며,
6 또는 얻는 것이 있으면 잃는 것이 있
으며, 너희가 구원의 길에 오는 것을
선택할 수도 있으며, 구원의 길이 아
니요, 지옥의 길을 선택하는 그와 같
은 양자택일의 길에서 살아오면서 수
없이 그와 같은 결정의 시련을 겪고
사는 것이 나의 백성 너희이니라.
7 그러나 너희는 이와 같이 인간 세상
의 삶에서 그 갈등 속에서 무엇인가를
찾아야 하듯이, 그리고 결정해야 하듯
이, 그러나 그 인간 세상에 살아가는
것보다도 가장 중요한 그 결정의 길을
선택해야 할 때가 있음이니, 이는 곧
무엇이더냐?
8 믿음이라는 것, 믿음의 길을 가는 백
성 너희가 스스로 결정해야 함이니라.
9 너희는 스스로 믿음의 길에서 과연
어떠한 길을 선택하는 것이 하늘에 오
르는 길인가, 양 갈래의 길에서 결정
해야 하는 그와 같은 백성이니,
10 과연 어떠한 길을 선택하여 지금 가고
있는가?
11 너희가 지금 양 갈래의 길에서 한쪽

길은 예수의 보혈로써, 그리고 나 여
호와를 믿기만 하면 구원을 받는다 그
리 가르치는 길이요, 그리고 재물을
바치면 구원을 받는다는 호화로운 깃
발을 나부끼면서 너희를 오라 손짓하
고 유혹하는 것이 하나의 길이요,
12 그리고 그 길에 서서 너희를 유혹하
는 그 백성은 외형으로 너희가 보기
에도 호화로우며 존경스러우며 너희
가 따라도 하나도 손색이 없을 것 같
으며 손해 봄이 없을 것 같은 그와 같
은 백성이 너희를 오라 손짓하며 유
혹함이니라.
13 그리고 다른 한쪽 길은 어떠한 길이
있는가?
14 협착하고 보잘것없으며 초라한 길이
니라.
15 그들은 너희를 오라 환영하지 아니하
며, 너희를 부르지 아니하며, 스스로
너희가 깨달아 오기를 기다리는 그와
같은 하나의 길이 있음이니,
16 양 갈래의 길에서 너희는 과연 어찌
결정해야 할 것인가?
17 너희의 그 선택의 결정이 중요함이니,
18 너희가 양 갈래의 길에서 어떠한 길을
선택하느냐 하는 것이 너희의 구원의
길이요, 지옥의 길이라는 것을 알아야
할 것이니라.
19 그리도 너희가 갈망하는 구원의 길이
요, 그 길은 무엇이라 너희가 말하는
가?
20 너희는 지금 살아가는 그 모두에서 하
늘나라에 재물을 많이 쌓아 놓으며,
각종 헌금을 많이 내며, 너희가 손으
로 지은 죄의 온상인 그 건축물이요,
그들을 위하여 많은 재물을 바치는 자
는 구원을 받는다 그리 말하며, 간단
히 너희를 이끌어 가느니라.
21 그러나 한쪽 길에서는 어떠하던가?
22 너희가 살아가면서 버리지 못할 악습
을 하나하나 버리며 천사와 같이 살아
야 한다 하니,
23 여기서 너희는 어떠한 길을 선택해야
할 것인가?
24 너희는 고통과 시련의 행함을 인간
세상에서 너희가 행하는 것이 중요하
며, 행하는 것이 구원을 받는 길이요,
25 행함이 아니면 구원을 받을 수 없다
그리 가르치는 지금 나의 법전을 가르
치는 나의 아들이 이끌고자 하는 그
길이 있음이니,
26 과연 너희는 어떠한 길을 선택해야 할
것인가?
27 고통과 시련이 있는 길이요, 그리고
육의 삶의 악습 하나하나 버리고자
하는 노력과 행하고자 하는 역사, 천
사와 같이 변하고자 하는 그 마음의
길을 가는 것, 그 길은 좁고 어렵고 힘
든 길이니라.
28 그러니 과연 너희가 여기서 어떠한
길을 선택해야 할 것인가, 그 용기는
천국의 구원의 길을 구분하는 길이니
라.
29 이제 선택하는 용기가 너희에게 필요
함이니라.
30 너희가 정녕 진정 어떠한 것이 하늘
에 오르는 길인가, 거기에서 용기가
필요함을 너희는 알아야 할 것이니라.
31 너희는 이제 그 길을 볼 수 있을 것이
며, 그와 같이 깨달은 것이 나의 아들

을 따르는 제자들이요, 나의 법전을
읽은 백성, 너희일 것이니라.
32 너희는 이 길에서 선택의 고비를 넘
어야 할 것을 잊어서는 아니 되니 그
리 알라.
33 이제는 내가 너희에게 깨우쳐 주었음
이니, 양 갈래의 길에서 어떤 길을 선
택하든 그것은 너희가 알아서 할 일
이니라.
34 그리고 나의 법전을 읽고 나의 아들을
따르는 백성 너희는 앞으로 살아가면
서 양 갈래의 길에서 선택하는 그와
같은 일이 수없이 너희에게 닥쳐옴이
니라.
35 너희가 하나를 깨우치고 넘어갔을 때
어떠한 길을 선택해야 하는지 고민이
따르며 고통이 따름이니라.
36 그러니 변해서 한 계단 한 계단 경지
가 높아 나에게 오를 때마다, 너희는
그때마다 양 갈래의 길에서 어떤 길을
선택해야 하는지 고통과 시련과 그와
싸우는 것이 수없이 역사함이니라.
37 너희가 죽어 육은 흙으로 돌아가며 영
혼이 나에게 와 심판을 받을 때, 수없
는 양 갈래의 길에서 어떠한 길을 선
택할 것인가 그 시련의 고비가 수없
이 있음이니,
38 그때마다 너희가 스스로 잘 깨우쳐
넘기는 슬기로움이 없으면 결국 한순
간에 무너진다는 것을 잊지 말라.
39 앞으로 닥쳐오는 수많은 양 갈래 선
택의 길에서 단 한 번이라도 실수해
서는 아니 됨이니,
40 너희 마음의 자세를 확고히 해야 할
것이며, 너희 자신을 다스려 나가는
그와 같은 훈련을 강하게 계속하지 아
니하면,
41 수천수만 번의 양 갈래 선택의 길에서
한 번의 실수로써 모두가 넘어지는 그
와 같은 불행한 일을 안고 갈 수 있다
는 것을 잊지 말라, 사랑하는 나의 아
들딸들아!

## 6,580 번째 하나님 말씀

*2003년 7월 2일 0시 41분*

1 사랑하는 나의 아들아!
2 "네, 아버님! 말씀하옵소서."
3 나의 사랑하는 피조물 만백성이요, 그
중에 나의 아들을 따르는 제자요, 나
의 법전을 읽고 깨우친 만백성 너희를
내가 얼마나 사랑하며 얼마나 소중히
생각하는가 너희는 알아야 할 것이니
라.
4 너희가 살아가면서 양자의 길을 택하
는 그 기로에 섰을 때,
5 과연 너희는 나 여호와의 존재함을
얼마나 믿으며, 나를 믿음으로써 그
모두를 얼마만큼 포기할 수 있는 것
인가?
6 어떠한 것도 다 포기하며 나 여호와에
게 오는 길을 선택할 수 있는 너희인
가?
7 과연 너희가 얼마나 버릴 수 있으며
얼마나 놓을 수 있으며,
8 어떠한 선택의 길에서 무엇과도 바꾸
지 아니하며 나를 믿으며 나의 법전을
따라 하늘에 오르는 길을 선택할 수
있는 마음이 어디에 있는가?
9 네 가슴에 손을 얹고 한번 생각해 보

라.
10 석가라 하는 자가 무엇을 포기했더냐?
11 그는 왕자의 자리를 포기했음이니라.
12 과연 그보다 더한 것도 포기하고 너희
가 나의 길을 선택할 수 있단 말이던
가?
13 석가는 무엇을 위하여 그 왕관을 버렸
던가?
14 진리를 찾기 위함이니라.
15 진리를 찾으려고 그는 모두를 다 포
기하였음이니라.
16 그 스스로 참진리의 길이 얼마나 위
대한 것인가를 알고 있었기에, 그것을
찾으려고 그 모두를 다 포기한 것이
바로 석가이니라.
17 과연 지금 나의 아들을 따르는 제자들
이요, 나의 법전을 읽고 깨우친 만백
성, 그리고 변화되는 자, 진정 하늘에
오르는 길을 알 수 있다는 자, 그리고
오로지 이 길을 따라 하늘에 오겠다
마음먹고 굳건히 가는 나의 백성,
18 선택된 너희가 나의 참진리로부터 과
연 무엇을 얼마만큼 이 길을 가려고
포기할 수 있으며 그 포기의 마음을
가지고 있는가?
19 과연 너희가 한번 생각해 보도록 그
리하라.
20 너희가 얼마만큼 모두를 버리며 나 여
호와를 따르며,
21 나의 법전이 나의 성령이요, 만백성을
구하는 심판의 기본이요, 근본이며,
나의 아들이 나로부터 명받아 역사한
다는 것을, 그를 따르기 위해 너희가
과연 무엇을 얼마만큼 버릴 수 있고
이 길을 선택할 수 있는가?
22 너희는 선택의 폭이 과연 얼마나 되는
가, 그 무게는 얼마나 되며 그 가짓수
는 얼마나 되는가?
23 이제 너희 스스로 비춰 봐야 할 때가
되었음이니라.
24 너희 스스로 그 선택의 모습을 너 자
신의 거울에 냉정히 비춰 봐 너희 자
신이 평가해 보도록 그리하라.
25 너희가 그렇다면 말로써 믿으며, 말로
써 나의 법전을 믿으며, 말로써 나의
아들을 따름이 형식적이라는 것,
26 그리고 너희 마음속에 작은 욕심의
근원이요, 뿌리를 버리지 못하였기에,
아직도 너희가 그 욕심의 뿌리에서 지
금 믿음을 가고 있다는 것,
27 이는 얼마나 허망한 것이며 얼마나 허
황된 것이던가?
28 과연 그렇다면 나 여호와의 마음이 지
금 어떻겠는가?
29 너희는 돌아서야 할 것이며 깨달아야
할 것이니라.
30 너희 마음의 욕심을 모두 다 버려야
할 것이며,
31 어떠한 양자택일의 길에서도 과연 모
두를 다 버리고 나의 법전이요, 나의
아들을 따라 너희가 하늘에 오르는
길에, 역사하는 길에 올 수 있는가?
32 석가는 왕자의 자리를 포기했음이니
라.
33 그는 스스로 참진리를 찾았으며 진리
의 위대함을 깨달았음이니,
34 너희가 과연 왕자의 자리를 포기하며
나의 법전을 따르며 나를 믿으며 나의
아들과 더불어 하늘에 오르는 길을 올
수 있도록 모두를 포기한 백성인가,

그리고 포기할 수 있는 것이던가?
35 너희는 단돈 몇 푼의 지폐요, 금화와
은화를 놓지 못하는 것은 아닌가?
36 너희 자신의 가슴에 손을 얹고 너희
를 거울에 비춰 평가해 보며 너희 모
습을 들여다보도록 그리하라.
37 이것이 너희가 먼저 겪고 넘어야 할
길이며,
38 너희의 마음의 점수를 매겨 보면 너
희가 어찌 선택해야 할 것인가를 알게
될 것이니라.
39 욕심의 근원의 뿌리를 뽑지 못하고 나
의 법전을 읽는 자, 그리고 나의 성령
이요, 나의 강론을 듣는 자, 나의 아들
을 따르는 자,
40 너희는 아무것도 이룰 수 없으며 아
무것도 볼 수 없으며 아무것도 들을
수 없는 것이라는 것을 알라.
41 이제 너희가 과연 어떠한 것을 얼마
만큼 손을 놓고 나를 따를 수 있는 길
을 선택할 수 있는가?
42 너희가 선택의 폭이요, 마음의 넓이를
한번 그림으로 가슴에 그려 보도록 그
리하라, 사랑하는 나의 아들딸들아!

## 6,581 번째 하나님 말씀

*2003년 7월 2일 0시 55분*

1 사랑하는 나의 아들아!
2 "네, 아버님! 말씀하옵소서."
3 나 여호와가 예수를 통하여 성경에 기
록하여 전하기를, '사람이 떡으로만
사는 것이 아니요, 나 여호와의 입으
로 나오는 모든 성령의 말씀으로 사는
것이라' 그리 기록하여 전하였으며,
너희를 그리 깨우쳐 주었음이니라.
4 그러나 너희는 여기서 깊이 깨우쳐야
할 것이니라.
5 너희가 육의 삶에 연연하는 것은 곧
무엇이던가?
6 떡으로 살아가는 삶에 연연하며 너희
가 매달림이니라.
7 계명대로 사는 것은 나의 성령으로 사
는 것이니, 너희가 육의 삶에만 치우
치며 살지 말라 그리 가르침이니,
8 그것은 너희를 잘못 가르치며 지금
너희가 잘못 이해하고 있기 때문이니,
이로 인하여 지금 나의 피조물 만백성
이 믿음을 잘못 가고 있으며 육의 행
함을 저버리고 사는 그와 같은 삶이니
라.
9 내가 '사람이 떡으로만 살 것이 아니
요.' 하는 것은 너희는 떡으로만 사는
것이 아니라는 것이 아니요,
10 너희는 육의 행함도 소중하며 육의 행
함을 더불어 살아가며, 나 여호와의
성령이요, 나의 말씀이라는 나의 뜻을
같이 병행하여 지키고 살아갈 수 있는
그와 같은 눈을 뜨라 가르쳤으며, 그
삶이 다 같이 소중하다는 것을 내가
너희에게 가르치고 전한 것을,
11 너희는 이를 깨우쳐 전하기를 어찌
가르치는가?
12 떡으로 사는 것은 사는 것이 아니요,
나 여호와로부터 나오는 말씀으로 사
는 것이라 그리 가르친 대목 때문에
너희가 인간의 삶은 소중하지 아니하
며 인간이 사는 것으로써는 구원을 받
는 것이 아니며 구원과는 아무런 관계
도 없으며,

13 나의 아들 예수를 믿으며 나를 믿는
그것으로써만 너희가 구원을 받는 것
이라 그리 가르치고 있음이니,
14 이것이 잘못됨이며 잘못 간 그 원인
이 여기에 있음을 너희는 알아야 할
것이니라.
15 내가 '사람이 떡으로만 사는 것이 아
니요' 한 것은 바로 무엇이던가?
16 떡으로도 살며, 너희가 나의 성령이
요, 나의 가르침이요, 너희가 말하는
나 여호와의 말씀으로 더불어 산다는
의미가 아니던가?
17 그러나 여기서 너희는 떡으로 사는
것은 인간의 삶을 말함이니,
18 인간이 사는 것은 구원을 받는 것이
아니요, 구원과는 관계없다고 그리 단
절하여 그리 묻어 버리며 그리 가르치
며,
19 나의 성령이요, 나의 아들 예수를 믿
으며 나를 찾고 울고불고하는 그와
같은 믿음으로써만, 그리고 너희 종교
지도자가 성경을 가지고 강론하는 그
것이 나의 말씀이라 그리 말하며, 나
의 말씀을 듣는 것으로써만 너희가
구원을 받는다 그리 말함이니,
20 이게 너희가 나의 성경을 잘못 이해
하고 있으며 내 비유의 뜻을 역행하고
있다는 것을 알아야 할 것이니라.
21 너희는 육의 삶에만 치우쳐 살지 말라
하는 것이니라.
22 육에 치우치는 삶 속에서 그도 소중하
며, 너희가 나의 성령이요, 나의 말씀
으로써 깨닫고 가는 것도 다 같이 소
중한 것이라 내가 너희에게 가르침이
니라.
23 육의 세상에서 행함과 나의 성령으로
너희가 더불어 같이 살아가는 그와 같
은 깨달음 속에서 살라는 것이요, 구
원의 길에 이를 수 있다는 것이 바로
그 가르침이니라.
24 이를 너희가 지금 잘못 가고 있음이
니라.
25 육의 행하는 것은 소중하지 아니하며
그것으로써는 구원을 받을 수 없는 것
이요, 오로지 믿음 그 길만이 너희가
구원을 받는다 가르침이니,
26 이게 너무나도 잘못되었으며 너희가
잘못 가르치고 있다는 것을 알아야 할
것이니라.
27 내가 이 깊은 밤, 나의 아들을 통하여
성경에 기록되어 잘못 이해하는 이 부
분을 가르침이니,
28 이를 보고 성서를 읽고 다시 한 번 들
여다보면, 내가 나의 아들을 통하여
너희에게 깨우쳐 주는 그 의미를 알
것이니라.
29 너희는 절대로 인간의 삶이요, 인간의
선한 행함으로써는 구원을 받을 수 없
으며, 그것이 '인간은 떡으로만 살 수
없는 것이요.' 하는 그 의미에 못을 박
았음이니라.
30 '사람이 떡으로만 살 수 없는 것이요'
한 것은 무엇이더냐?
31 너희가 떡으로도 살아야 하며 성령으
로도 살아야 하니, 한 가지만으로 사
는 것이 아니라 더불어 두 가지를 병
행하여 살라 그리 가르쳤음이니,
32 너희가 인간 세상에 육을 가진 삶에
서 행함이 얼마나 소중하며 선함의
역사가 얼마나 소중한 것인가?

33 그 소중한 역사를 더불어 하며, 너희
가 나의 성령으로 임하여 같이 구원의
길을 보라 하는 그와 같은 뜻이거늘,
34 하나는 저버리고 하나만 선택하는 그
와 같은 사악한 방법으로써 너희가
나의 백성으로부터 재물과 금화와 은
화를 거둬들이며,
35 그리하여 하나의 길만이 구원을 받는
다 하여 너희가 손으로 지은 죄의 온
상에 와 '아멘, 할렐루야!' 찾으며 눈
물 콧물로써 그와 같은 광란의 짓을
하는 것만이 하늘에 오르는 길이라 그
리하여 그들의 재물을 갈취하니,
36 흡혈귀와 같은 자가 너희이니라.
37 내가 감히 너희를 흡혈귀와 같은 자
라 말하는 이 무서운 뜻을 알라.
38 오늘의 너희를 내가 흡혈귀와 같은
자로 탓하기 전에, 너희가 지옥에 와
서 그 대가를 치르는 것은 그보다 더
무서울 것이니,
39 차라리 흡혈귀라는 말을 듣고 너희가
깨우쳐 바로 선다면, 너희는 상상할
수 없는 그 고통에서 면할 수 있는 영
광을 얻게 됨이니 내가 너희에게 이
무섭고 험한 말로써 경종을 울려 줌이
니,
40 이래도 너희가 깨닫지 못한다면 얼마
나 무서운 것인가를 그때 와서 뼈저리
게 알게 될 것이니 그리 알라.

## 6,582 번째 하나님 말씀

*2003년 7월 2일 01시 10분*

1 사랑하는 나의 아들아!
2 "네, 아버님! 말씀하옵소서."
3 나의 아들 예수가 어찌하였던가?
4 베드로라는 그 제자를 만나 그가 그리
말하였느니라.
5 '너는 나를 따르라. 내가 너로 하여금
사람을 낚는 어부가 되게 하리라.' 그
리하여 나의 아들 예수는 베드로가 그
를 따르도록 그리하였음이니라.
6 지금 나의 아들을 따르는 제자 너희는
어떠한 백성이냐?
7 나 여호와로부터 초청을 받은 자요,
나로부터 부름을 받은 자요, 나 여호
와 창조주로부터 선택된 너희라는 것
을 어찌 너희는 그리 모르는가?
8 그리하여 나로부터 선택된 너희는 만
백성을 구하는 대명을 받은 자들이니
라.
9 그러하니 너희가 얼마나 소중하고 위
대한 백성인데 어찌 그리 깨닫지 못
하는가?
10 너희는 나로부터 명을 받은 자이니라.
11 베드로의 부름을 위대하다 생각하며,
베드로를 나의 아들 예수가 부른 것
은 위대한 역사의 한 토막으로 너희
가 기억하며, 그리 역사한 것이라 생
각하며, 축복이라 그리 깨닫고 있으면
서,
12 나 여호와가 직접 부른 너희는 어찌
하여 자신의 소중함을 모르며, 너희가
나로부터 받은 그 명이 중요함을 모른
단 말이던가?
13 정녕 너희는 나의 법전 앞에 등 돌리
고 떠나고자 하는 백성이 되고자 하
는가?
14 베드로가 나의 아들 예수의 죽음 앞에
서 등 돌리고 떠난 것과 같이, 너희 또

한 나의 아들 앞에서 등 돌리고 떠날
수 있는 그와 같은 백성으로서 남고
자 하는가?
15 그러한 백성이 되고자 아니 한다면,
내가 너희를 부른 것이라는 것, 그 부
름을 받은 것이 얼마나 소중하며 위대
한 역사인가를 너희는 알아야 할 것
이니라.
16 어찌하여 너희는 나의 아들 예수가
베드로를 불러 제자로 삼아 '너는 사
람을 낚는 어부가 되도록 그리하라.'
명한 것은 너희가 역사 속에 위대한
것으로 기억하면서,
17 창조주 나 여호와가 너희를 불러, 나
의 법전을 가지고 만백성을 구하며
이 세상을 하얀 눈이 내려 덮듯이 나
의 법전으로 그 모두를 덮어 만백성을
구하는 길로 역사하라는 나로부터 부
름을 받은 너희가 얼마나 위대하고
귀하고 소중한 백성인가,
18 너희 자신이 얼마나 귀한 자며 소중한
자인가를 너희는 어찌 모르며,
19 그 부름의 역사가 얼마나 축복이요,
영광인가 그것을 모르는 백성으로서
지금 살아가는가?
20 이제 너희 스스로 나에게 부름 받음
의 그 영광이 무엇인가를 알라.
21 나의 아들 예수가 베드로에게 사람을
낚는 어부가 되라 한 것보다도, 나로
부터 직접 만백성을 구하라는 대명을
받은 너희가 더 위대한 나로부터 선
택된 백성이라는 것을 알라.
22 정녕 너희가 그와 같은 위대함을 모
른다면 언젠가는 나의 법전 앞에 등을
돌릴 것이며,
23 나의 아들 앞에 등을 돌릴 수 있는 그
와 같은 마음을 한 자리 깔고 사는 것
이 너희가 아닌가, 그와 같은 마음의
공백의 여분을 두고 살아가는 백성이
아니던가?
24 그와 같은 마음으로써 너희가 오늘에
역사하면 아니 될 것이니라.
25 만에 하나 그와 같은 마음을 먹은 백
성은 이 순간부터 그 마음을 버려야
할 것이니라.
26 나의 아들 예수가 제자로서 베드로에
게 '고기를 낚는 어부의 책무를 그만
두며 사람을 낚는 어부가 되게 할 것
이니 나를 따르라.' 했던 그 베드로의
역사함이요, 만남은 너희가 그리 소중
하고 위대한 것처럼 알면서,
27 창조주 나 여호와가 너희를 불러, 만
백성을 구하는 전사로서 역사하라는
명을 받은 너희는 어찌하여 그 위대
하고 소중하고 귀한 것을 너희 스스
로 모른단 말이던가?
28 그 이치요, 귀함을 깨달아, 너희가 나
에게 부름을 받은 그 영광을 헛되이
사는 삶을 살지 말도록 깨우쳐 주라,
나의 아들아!

## 6,583 번째 하나님 말씀

*2003년 7월 2일 01시 16분*

1 사랑하는 나의 아들아!
2 "네 아버님! 말씀하옵소서."
3 내가 예수를 통하여 성경에 기록하여
전하기를, '의를 위하여 핍박을 받는
자는 복이 있나니 천국이 저희 것이
라.' 내가 그리 명하였음이니라.

4 그러니 너희가 나의 참진리를 전하기
위하여, 정의로움을 위하여 핍박받으
며 목숨을 바쳐 역사하는 자는 천국에
오를 것이며, 그 천국은 너희 것이라
내가 기록하여 전하였음이니라.
5 그러니 지금 나의 피조물 만백성을 하
늘에 인도한다고 가르치는 종교 집단
이요, 지도자들, 그리고 구원을 받았
다 하는 신도라는 백성, 너희가 정의
로움이요, 의로운 삶을 살고 있는가?
6 그 길을 위하여 너희가 얼마만큼 노력
하며 과연 주변으로부터 얼마나 의로
운 삶을 사는 자라 그와 같은 평가를
받는가?
7 너희가 의로운 삶을 살지 아니하며 그
렇지 못하다면 천국은 너희 것이 아
님이니,
8 결국 천국에 오를 수 없는 것이 너희
임을 알아야 할 것이니라.
9 모든 종교 지도자요, 신도라는 백성,
너희가 정의롭고 의로움을 위하여 얼
마나 지키며, 그를 위하여 목숨을 던
지며 살아가는 백성이 과연 얼마나 있
는가?
10 그렇지 못하다면 천국은 너희 것이 아
니니, 너희는 나에게 오를 생각도 하
지 말라.
11 너희가 정의로운 삶이요, 의를 위하여
행할 수 있는 깨우침과 가르침을 나의
법전에 기록하여 너희에게 가르치겠
다는 이 사실을 너희는 알아야 할 것
이니라.
12 그리하여 너희가 나의 법전을 접하지
아니하면 의로운 삶을 살 수 없기에,
13 그러니 너희가 의로운 삶을 사는 기
초요, 근본을 공부하지 아니하며 깨우
치지 아니하고 어찌 구원을 받을 수
있다고 생각하는가?
14 그리하여 내가 나의 법전을 읽지 않고
깨우치지 않은 자는 심판을 받을 자격
이 없으며 심판을 받지 못하며 구원의
길을 볼 수 없다 그리 말하였음이니라.
15 의를 위하여 핍박을 받는 자, 천국이
저희 것이라 기록하였거늘,
16 너희가 예수의 보혈로써 구원을 받으
며 너희가 손으로 지은 교회라는 곳에
재물을 바치며 울고불고 광란의 기도
를 드리는 그와 같은 것이 정녕 사랑
을 베풀며 의로운 삶을 사는 것인가?
17 너희가 하늘에 오르는 길이요, 만백성
을 깨우치는 나의 성전이라는 곳에서
너희의 이해관계요, 자리다툼으로 하
여 서로 삿대질하며 언성을 높이는
그와 같은 삶을 과연 살지는 않는가?
18 그것이 과연 의로운 삶이요, 정의로운
삶이라 너희는 말하는가?
19 정의롭고 의로운 삶을 살지 않은 자는
구원을 받을 수 없으며 천국에 오를
수 없다 내가 그리 말하였음이니,
20 너희는 구원을 받을 것인가, 너희 스
스로 의로운 삶을 지금에 살고 있는
가, 그를 한번 점검해 보고 다스려 봐
야 할 것이니라.
21 의로움이란 무엇이던가?
22 너희가 정의로운 삶을 사는 것을 원함
이니라.
23 너희가 선함을 행하며 정의로운 삶에
모두를 지키며 그를 위하여 너희 자신
까지 던질 수 있는 그와 같은 삶을 사
는 자는 구원을 받을 수 있다는 것을

알라.
24 그와 같이 아니 하는 자, 너희는 나로
부터 구원을 받을 수 없음이니, 곧 이
는 무엇이더냐?
25 천국에 오를 수 없음이니라.
26 내가 너희에게 일찍이 깨우쳐 전했거
늘, 너희가 과연 의를 행하며 사는 삶
을 사는가?
27 너희는 나의 뜻을 거역하는 삶을 지
금 살고 있는 것이니라.
28 십계명을 지킬 수 없다고 감히 말하는
자, 인간이라 그리 행하고 살 수 없다
하는 자, 그리고 하늘에 재물을 쌓아
야만 구원을 받는다고 거둬들이는 자,
29 또 재물을 바침으로써 구원을 받을
것이라 하여 부모·형제를 돌아다보며
이웃의 어렵고 배고픈 자를 돌아보기
전에, 너희가 구원을 받겠다 하여 재
물을 수없이 갖다 바치는 자,
30 그리고 너희 이름을 불러 주어 박수
받으며 감사 인사를 듣는 행위를 하는
자, 그와 같은 것이 의로운 삶이며 정
의로운 삶이며 사랑의 삶이던가?
31 남들이 할 수 없는 것을 세상에 나와
서 역사한 것이 너희 이름이 알려지
며 그와 같이 역사한 것을 누군가 안
다면 나에게 와 하나도 은혜를 받을
것이 없다 내가 일찍이 너희에게 경
고하여 깨우쳤거늘, 너희는 어찌 살아
가는 모습인가 보라.
32 과연 의로운 삶을 사는가?
33 의로움을 위해 사는 자, 의로움을 위
해 살려고 핍박받고 고통받는 자, 돌
팔매를 맞으며 가는 자, 그리고 정의
로움을 위해 살아가는 자, 정의로움을
위하여 지키고 노력하는 자,
34 그와 같은 자는 복이 있어 천국이 저
희 것이라 내가 그리 말하였으니,
35 과연 너희 종교 집단이요, 지도자요,
신도라는 백성이 어찌 살아가는가?
36 스스로 너희를 돌이켜 보도록 그리하
라.
37 너희가 돌이켜 보면 의로운 삶을 사
는지 못 사는지 스스로 너희가 점수
를 매길 수 있을 것이며,
38 그 점수를 매긴 다음에 너희가 거기
에서 변화된 삶을 얻도록 그리하라,
사랑하는 나의 아들딸들아!

## 6,584 번째 하나님 말씀

*2003년 7월 2일 06시 37분*

1 사랑하는 나의 아들아!
2 "네, 아버님! 말씀하옵소서."
3 내가 너에게 일찍이 깨우쳐 말하기를,
'하늘이 무너져도 솟아날 길은 있다.'
그리 말하지 아니하였던가?
4 너희가 마음을 어찌 먹느냐에 따라서
선과 악의 양 갈래 길에서 너희는 항
상 선택하는 그 생각을 해야 하며,
5 선택하는 그와 같은 운명 속에서 살아
가는 것이라 그리 말하였음이니라.
6 그리고 내가 너희에게 일깨워 주기를,
이 세상사의 모든 것은 정답이 있으며
오답이 있음이니,
7 이는 너희가 노력하고 생각하는 것에
따라서 정답을 찾을 수 있는 것이라
내가 그리 말하였느니라.
8 너희가 노력하지 아니하고 단순히 생
각하는 마음에서 생각하는 대로 바로

판단하며 행하는 것은,
9 진정한 정답을 찾는 노력을 하지 아니
하였기 때문에, 너희는 오답으로써 모
든 것을 역사하며 오답으로써 모두가
정답인 것처럼 행동할 수 있다고 그
리 내가 말하지 아니하였던가?
10 너희가 나의 법전을 가지고 하얀 눈이
세상을 덮듯이 모두를 다 덮는다 내가
그리하였음이니,
11 너희가 나의 법전을 가지고 만백성을
구하는 것 또한 너희가 생각하고 연
구하는 그와 같은 노력 속에서 정답이
있음이니,
12 그 정답을 찾는 노력을 해야 할 것이
니 그리 알라.
13 네가 나의 법전을 가지고 만백성을 구
하며 이 세상을 하얀 눈처럼 덮어, 지
금의 잘못된 종교 집단이요, 지도자
요, 그들의 교회요, 성당이요, 법당이
요, 회당이요, 성막이라 말하는 그 모
든 곳에 내가 거미줄을 치며 문을 닫
는 역사가 이루어질 것이라 하였음이
니,
14 너희는 그 길을 위하여 얼마만큼 노력
하며 생각하고 연구하느냐에 따라서
정답의 길을 찾을 수 있다는 것을 잊
어서는 아니 될 것이니라.
15 같은 말을 하더라도 너희가 어떠한
심정으로, 어떠한 마음으로 그 말을
하며 표현하느냐에 따라서 받아들이
는 자의 깨달음이 다르며 받아들이는
자의 마음을 좌우하는 것처럼, 너희
또한 너희 마음의 좌우됨이 거기에
있음이니라.
16 그러니 너희가 같은 말이요, 같은 단
어를 가지고 상대방에게 의사를 전하
는 것도, 어떠한 마음 자세를 가지고
전하느냐에 따라서 성공과 실패 여부
가 거기에 달렸음이니라.
17 그와 마찬가지이니라.
18 내가 하얀 눈처럼 이 세상을 나의 법
전이 덮는다 하였으며, 이는 만백성을
위한 나의 성령이요, 마지막 제3의 시
대를 여는 역사라 하였음이니,
19 이 역사 속에 정답이 있으며, 그 정답
이 무엇인가 하는 것을 너희가 찾고
노력했을 때 그 모두는 얻을 수 있으
며 볼 수 있음이니라.
20 너희가 그 정답을 찾지 아니하며 게으
른 자요, 생각하지 않는 자요, 노력하
지 않는 자라면 결국 정답을 찾는 세
월의 기간이 너희에게 길고 오래됨을
알아야 할 것이니라.
21 노력하고 연구하며 생각하는 속에서
너희가 그 정답을 알 수 있음이니,
22 그와 같이 노력하는 마음 자세로써 나
의 법전을 전하며 만백성을 구하는 그
와 같은 역사의 흐름을 너희가 바꿔
놓아야 한다는 것을 잊지 말라.
23 노력하지 않는 자는 모든 것을 얻을
수 없으며 이루어질 수 없다는 것을
알라.
24 내가 너희에게 하얀 눈이 세상을 덮듯
이 나의 법전이 덮을 것이며,
25 지금의 잘못된 종교 집단들의 문에 거
미줄을 칠 것이며 문을 닫는다 하였으
면, 이는 반드시 그리 역사할 것이니
라.
26 그러니 정답을 찾는 것은 너희가 어찌
노력하느냐에 달렸음을 알아야 할 것

이니라.
27 얽히고설킨 실타래도 그 끝을 찾아
풀기 시작하면 그를 풀 수 있음이니,
그 끝을 찾지 아니하고 풀려 하면 아
무리 해도 풀 수 없음이니,
28 지금 너희가 가고 있는 형국이 그러
한 마음이니라.
29 너희 마음은 딴 데 가 있으며 생각은
딴 데 가 있으나,
30 너희는 나의 법전을 가지고 만백성을
구하는 데 최선의 노력을 다하라.
31 그때 내가 너희에게 정답을 줄 것이
며 지혜를 줄 것이니라.
32 나의 성령이 너희에게 임하는 그 순간
에 모두를 얻을 수 있음이니,
33 나의 성령이 너희에게 임할 수 있도록
너희가 자세를 바꾸며,
34 노력하는 자세요, 생각하는 자세요,
그와 같은 너희의 생활 방식을 바꾸
지 아니하면 아니 될 것이니 그리 알
라.

## 6,585 번째 하나님 말씀

*2003년 7월 2일 11시 16분*

1 사랑하는 나의 아들아!
2 "네, 아버님! 말씀하옵소서."
3 나 여호와의 참진리는 어떠한 것이라
내가 그리 말하였더냐?
4 진리라는 것은 영원히 변화되지 아니
하며 그는 없어질 수가 없는 것이라
그리 말하였음이니라.
5 그리하여 진정한 참진리는 살아서 움
직이며, 그는 말없이 확장되어 나간다
하였음이니라.
6 그리하여 너희를 동화시키고, 너희를
깨닫는 백성으로서 하늘에 오르는 길
을 볼 수 있도록 인도하는 것이 참진
리요, 진정한 믿음으로 가는 길이라
그리 말하였음이니라.
7 그러니 너희는 하나의 진리의 뜻을
가지고 그것으로써 결정짓지 말며 그
것으로 답을 찾으려 하는 그와 같은
어리석은 생각을 하지 말라 그리 이르
라.
8 진리라는 것은 거기서 확장되는 것이
끝이 없으며 그 깨달음이 끝이 없다는
것은,
9 하나의 단어요, 내가 너희에게 하나의
명령을 내리는 그것도 수천수만 가지
의 뜻과 의미를 가지고 있다는 것을
알아야 할 것이니라.
10 하나라는 것을 들었을 때 그것만을 지
키며, 그것 외에는 아니 되는 것처럼
그와 같은 어리석은 백성의 삶으로 살
지 말라 하라.
11 내가 너희에게 깨우치는 것이 무엇이
던가?
12 너희가 남에게 잘못했을 때 용서받을
수 있는 것은 무엇이라 말했느냐?
13 열 배로써 모든 것을 다 용서받을 수
있는 것이며, 열 배 이상을 했을 때 너
희가 그 죄의 사함을 받을 수 있다 그
리 말하였음이니라.
14 그러나 그보다 더 어렵고 힘든 길로
가야만 되는 것이라 너희는 알아야
할 것이니라.
15 너희가 지은 죄는 절대로 너희에게서
떨어지지 아니하며, 너희가 그보다 많
은 선행을 했을 때, 그 죄와 선행을 달

아 선행이 무거울 때 너희가 용서를
받는다 그리 말하였음이니라.
16 그러나 너희는 죄를 지은 그 용서요,
행하는 것이 어떤 것인지 알겠는가?
17 그 모두를 원상 복구시켜 놓지 아니
하면 그 죄를 면죄받을 수 없으며 그
죄가 떨어지지 아니하기 때문이니 그
리 알아야 할 것이니라.
18 너희는 과연 나의 백성이라 하면 너
희가 잘못한 것을 시인하며 남들 앞에
당당하게 그 모두를 지키고 살아갈
수 있는 그와 같은 마음으로써 되어
있는가?
19 사랑이란 무엇인 줄 알겠는가?
20 너희는 베푸는 것만이 진정한 사랑이
요, 그것이 사랑의 의미라 하나,
21 사랑이라는 것은 자기가 책임을 질 줄
아는 그와 같은 행동임을 알아야 할
것이니라.
22 내가 오늘 나의 아들을 통하여 너희에
게 너희의 깨우침이 아름다우며 너희
가 경지에 오름이 아름다우니, 내가
사랑을 베푸는 것을 하나 더 가르쳐
줌이니,
23 모든 종교 집단이요, 지도자들이 사랑
이라는 것은 베풀며 나눔으로써 사랑
이라 그리 말하나,
24 사랑은 모두 네가 책임질 수 있는 책
임지는 행동이요,
25 책임지는 언어로써 모두 역사하는 것
이 사랑이라는 것을 너희는 알아야
할 것이며, 그 사랑이 더 위대함을 알
아야 할 것이니라.
26 너희가 모두를 저 스스로 책임지며 어
려운 것을 가슴에 떠맡는 것, 그리고
제가 책임을 질 수 있도록 하는 것,
27 제 스스로 모든 책임을 지는 것이 얼
마나 아름다운 사랑이며 얼마나 아름
다운 미덕인지 너희는 알겠느냐?
28 이제 나의 법전을 읽고 깨우친 백성,
사랑하는 나의 아들을 따르는 제자 너
희는 모두를 사랑하고 베푸는 것이 사
랑이 아니요,
29 책임질 수 있으며 모두를 너희가 남
의 것까지도 안고 넘어갈 수 있는 것,
그리고 너희 자신이 모두를 책임을 질
수 있는 그와 같은 마음을 가지고 가
야 할 것이니라.
30 너희가 무엇을 하나 역사할 때, 너희
가 제자를 잘못 육성할 때, 제자가 제
대로 배우지 못하여 그 부모에게 꾸중
을 들을 때,
31 그는 '제자가 미련하며 제자가 공부를
게을리해서가 아니요, 이 선생이 잘못
가르쳤기에 이 선생이 무능하기 때문
에 그리되었다.'고 말할 때, 그 학생의
마음은 어떠할 것이며, 그 학생은 선
생을 어찌 보겠는가?
32 이것이 책임을 지는 마음의 사랑이라
는 것을 알아야 할 것이니라.
33 사랑이라는 것은, 너희가 책임을 질
수 있는 것은 죽은 자를 살릴 수 있으
며, 욕된 자를 욕되지 않게 할 수 있는
것이 너희임을 알아야 할 것이니라.
34 너희가 역사하는 하나의 나무도 그러
니라.
35 열매를 맺지 못하는 나무를 주인이 뽑
아내려 할 때,
36 그것을 관리하는 과수의 책임자가 말
하기를 '내가 이 나무를 잘못 관리하

여 열매를 맺지 못하였으니, 제가 다
시 다스리고 제가 더 노력하여 이 과
일이 열매를 열 수 있도록 그리할 터
이니 저에게 시간을 주옵소서.' 하고
그 주인에게 과수의 책임자가 그리 말
한다면,
37 그 나무는 죽지 아니하고 뽑혀 나가지
아니할 것이며, 다음에 그 과일을 열
수 있지 않겠는가?
38 이와 같은 것이 너희의 사랑이니라.
39 스스로 책임질 수 있는 것, 자기가 책
임지고 안고 넘어갈 수 있는 것, 이제
나의 아들을 따르는 사랑하는 제자 너
희는 사랑이 무엇인지를 알라.
40 이를 깊이 깨우치라.
41 사랑이 베풀고 나눔이요, 그저 용서하
는 것만이 사랑이 아니요, 네가 모든
것을 책임질 수 있으며 네가 어려운
짐을 떠맡을 수 있는 것이 사랑이니,
이제 너희는 그와 같은 길을 가야 할
것이니라.
42 그와 같은 사랑으로써 베풀며 살라,
사랑하는 나의 아들딸들아! 선택된
너희가 나에게 얼마나 소중한 것인 줄
알겠는가?
43 너희는 각자의 특별한 임무가 있으며
특징이 있으며 다 내가 쓰고자 할 때
일익을 담당할 수 있는 자이니라.
44 그러기에 너희가 잘 가꿔 주고 다스
려져야 함을 알아야 할 것이니라.
45 내가 크나큰 배라는 것을 만들어 만백
성을 태우고 출항할 때, 너희는 너트
요, 볼트의 역할을 해야 할 것이니,
46 나의 법전을 읽고 깨우쳐 갈고 닦아
천사와 같은 마음으로 변하는 것은,
그 볼트와 너트가 썩지 않도록 기름
칠하고 잘 관리하며, 내가 쓸 때까지
기다리는 것이요,
47 관리하지 아니하여 그 볼트와 너트가
썩어진다면 그를 제자리에 쓸 수 있
겠는가?
48 그 배가 파손되어 쓸 수 없으니, 나 여
호와가 버리게 되며 손을 놓게 됨이
아니더냐?
49 사랑하는 나의 아들을 따르는 제자들
이요, 나의 법전을 읽고 깨우친 백성,
나의 성전에 와 강론을 듣는 너희가
얼마나 소중한 줄 알겠느냐?
50 너희는 방대한 조직이요, 웅대한 자들
이 오라 손짓하는 것이 잘못된 것이요,
51 어렵고 힘든 길이 하늘에 오르는 길이
라 하여 가는 자들이니, 진정한 믿음
을 보는 자들이니라.
52 바늘구멍보다도 작은 구멍에 있는 진
실이요, 아름다움을 너희는 보는 자
들이니라.
53 너희보다 인격을 갖춘 자, 훌륭한 자,
너희가 그와 더불어 하면 인간 세상
에 도움이 될 수 있는 자, 그리고 방대
한 조직들이 너희를 오라 환영하며
손짓하고 부르나,
54 나의 아들은 깨달아 오라 하여 너희를
부르지 아니하며 찾아가지 아니함이
니, 그것은 바로 무엇이더냐?
55 바늘구멍보다 더 작은 빛의 위대함을
보고 지금 나의 성전에 오며 나의 법
전을 읽고 깨우치는 백성 너희이니 그
리 알라.
56 그것이 너희가 위대한 자며, 그리하여
너희는 내가 부른 자며 나로부터 초

청받은 자라 그리하느니라.
57 초청받은 자가 그 주인의 잔치에 와
서 행패 부리며 행동을 잘못하면, 아
무리 초청하였다 하더라도 언제까지
인내하고 참겠느냐?
58 바로 가는 점잖은 손님이요, 아름다운
미담을 가진 손님이요, 그 대우를 받
을 수 있는 처신을 하는 것이 손님으
로서 그 역할을 다하는 것이니,
59 너희가 오만방자하여 주인을 능가하
는 그와 같은 마음으로 살아가지 말라.
60 겸손한 자로 살아가라.
61 내가 너희에게 뭐라 말하였느냐?
62 가장 낮은 자가 되라 하지 아니하였더
냐?
63 이 세상에 모든 백성보다 가장 낮은
자란 무엇이더냐?
64 너희가 저주하는 자, 그저 얻어먹고
사는 자, 근거가 없는 자, 모든 죄악
속에 허덕이는 자, 그들보다도 너희가
가장 낮은 자라 하였음이니라.
65 가장 낮은 자가 되는 것이 하늘에 오
르는 길이요, 가장 높은 자며 영광과
축복받은 길을 가는 백성이니라.
66 가장 낮은 자요, 만백성의 종이라는
그 뜻을 나의 아들 너도 가슴에 다시
새길 것이며, 너의 제자들 또한 다시
한 번 새겨야 할 것이니라.
67 그러니 내가 무어라 말하였더냐?
68 너희가 악습을 고치며 하늘에 오르는
길을 볼 수 있는 것은 '나는 죽은 자
요.' 너희 이름 석 자 앞에 너는 죽은
자라 항상 암송하고 행동하라 하였음
이니, 너희가 그리 행하도록 하라.
69 그리 훈련되었을 때 너희는 모두를
보는 가장 높은 자요, 가장 영광된 삶
을 사는 백성으로 살고 있음을 알게
될 것이니 그리 알라, 사랑하는 나의
아들딸들아!

## 6,586 번째 하나님 말씀

*2003년 7월 2일 11시 26분*

1 사랑하는 나의 아들아!
2 "네, 아버님! 말씀하옵소서."
3 나의 백성 너희가 선한 삶을 살아 너
희가 사는 모습을 만백성에게 보여 너
희가 아름답게 사는 그 모습에서 빛이
비취게 되며,
4 그 빛을 보는 백성이 스스로 깨달아
너희가 착한 행실이요, 아름답게 사는
모습을 보고 나의 피조물이요, 만백성
이 그를 보고 깨달아 하늘에 계신 나
여호와에게 영광을 돌리는 너희가 그
와 같은 삶을 살라 내가 성경에 기록
하여 그리 가르쳤으며,
5 모든 종교 집단이요, 지도자들이 그리
가르치고 너희가 그리 배워 왔을 것
이니라.
6 너희 스스로 만백성에게 빛이 되는 그
와 같은 삶을 살아 그 빛을 보고 만백
성이 하늘에 오르는 영광을 얻도록 그
리하라 내가 하였음이니라.
7 '너희의 착하고 선한 행함을 보고 나
여호와에게 영광을 돌리도록 하라' 하
였음이니, 이것이 바로 무엇인 줄 알
겠느냐?
8 이는 바로 육의 삶의 행함이 얼마나
소중한 것인지 그를 내가 의미한 것이
니라.

9 그러나 너희는 지금 육의 삶의 행함
은 소중하지 아니하며, 말로써 믿음이
요, 감상적인 믿음 속에 젖어 너희가
나를 부르며 나의 아들을 찾으며 눈물
을 흘리며 찬송을 부르며, 그것으로써
너희가 구원을 받는다 그리 생각하며,
10 나의 아들 예수를 찾으며 나의 아들
예수를 믿으면 너희가 손으로 지은
성전에 와 구원을 받는다 함이니,
11 나의 성경에 기록된 모습을 너희가
다시 한 번 비춰 보도록 하라.
12 너희가 아름답게 살아 너희에게서 비
취는 그 빛을 보고 만백성이 바로 서
나에게 오르는 영광을 얻으라 내가
기록하였음이니, 이 의미를 너희는 과
연 어찌 가르치는가?
13 이와 같은 의미가 기록되어 있거늘,
어찌하여 너희는 육의 삶을 그리 소
홀히 생각하며 육의 삶으로써는 아무
것도 구원에 도움이 되지 않는다고 그
리 가르치는가?
14 나의 백성에게 땅에 발을 대지 말고
살라 하는 자들과 똑같으며, 물고기가
물이 없이 육지에서 살라 하는 자들
과 똑같은 우매한 자요, 사악한 행위
를 하고 있는 것이 너희임을 알아야
할 것이니라.
15 너희가 육의 삶에서 하늘을 향하여
한 점의 부끄럼이 없이 사는 것이 중
요하며 그것이 하늘에 오르는 길이라
내가 너희에게 수없이 가르쳤건만,
16 지금의 모든 종교 집단이요, 지도자
그들이 이를 다 저버리고, 말로써 믿
으며 마음으로써 믿으며 그저 나의 아
들 예수만 찾으며 재물을 바치고 용서
를 빌면 구원을 받는다고 이를 가르침
이니,
17 너희가 나의 뜻을 거역하며 나를 욕되
게 하는 그 행위를 과연 내가 어찌 다
스려야 한단 말이던가?
18 모든 것을 제 위치에 갖다 놔야 너희
가 용서를 받는다는 것을 알라.
19 너희가 사과를 하나 훔쳤을 때 열 개
를 갖다 놓는 것이 너희 죄를 용서받
는다 했으나,
20 너희가 그 사과 하나를 제자리에 갖다
놓고 원상태로 놓는 것이 죄를 면할
수 있는 것은 당연한 것이 아니던가?
21 그를 제자리에 갖다 놓지 못하는 자,
갖다 놓지 아니하고 용서받았다 생각
하지 말라.
22 이것이 너희가 용서를 받을 수 있는
기본이니라.
23 그와 같이 모든 것을 제자리에 돌려놓
지 아니하는 자는 아무리 뭐라 해도
용서받을 수 없음이니,
24 모든 종교 집단이요, 지도자들이 살아
오는 것이 사악한 행위를 하며 잘못
살아왔으며, 너희가 죄를 짓고서 그것
을 제자리에 원상태로 놓지 아니하고
구원을 받았다 하며 나에게 오를 수
있다는 그 어리석은 생각을 하지 말라.
25 이제 나의 아들을 따르는 제자들이요,
나의 법전을 읽은 사랑하는 너희는
알라.
26 너희가 무언가를 훔쳤을 때, 그것을
시인하고 용서를 빌며 그 자리요, 주
인에게 갖다 줄 수 있는 그것이 진정
한 회개요, 깨달음이니라.
27 말로써 비는 것, 감상적으로 용서를

받았다는 것, 너희의 환경에 따라, 기
분에 따라 기도하고 용서받았다는 것
은 절대 용서받지 못함이니,
28 개구리 울음 소리만도 못한 것이 너
희 기도라 내가 하였음이니라.
29 너희가 사람을 죽였을 때 사람을 살려
내야만 용서를 받을 것이며, 그 생명
이 존재하도록 해야 용서를 받을 것이
니라.
30 나로부터 생명을 받아 나간 백성의 생
명이 얼마나 소중하고 위대한데, 너희
가 함부로 그 생명을 절단하며 죽이
고, 어떤 것으로써 용서를 받을 수 있
단 말이던가?
31 절대 용서받을 수 없음이니라.
32 너희가 사람을 죽였으면 그 생명을 살
려 놓고 그 생명을 원상태로 복구하고
너희가 나에게 용서를 빌었을 때, 내
가 용서할 수 있는 것이며, 너희가 용
서를 빌 자격이 있다는 엄연한 사실
을 알라.
33 제자리에 모든 것을 갖다 놓지 아니하
며, 제가 잘못한 것을 시인하고 용서
를 빌며 모든 것을 제자리에 갖다 놓
지 아니하면 너희는 용서받을 수 없
음을 알라.
34 너희가 남의 집에서 수저 하나를 훔
쳤을 때, 그 수저 하나를 갖다 놓지 아
니하며 마음으로 빌고 용서를 빌며 나
에게 회개하고 눈물 콧물 흘리며 찬송
부르며 악쓰지 말라.
35 그 추한 소리가 하늘을 오염시킴이니
라.
36 너희가 정녕 나로부터 용서를 받으려
거든, 훔친 그 수저를 그 자리에 갖다
놓고 그 주인에게 용서를 빌고 네가
잘못했음을 시인하며,
37 그리하여 깨닫고 바른 삶으로 살아갈
수 있다는 그 주인으로부터 용서를 받
는 그와 같은 행위를 했을 때, 내가 너
희를 용서할 수 있는 그 반열에 올려
놓을 수 있는 것이 하늘의 법도라는
것을 알라.
38 이를 너희는 가슴에 안고 살아야 할
것이니라.
39 누가 너희를 핍박하든, 욕하든, 뭐라
하든, 너희는 내가 가르치는 이 진리
를 가슴에 안고 목숨과도 바꾸지 않는
그와 같은 굳건한 마음으로 살아가지
아니하면 나에게 올 수 없음이니,
40 내가 너희를 사랑하느니라.
41 내가 양팔을 벌려 너희를 거둬들이며
너희를 끌어안고자 지금 기다리는 나
여호와에게 너희가 그와 같은 것을 잊
어버리며 그와 같은 것을 역행하고 살
아서는 아니 됨이니라.
42 사랑하는 나의 아들딸들아, 너희가 단
한 명이 올라온다 해도 나 여호와는
모두를 얻은 것과 바꾸지 아니할 것이
니라.
43 너희가 죽을 때까지 그리 깨달아 한
명이라도 나에게 오라.
44 그러면 나 여호와는 이 세상과 바꾸지
아니할 것이며,
45 그 후손은 천 년에 걸쳐서 지상의 낙
원을 이루는 그 대임을 맡을 것이며,
46 그로 인하여 너희의 빛나는 모습을
보고 만백성이 깨우쳐 내가 이루고자
하는 지상의 낙원을 이룰 수 있음이니,
47 나의 간절한 이 바람을 저버리지 말

라, 사랑하는 나의 아들딸들아!
48 너희가 육의 삶의 무엇에 연연하며,
육의 삶에 무엇이 그리 미련이 많으
며, 육의 삶에 무엇을 그리 쌓아 놓음
으로 행복하단 말이던가?
49 재물을 원하는 자는 재물을 쌓아 놓고
나도 편안함이 없으며 행복함이 없으
며, 허전한 마음을 지울 수 없는 것이
니 그리 알라.
50 너희가 명예를 얻고자 발버둥쳐 명예
를 얻고 난 다음에 그 또한 무엇이 있
겠는가?
51 그 또한 허전하며 허무함이 있음이니
라.
52 진리를 모르며 하늘의 이치를 진정 모
르는 자, 영원히 너희 마음은 그러함
이니라.
53 진심으로 나에게 오르는 것이 너희가
올 수 있는 길이요, 선택된 백성이기
때문에, 나에게 오르는 진정한 길을
보지 못하는 자는 허망하며 허무하며
절망감이라는 것을 잊을 수가 없으며
지울 수 없는 것이 너희 마음의 형태
며,
54 너희가 지금 육을 가지고 사는 세상에
서 그리 존재함이니,
55 오로지 나 여호와가 존재함을 진심으
로 믿으며 참진리를 연구하고 따라갈
때, 너희가 허전함이요, 허무함이 없
는 것이라는 것을 알라.
56 나의 법전에 참진리의 가르침을 내가
기록한 것이니, 그대로 행하고 살아온
다면 너희는 나에게 오를 수 있음이
니라.
57 이제 나의 아들을 따르는 제자들이요,
나의 법전을 읽고 깨우친 백성, 너희
는 알겠는가?
58 나 여호와의 뜻을 거역하며 역행하는
행위를 하지 말라.
59 모든 것에 한 점의 부끄럼이 없는 삶
을 위하여 최선을 다하라.
60 남들이 뭐라 하든, 남들이 핍박하든,
남들이 너희에게 돌을 던지든, 너희
눈에서 빛이 나는 그와 같은 아름다운
모습으로써 너희가 다스려져야 하며,
61 너희가 행하는 삶이 그와 같은 빛으로
보였을 때, 만백성이 너희를 따를 것
이며 나의 160권의 법전이 역사할 것
이니라.
62 너희가 나의 뜻을 거역하며, 진정한
믿음이 없이 오늘에 나의 아들을 따라
가는 자가 있다면, 너희로 하여금 160
권의 법전이 역사하지 못하며 제 구실
을 이루지 못하는 위험한 일이 있다는
것을 너희는 알라.
63 그리하니 내가 그들을 솎아 낼 것이
며 그들을 뽑아 버릴 것이니, 너희는
내가 뽑을 때 뽑히는 그와 같은 가라
지가 되지 말도록 그리하라, 사랑하는
나의 아들딸들아!

## 6,587 번째 하나님 말씀

*2003년 7월 2일 11시 32분*

1 사랑하는 나의 아들아!
2 "네, 아버님! 말씀하옵소서."
3 예수를 통하여 기록된 성경의 그 구절
을 너희가 찾고 찾아보라.
4 거기에는 '나의 계명 중에 내가 내린
그 계명의 지극히 작은 것 하나라도

너희가 버리고 또 그와 같이 지키지
아니하며 그와 같은 방법으로써 사람
을 가르치는 자는 천국에서 지극히
작은 것을 얻게 될 것이며 너희는 구
원의 길을 오를 수 없다'고 내가 기록
하여 이미 전하였음이니라.
5 나의 계명 중에 가장 작은 것 하나도
너희가 제대로 지키지 아니할 때 너
희는 천국에 와 작은 것을 얻게 될 것
이며, 또한 지옥으로 가는 그와 같은
벌을 받을 것이라 내가 그리 기록하여
전하고 있거늘,
6 이를 행하며 가르치는 자가 과연 어
찌 되겠는가?
7 그와 같이 가르치는 자 또한 천국에
오를 수 없다 내가 그리 말하였음이
니라.
8 천국에 오고자 하는 자는 나의 계명을
지키고 사는 것만이 천국에 오르는 길
이라 가르치는 자는 큰 것을 얻을 것
이며 큰 상을 받을 것이라 내가 기록
하여 너희에게 일찍이 가르치고 전하
지 아니하였던가?
9 그러나 수천 년 동안 너희만 믿음의
길이요, 너희만 모든 백성을 하늘로
인도한다는 종교 집단이요, 지도자 너
희가 감히 나를 능멸하는 소리를 너희
스스로 하고 있음이니라.
10 인간이기에 계명을 지킬 수 없다 그
리 가르치는 너희가 가장 작은 은혜를
받으며, 너희가 과연 하늘에 오를 수
있다고 생각하는가?
11 나의 계명의 작은 것마저도 지키지 않
은 자는 구원을 받을 수 없으며 지옥
의 길로 가는 백성이라 내가 그리 말
하였거늘,
12 너희는 나의 계명을 모두 지킬 수 없
다고 그리 말함이니, 과연 그러고도
너희가 나의 뜻을 따르는 백성이며
나를 경배하는 백성이며 하늘에 오르
는 백성이요, 지도자라 말하며, 그곳
에 와 배우는 백성이 구원을 받을 수
있다고 생각하는가?
13 너희는 알아야 할 것이니라.
14 내가 성경에 일찍이 기록하여, 한 획
도 고치지 말고 더하지도 빼지도 말라
는 나의 성경에 '계명 중에 작은 것 하
나라도 지키지 아니한다면 너희가 구
원을 받지 못하며 하늘나라의 가장 작
은 것을 얻을 것이라' 내가 너희에게
그리 말하였거늘,
15 지금 나의 아들이 너희에게 무엇을 지
키라 하는가?
16 계명대로 지키고 사는 것만이 영혼의
양식이요, 너희가 은혜를 입을 수 있
으며, 큰 영광을 받을 수 있으며, 하늘
에 오르는 길이라 그리 가르치고 있음
이니,
17 과연 나의 아들이 너희를 가르치는
것과 지금 그 많은 종교 집단이 가르
치는 것 중에서, 성경에 기록된 내용
을 누가 위배한 것이며 그를 거역하는
것인가?
18 성서에 기록되기를 너희가 하늘에 오
르는 것은 나의 계명의 작은 것을 철
저히 지키는 것이니, 그 작은 것이라
도 지키지 아니하는 자는 작은 것밖에
얻을 수 없다고 그리 말하였음이니,
19 그를 지키고 가야 한다고 나의 아들이
가르치는 것과, 그와 같이 지킬 수 없

으며 모두를 지킬 수 없는 것이라 가
르치는 종교 집단 중에,
20 누가 나로부터 선택된 내 명에 따라
살아가는 백성이며, 나의 명에 따라
역사하는 목자요, 나의 아들인가 너희
가 선택해 보라.
21 너희는 이제 그와 같은 이치를 알 수
있는 믿음의 경지에 이르지 아니했는
가?
22 진정한 믿음이요, 진정한 길이 어떤
것인가를 너희가 알아 선택하도록 그
리해야 할 것이니, 잊지 말라.
23 그것이 너희가 나에게 오르는 길이니
라.
24 내가 성경에 기록한 그 대목을 다시
한 번 너희가 읽어 보라.
25 나의 계명 중에 지극히 작은 것 하나
라도 너희가 버리고 또 그와 같이 가
르치는 자는 천국에 와서 가장 작은
것을 얻게 될 것이며,
26 그리하지 못할 때, 더 그 죄가 과할 때
는 지옥으로 간다고 그 의미를 기록한
것이 나의 뜻임을 너희는 알아야 할
것이니,
27 그 모두를 지키지 못한다는 백성이요,
지도자 앞에 너희가 구원을 받는다는
생각을 저버리라, 사랑하는 나의 아들
딸들아!

## 6,588 번째 하나님 말씀

*2003년 7월 2일 11시 37분*

1 사랑하는 나의 아들아!
2 "네, 아버님! 말씀하옵소서."
3 이 세상 모든 백성 중에 나의 법전을
읽고 깨우친 백성이요, 나의 아들을
따르는 백성, 너희는 하늘로는 나의
종이요, 지상의 만백성의 종이요, 가
장 낮은 자세로 살라 내가 명하였음이
니라.
4 너희가 가장 낮은 자세로써 살지 아니
하면 천국의 문을 볼 수 없으며 거기
에 들어설 수 없다는 것을 내가 너희
에게 일찍이 깨우쳐 가르치지 아니했
던가?
5 나의 성경의 한 구절을 들여다보라.
6 그곳에 내가 일찍이 너희에게 가르쳐
깨우쳐 전하였음을 알아야 할 것이니
라.
7 내가 너희에게 예수를 통하여 뭐라 했
더냐?
8 '너희가 재물을 거둬들이는 서기관이
요, 바리새인보다도 더 낮지 못한 자
세로 산다면 결단코 너희가 천국에
들어가지 못할 것이라' 내가 너희에게
그리 일깨워 주고 전했음이니라.
9 내가 나의 법전을 통하여 모든 백성
중에 너희보다 더 낮은 자가 없으며,
너희가 가장 낮은 자로서 모든 백성
앞에 겸손과 겸허한 자세로 살아가는
것이 나에게 오르는 길이라 그리 말하
였음이니라.
10 그러니 너희만이 하늘로 인도할 수
있다는 백성이요, 종교 집단이요, 지
도자, 그리고 그곳에서 구원을 받았다
는 백성, 너희는 과연 가장 낮은 자의
모습으로써 살아가고 있는가?
11 가장 낮은 자의 모습으로 살지 아니하
면 천국에 들어오지 못한다고 내가
못박아 너희에게 깨우쳐 주었으며,

12 또한 제3의 시대에 나의 법전에 너희
가 가장 낮은 백성이라 내가 그리 말
하였으며, 그리 행하지 않는 자는 나
를 볼 수 없다고 그리 말하였음이니,
13 너희는 이제 모든 것을 너희 스스로
옳고 그름을 논하지 말며, 너희 자신
을 심판하여 너희 자신을 들여다보도
록 하라.
14 내가 너희에게 명한 대로 너희가 가
장 낮은 자세로써 지금 살아가고 있는
가?
15 너희가 가장 낮은 자세로 살아가지
아니한다면 너희는 정녕 천국의 문을
들어설 수 없으며, 너희가 그리 갈구
하고 소원하는 것은 이루어질 수 없
는 물거품과 같은 허무한 삶을 살아가
고 있다는 것을 지금이라도 깨달아야
할 것이니라.
16 너희는 나의 법전에 기록하여 가장 낮
은 자라 말한 것을, 그를 실감하지 못
하며 그를 믿으려 하지 아니함이니라.
17 내가 나의 아들을 보내어 160권의 법
전을 기록하여 전하는 그도 가장 낮은
자라 내가 그리 말하였음이니,
18 과연 가장 낮은 자의 자세로써 살아가
는가?
19 그와 같은 삶을 살고자 노력하지 아니
하고 그와 같이 살지 않는 백성은 나
의 뜻을 이룰 수 없으며,
20 언젠가는 너희가 나와 인연을 끊는
그와 같은 백성의 삶을 산다는 것을
잊지 말라.
21 말로써 너희가 가장 낮은 자세라 하
지 말라.
22 너희가 기분에 감상에 젖어 너희 스
스로 기분에 도취되어 가장 낮은 자세
로 사는 것처럼 그리 생각하지 말라.
23 낮은 자의 생활을 들여다보며, 어려운
자의 생활을 들여다보며,
24 육의 생활에서 가장 낮은 자도 소중하
며, 너희 마음가짐이 가장 낮은 자요,
모든 백성이 더 낮은 자가 되어야 함
을 알라.
25 육으로써 사는 것, 그것이 가장 낮은
자의 위대함이 아니요,
26 너희 마음 자세요, 말 한 마디, 행동하
는 것 하나하나를 가장 낮은 자세로써
행하는 것이 더 너희가 빛나는 길이
요, 만백성을 깨우치는 길이니라.
27 너희는 말과 행동 하나하나를 가장
낮은 자세로써 역사하는 그것부터 오
늘 훈련에 임하도록 그리 전하라, 사
랑하는 나의 아들아!

## 6,589 번째 하나님 말씀

*2003년 7월 2일 11시 44분*

1 사랑하는 나의 아들아!
2 "네, 아버님! 말씀하옵소서."
3 너를 따르는 제자들이 열여섯 권의 나
의 법전을 스스로 많이 읽었으며 그
이치를 많이 깨닫고 있으며 그를 행하
고 살아가고자 함이니라.
4 또한, 나의 강론을 수없이 너희가 들
었음이니라.
5 그러니 이제는 너희 스스로 그 깨달
음의 변함의 역사함을 알아야 할 것
이며, 나의 뜻을 알아 옳고 바른길을
향하여 와야 함이니라.
6 내가 너희에게 성경에 기록하여 일찍

이 깨우쳐 전한 것이 있느니라.
7 너희가 예물을 바쳐 나에게 정성스럽
고 경건한 마음으로써 제사를 지내고
자 할 때, 그 순간에도 너희 형제에게
원망 들을 수 있는 것, 너희 형제가 너
를 원망하는 그와 같은 믿지 못할 일,
그와 같은 인간관계의 우애에 금가는
일이 있었다면,
8 너희는 재물을 쌓아 놓은 그 자체요,
그 자세에서 제사를 지내는 것을 중단
하고 너희 형제에게 가 너희 형제의
원망하는 그 마음부터 풀어 주고 와
그와 같은 마음으로 제사를 지내야 한
다고 내가 하였음이니라.
9 너희가 나에게 기도하고 경배하며 재
물을 바치는 것보다도 너희 형제에게
원망 듣는 행위를 하지 않고 원성 듣
는 행동을 하지 않는 것이 더 소중하
다고 내가 너희에게 일찍이 가르쳐
주었음이니라.
10 너희가 형제들과 화합하는 것이 나에
게 경배하고 제사를 지내는 것보다 더
위대하며 소중하다 하였음이니,
11 너희가 시기하는 마음이요, 욕심을 부
리는 마음을 가지고 살아가는 자세로
써는 나에게 기도하며 경배할 자격이
없다 하였음이니,
12 그와 같은 마음을 가지고 기도하며 경
배하는 자는 내가 듣지 않는다는 그
뜻을 너희가 깨달아야 할 것이니라.
13 너희가 형제로부터 원망 들으며 원성
을 듣는 그와 같은 행위를 했거든, 너
희가 재물을 드리고 나에게 제사를 지
내는 것보다 화해하는 것을 먼저 하라
하였음이니,
14 너희가 과연 이웃과 남들에게 어떻게
행하며 살아가는가?
15 나에게 구원을 받았다는 백성, 너희는
과연 어찌 살아가는가?
16 너희는 나에게 재물을 바치며 울고불
고 찬송하며 광란의 행위를 하면서 나
에게 기도함이니라.
17 과연 그와 같이 기도하고 나를 경배한
다는 자가 기도하는 순간에 나의 백
성이요, 이웃의 형제요, 이웃의 모든
너희 동료요, 그리고 너희와 더불어
살아가는 백성 그 모두에게 너희가
과연 원망을 들을 수 있는 것, 원성을
들을 수 있는 것, 너희가 비웃음을 당
할 수 있는 것, 그들의 마음을 아프게
할 수 있는 행동은 과연 없는가?
18 그와 같은 행동을 하는 자는 나에게
기도드리며 소원하는 것을 할 수 없으
며 경배도 하지 말라 내가 그리 말하
였음이니,
19 과연 종교 집단 지도자요, 구원을 받
았다고 말하는 그 착각 속에서 살아가
는 자, 너희가 이웃을 미워하는 마음,
원성 듣는 마음을 모두 지웠는가?
20 그 마음을 지우며, 또한 너희가 욕심
이요, 사악한 마음의 뿌리를 완전히
뽑았는가?
21 뽑지 못한 자가 아무리 울고불고 통곡
하며 찬송 부르며 기도한다 하여도 그
는 나와 관계가 없다 하였음이니,
22 너희 스스로 먼저 다스림이 중요함이
니라.
23 내가 가르치는 모든 뜻이 여기에 다
기록되어 있음이니라.
24 너희 이웃의 형제에게, 또한 너희 친

형제에게, 너희 부모에게 원망 듣고
원성 듣는 행위를 한 자가, 제물을 차
려 놓고 나에게 경배의 기도요, 제사
를 드리는 그 직전이라도,
25 제사를 드리기 전에 먼저 그것부터 행
하라 내가 그리 말하였음이니,
26 너희 행동함이 얼마나 중요한 것인가
를 너희가 여기서 깨닫지 못하는가?
27 너희가 남에게 죄를 지으며 도둑질하
며 시기하며 질투하며 사악한 행위를
하고, 그것은 너희가 하늘에 오르는
것에 도움이 되지 아니하며 하늘에 올
수 있는 선한 행위로써 점수를 얻을
수 없음이니, 인간이 하는 행동은 중
요하지 않다 그리 가르치니,
28 그것이 사탄의 자식이요, 사탄의 후예
가 아니던가?
29 내가 너희 형제에게 원망 듣고 원성
을 듣고 상대방이 오해하는 것, 가슴
아파하는 것, 그것을 다 푸는 그와 같
은 행위를 하는 자가 나에게 기도를
드릴 수 있다 하였거늘, 너희는 과연
어찌 가고 있는가?
30 모든 인간의 행함은 믿음에 관계없으
며 구원을 받는 것에 관계없으며 나의
아들 예수만 찾으면 된다고 함이니,
31 너희가 나의 백성을 지옥으로 떨어트
리며 지옥으로 인도한다는 그 의미를
알겠는가?
32 행함이 중요하지 아니하며 실수하고
너희가 잘못했을 때 그저 그와 같은
것을 모두 내가 다 지워 준다고 생각
하며 용서받는다고 그리 말함이니라.
33 내가 오늘 나의 아들을 통하여 너희에
게 용서받는 방법을 가르쳐 주었음이
니라.
34 모두는 원상 복구시키며 원상태로 갖
다 놓고 너희가 죄를 빌어야 할 것이
니라.
35 그와 같이 하지 아니하면 죄를 용서받
을 자격이 없다 하였음이니, 이 무서
운 하늘의 뜻을 알라.
36 낙타가 바늘구멍을 통과하는 것보다
더 어려운 것이 하늘에 오르는 길이라
함을 너희는 듣고 '허허!' 그저 넘기
며, 그와 같은 역사가 없을 것이라 생
각하나,
37 그 역사가 이루어지는 그 고통을 인내
하는 자만이 구원을 받을 수 있음이니,
38 너희가 행동하는 것이 구원을 받는
것이 아니요, 육으로써 죄짓는 것은
죄가 아니라 그리 가르치니,
39 형제지간에 원성을 사는 것도 풀고 오
라 하였거늘, 과연 그 많은 죄를 짓는
너희가 나에게 오를 수 있는 백성이
며, 나의 뜻에 따라 진정한 참진리요,
하늘에 오르는 빛을 볼 수 있는 백성
이라 생각하며 그 길을 지금 오고 있
다 생각하는가?
40 너희가 나를 경배하고 기도하는 것이
다 물거품이니라.
41 너희는 그와 같은 행위를 하지 말라.
42 너희는 지상을 오염시키며 하늘을 오
염시키는 것이니라.
43 너희가 정녕 나에게 경배하고 나에게
기도하여 나에게 오고자 하는 백성이
라면,
44 네 이웃과 형제에게 원망 듣는 일을
하는 것, 원성을 사는 것, 그 모두를
먼저 정리하고 다스리도록 하라.

45 그리한 자가 나에게 기도하는 것을
내가 들을 수 있으며 너희가 원하는
것을 내가 접할 것이니라.
46 그와 같은 행위를 하지 못하는 자가
아무리 기도하고 경배한다 해도 내가
듣지 않음이니,
47 이것이 너희 육의 행함이 얼마나 소
중한 것인가를 나의 법전에 기록하여
하늘의 뜻을 너희에게 가르침이니,
48 이를 읽고 깨우쳐 너희 것으로 만들
어 행하고 삶을 바로 살도록 하라, 사
랑하는 나의 아들딸들아!

## 6,590 번째 하나님 말씀

*2003년 7월 2일 11시 51분*

1 사랑하는 나의 아들아!
2 "네, 아버님! 말씀하옵소서."
3 내 성서의 한 구절에 나의 아들 예수
를 통하여 기록되어 전하여졌을 것이
니라.
4 '헛맹세를 하지 말라.' 내가 기록하였
음이니라.
5 너희가 회개의 기도를 하고 돌아서서
그를 다시 행하는 그와 같은 삶을 사
는 자, 그러니 너희가 나에게 맹세를
하는 기도를 하지 말라 내가 그리하였
느니라.
6 내가 나의 법전에 기록하여 나의 아들
을 통하여 너희에게 뭐라 말했느냐?
7 너희가 지키지 못할 맹세의 약속은 하
지 말라 그리하였음이니라.
8 너희가 지키지 못할 그 약속은 내가
미리 알고 있기 때문에 너희의 그 기
도 소리를 듣지 아니함은 물론이요,
9 너희가 돌아서서 그와 같은 짓을 다시
반복하는 것은 너희에게 죄만 하나
더 가중되기 때문이니, 너희는 절대
그와 같은 약속을 함부로 하지 말라
그리하였음이니라.
10 너희가 지킬 수 있는 것, 행할 수 있는
약속이요, 맹세를 하며 너희가 맹세와
약속을 하여 그를 하나 고쳤을 때, 그
악습을 제거한 만큼 나의 성령이 너
희에게 임하니,
11 첫째 성령이 임하는 은혜를 받음이요,
내가 너희를 기억하는 그 은혜를 받
게 되는 것이니라.
12 너희가 지키지 못할 것을 맹세하며
회개한다 하여 죄지은 것을 울고불고
또 짓지 않겠다는 그와 같은 헛된 망
발의 행동을 하지 말라 내가 너희에게
가르침이니라.
13 사랑하는 나의 아들아!
14 "네, 아버님! 말씀하옵소서."
15 너를 따르는 사랑하는 제자들이요, 나
의 법전을 읽은 백성에게 전하라.
16 너희가 진정한 회개를 한다는 것은 과
연 어떠한 것인가?
17 진정한 회개는 너희가 말로써 하는 것
이 아니라는 것을 깨우쳐 주라.
18 말로써 너희가 천 번 만 번 해도 그것
은 회개가 아니요, 반성이 아님이니라.
19 행동으로써 하는 것이 바르고 진정한
회개요, 깨우침이라는 것을 알라.
20 내가 다시 한 번 너에게 오늘 기록하
여 전함이니, 너희가 모든 잘못된 것,
사악한 행위를 한 것, 그리고 어떤 형
태든 남에게 피해를 줬으며 남의 가슴
을 아프게 하며 남에게 재물을 손해

보게 하였으며,
21 이와 같은 행위를 모두 원상태로 돌
려놓는 그 행동이야말로 회개하는 행
동이라는 것을 너희는 깨우쳐 주라.
22 너희가 모든 것을 원상태로 돌려놓는
행동을 하지 아니하며, 말로써 기도하
는 것은 진정한 회개가 아니며, 깨우
침이 아니요, 반성하는 것이 아님을
알라 전하라.
23 모두를 제자리로 돌려놓는 것, 행동으
로 보이라 그리 말하라.
24 그것이 진정한 회개이며, 내가 그 기
도를 들어주며 너희가 반성하는 것을
내가 들어준다고 그들에게 전하라.
25 너희가 말로써, 마음으로써 하는 회개
는 회개가 될 수 없느니라.
26 감상에 젖어 눈물 콧물 흘리며 찬송이
라 하여 울고불고 악을 쓰며 광란의
짓을 하면서 회개했다는 행위는 회개
가 아님이니라.
27 그건 너희의 죄를 더 가중하는 것이
라는 것을 알라.
28 지금까지 너희가 살아왔던 잘못된 것
을 말로써 뉘우치며 회개하고 기도했
다는 그와 같은 망상에서 벗어나라.
29 다시 행하지 아니해야 함이니라.
30 이제 너희가 경지에 올랐으며 나의
법전을 읽고 깨우친 너를 따르는 제자
요, 나의 백성 너희는 알라.
31 지난날 너희가 잘못한 행위요, 너희가
저지른 그 모두를 지금 뉘우치고 회개
하며 눈물 콧물 흘린다 해서 그것이
지워지는 것이 아니니라.
32 너희가 그 모두를 원상태로 돌려놓는
것이 용서받는 길이라는 그 무서움을
알라.
33 너희가 돌려놓을 수 없을 때 열배 백
배로써 그와 같은 회개를 하며 행동으
로써 깨달음을 알며 그와 같이 베풀라.
34 너희가 남에게 금화요, 은화 한 덩어
리를 손해를 입혔으면 그 사람에게 갚
을 수 없다면, 그 자식에게, 그렇지 않
으면 나의 피조물 만백성 너희 이웃에
게 열배 백배로 갚아야 할 것이니라.
35 그와 같이 너희가 원상태로 갚지 아
니하면 너희 죄를 용서받을 수 없으며,
36 아무리 너희가 과거에 지은 죄를 울고
불고 회개하고 눈물 콧물 짜고 아우성
친다 해도, 말로써는 아니 됨이니라.
37 말로써 감상에 젖어서 하는 그 기도로
잠깐 마음의 깨우침이 있어서 그저 흥
분된 마음으로 울며불며 소리 지르고,
너희가 죄지은 것을 불러내어 악쓰면
서 그것으로써 회개했고 용서받았다
하지 말라.
38 모두를 원상태로 갖다 놓으라.
39 너희가 사람을 죽이고도 용서받았다
고 말로써 되겠는가?
40 너희가 남의 재물이요, 남의 집을 태
워 놓고, 남을 물속에 밀어 넣고, 마음
으로써, 말로써 눈물 흘리며 콧물 흘
려 용서를 빈다 해서 용서를 받을 수
있는가?
41 모두는 원상태로 놓는 것이 구원을 받
는 것이며 용서를 받는 기본이라는 것
을, 남들은 모르더라도 너희는 이를
믿으라.
42 나의 아들을 따르는 사랑하는 백성,
나의 법전을 읽고 깨우친 백성은 알라.
43 맹세와 회개를 하는 것으로써 너희가

나를 볼 수 있으며 나에게 올 수 있으
며 용서를 받은 자라 하지 말라.
44 모두를 제자리에 갖다 놓는 것이 구원
을 받는다는 그 원칙을 너희는 이제
가슴에 깊이 간직하고, 그와 같은 삶
을 살도록 하라.
45 사실대로 너희가 모든 잘못된 것을 밝
히며, 제자리로 모든 것을 갖다 놓고
지킬 수 있도록 하는 것, 그 회개만이
진정한 회개요, 진정한 깨달음이니,
거기에 이유를 묻지 말며 거기에 갑론
을박하지 말며 거기에다 토를 달지 말
라.
46 그것만이 너희가 나에게 구원을 받을
수 있으며, 내가 기억할 수 있는 길이
라는 것을 잊지 말라, 사랑하는 나의
아들딸들아!

## 6,591 번째 하나님 말씀

*2003년 7월 2일 11시 57분*

1 사랑하는 나의 아들아!
2 "네, 아버님! 말씀하옵소서."
3 참진리는 나의 백성을 변화시키며,
4 참진리요, 진정한 믿음은 너희를 변화
시키는 것은 물론이요, 이 지상의 모
두를 변화시키는 위대한 역사를 이루
는 것이니라.
5 그것이 참진리요, 진정한 믿음의 길이
니라.
6 너희 개인이 변화되지 아니하며, 나의
백성이 변화되지 아니하며, 이 지상의
모두가 변화되는 역사가 이루어지지
아니한다면,
7 이것은 참진리를 너희가 연구하고 공
부하는 것이 아니요, 진정한 믿음의
길을 가지 아니하는 것임을 알아야 할
것이니라.
8 참진리요, 진정한 믿음이란 모두를 변
화시키는 것이며, 그 역사 속에서 흘
러가도록 만드는 것, 그것이 진정한
참진리를 연구하는 백성이 존재하는
세상이요, 진정한 믿음을 믿는 백성이
존재하는 것이라는 것을 너희는 알아
야 할 것이니라.
9 내가 너희를 얼마나 사랑하는가?
10 너희를 얼마나 사랑하기에 이 세상의
모두를 다 관장하며 존재할 수 있도록
내가 만들었겠는가?
11 모든 것은 너희를 보호할 수 있도록
내가 만들었겠는가?
12 지구를 데우고 식히며 너희의 체온에
맞춰 살아갈 수 있게 상세하게 만든
그것까지도 내가 너희를 사랑하기 때
문에 그리 만들었거늘,
13 어찌하여 너희는 나의 그 은혜를 모
르며 나에게 올 수 있는 그 위대한 영
광을 저버리며 사는가?
14 진정한 참진리를 알며 이 우주의 모든
변화에 나에게 감사한다는 것을 아는
그 백성이야말로 진리를 깨달으며 진
정한 믿음을 깨달으며,
15 그나마 나 여호와가 존재함을 들여다
볼 수 있는 그 깨달음을 얻게 되는 백
성의 출발점이 되는 것을 알아야 할
것이니라.
16 너희가 수천 년의 역사를 가진 종교
집단이요, 또한 지도자요,
17 개인적으로 몇십 년을 믿음의 길을 왔
다는 자, 또는 어려서부터 믿음의 길

을 왔으며 평생을 그 믿음의 길을 왔
다는 백성,
18 너희가 진정한 참진리요, 나 여호와의
뜻을 배우고 연구했다면 지금의 지상
은 하늘의 낙원과 같이 이루어졌어야
하며,
19 개인은 천사와 같은 삶을 살아야 너희
가 진정한 참진리요, 믿음의 길로 공
부한 백성이요, 깨우친 백성이라는 것
을 알아야 할 것이니라.
20 이 지상은 하늘의 낙원과 같이 변화되
었을 것이며, 사랑하는 백성, 너희 개
개인이 의인이 돼 있어야 할 것이며,
천사와 같이 변해 있어야 하는 것이니
라.
21 그러나 수십 년 동안 믿음의 길을 왔
으며 수천 년 동안 믿음의 역사가 흘
러온 너희 종교 집단이요, 그 가르치
는 자, 그곳에서 구원을 받았다 말하
는 백성이 변화되지 아니하였다면, 참
진리요, 진정한 믿음이 아니요,
22 나의 뜻을 거역하는 자들이요, 나의
뜻을 순종하는 것이 아니라 사탄의 뜻
에 따라 가는 것이요, 사탄의 자식으
로서 너희가 역사하는 삶을 산다는
것을 이제라도 깨우쳐야 할 것이니라.
23 참진리요, 진정한 믿음이라는 것은 개
인의 변화를 이루며, 이 세상의 모든
백성이 변화를 이루며,
24 이 세상의 역사하는 것까지도 아름답
게 변하도록 하는 것이 참진리요, 진
정한 믿음이요, 나의 길을 향하여 오
는 백성이라는 것을 알라.
25 왜 너희가 그와 같이 아름답게 살 수
있는 것인 줄 알겠는가?
26 너희가 참진리를 깨닫고 진정한 믿음
이요, 나 여호와가 원하며 나 여호와
가 역사하고자 하는 것을 들여다보며
그 길을 가고자 노력하는 백성은 스
스로 그 대가요, 그 값을 지불하며 가
기 때문이니라.
27 너희가 하나를 깨우치기 위하여 피나
는 대가를 지불하며,
28 둘을 깨닫고 하늘의 참진리를 알았을
때, 그 대가와 그 값을 치르는 것은 금
화와 은화로써 지불할 수 없는 마음의
고통이요, 육신의 고통이요, 생각의
고통과 싸워서 이기고 가야 하며,
29 참진리요, 진정한 믿음의 길을 가는
백성은 그 값이 너무나도 무겁고 크기
때문에 아무나 가지 못하는 것이니라.
30 너희는 그 대가를 지불하는 것을 두려
워하며 그를 아까워하며, 그를 소중히
생각하기에,
31 너희가 진리요, 믿음의 길을 가는 것
에 지불해야 하는 대가를 지불하지 아
니하며 갚으려 하지 아니하며 가는 백
성이기 때문이니라.
32 그러니 너희가 진정한 변화요, 참진리
요, 진정한 믿음을 알 수 없는 것이니
라.
33 내가 나의 아들을 따르는 백성이요,
나의 법전을 읽고 깨우친 백성 너희를
사랑함이 무엇이던가?
34 너희는 그 값을 지불하며 그를 두려워
하지 아니하며, 그 값을 치르는 데 주
저하지 아니하는 것이니,
35 이것이 그들과 너희의 차이점임을 알
라, 사랑하는 나의 아들딸들아!

## 6,592 번째 하나님 말씀

*2003년 7월 2일 12시 03분*

1 사랑하는 나의 아들아!
2 "네, 아버님! 말씀하옵소서."
3 추운 겨울날 함박눈이 소복소복 쏟아
져 이 동양의 작은 산천 모두를 다 덮
어 가느니라.
4 그 눈이 계속 날린다면 그 눈은 소복
소복 더 두껍게 쌓이지 않느냐?
5 믿음이 그와 같은 것이니라.
6 너희가 깨달음을 얻으면 얻을수록 눈
이 쌓이듯이 그리 쌓이는 것이며, 너
희가 변하는 것이 또한 그러하니라.
7 아름다운 마음이요, 아름다운 생각을
하는 것이 그리 쌓임이니,
8 눈 하나는 힘이 없으나 그들이 소복소
복 내려 세상을 다 덮었을 때는 그를
대적할 능력이 어디에 있겠느냐?
9 그와 같이 쌓이고 또 쌓여서 그것이
녹지 아니한다면, 바로 그것이 흐트러
지지 않는다면, 그것이 흘러가지 않는
다면,
10 그렇게 쌓임을 누가 감당할 수 있으
며 누가 이길 수 있다고 생각하는가?
11 너희가 눈이 쌓이는 것처럼 쌓인 눈이
녹지 않는다면, 너희의 깨달음이요,
나로부터 강론을 직접 들어 양식을 쌓
으며 너희의 경지가 높아지고 그리
높아진다면, 그것이 무너지지 아니하
고 그리 계속 쌓인다면 누가 그를 감
히 감당할 수 있겠는가?
12 너희를 대적할 자가 없음을 알아야
할 것이니라.
13 이제 너희가 그와 같은 마음으로 하
나하나 차곡차곡 쌓아 가는 데 게을
리하지 말라.
14 함박눈이 내리고 내리지 않으면 쌓이
지 않듯이,
15 너희가 변하고자 노력하지 아니하며
너희가 깨우쳐 가고자 노력하지 아니
하면, 절대 너희는 깨우침이 없으며
경지가 높아질 수 없으며, 나와 너희
의 거리가 단축되지 못한다는 이치를
알라.
16 그리하여야만 너희가 얻어짐이니라.
17 그리하여 행함이 소중하며 너희 삶이
소중함이니라.
18 너희가 나의 강론을 듣는 것을 하나하
나 비망록에 기록하라 하지 아니하였
더냐?
19 그리하여 너희가 스스로 읽은 것이
녹으려는 눈처럼 흐트러지고 녹으려
는 마음을 다스리며 굳건히 한다 하
지 아니하였던가?
20 내가 나의 아들을 통하여 내리는 그
수많은 강론을 너희가 그냥 흘려보낸
다면 바로 함박눈이 내리고 내리는 그
눈이 밑에서 녹는 것 같으니,
21 그 곱고 아름다운 눈이 세상을 어찌
덮겠느냐?
22 그것이 너희의 마음이니, 배운 것을
하나하나 너희 가슴속에 간직하며 기
억할 수 없거든, 비망록이라는 것을
기록하여 간직하여 수시로 읽고 깨우
쳤을 때,
23 너희는 절대 녹지 않는 눈과 같이 흔
들리지 아니하며 너희의 믿음이 쌓인
다는 것을 잊지 말라.
24 함박눈이 쏟아지나 밑에서 녹는다면

그 아름다운 눈의 존재 가치는 없지
않겠느냐?
25 쌓일 수가 없음이니, 무너지는 그와
같은 삶을 살지 말라.
26 사랑하는 나의 아들딸들아, 이 세상의
모든 것의 지배자는 너희며 승자는
너희이니라.
27 너희로 하여금 새로운 역사가 이루어
지는 것은 엄연한 사실이니,
28 그때 동참하지 못하는 백성이 되어서
는 아니 되며, 그때 너희가 맡은 바 임
무를 남에게 내주고 눈물 흘리며 나그
네가 되어, 돌아서서 지옥으로 가는
그와 같은 슬픈 삶을 살지 말도록 하
라.
29 내가 너희를 사랑함이니라.
30 오늘에 너희가 있기 때문에 나의 성
전이 지탱하며 나의 성전이 존재하며
나의 법전이 세상에 나오려 하지 않느
냐?
31 내가 곧 너희에게 힘과 용기를 줄 것
이니, 너희 마음이 흔들리지 않는 그
와 같은 마음으로 가라.
32 내가 뭐라 말하였느냐?
33 이웃을 사랑하는 마음과 너희 형제들
에게 원망 듣지 않는 마음으로 사는
것이 나에게 경배하고 제사 지내는
것보다 더 위대하다 하였음이니, 너희
마음을 먼저 다스리고 그리 잡도록 하
라.
34 그것만이 너희가 가야 할 길이며 너
희가 역사할 길이니,
35 너희가 이를 버리지 아니하고 행하지
아니하고는 결코 나에게 오를 수 없는
것이거늘,
36 정답이 정해져 있지 않더냐?
37 너희가 강 건너 건넛마을에 갈 수 없
다면, 그 강을 건너야 하지 않던가?
38 너희는 지금 그 강을 건너는 시련에
있음이니라.
39 그 강이 두렵고 무섭다 생각하지 말라.
40 너희가 수영해서 못 간다면 뗏목을 만
들며, 뗏목이 없으면 배를 만들며, 힘
을 합쳐 나무를 자르고 만들어 건널
수 있는 배를 만들어 건너라.
41 건넜을 때 너희는 그 건넛마을에 도
착해 소기의 목적을 달성함이니,
42 그때부터 너희는 반석 위에 일어서서
하늘에 오르는 찬란한 빛을 보니,
43 그 강을 건넜을 때 나 여호와가 너희
를 인도할 것이니 그리 알라.

## 6,593 번째 하나님 말씀

*2003년 7월 3일 09시 10분*

1 사랑하는 나의 아들아!
2 "네, 아버님! 말씀하옵소서."
3 정녕 하늘에 오르는 길이요, 참진리의
길은 멀고도 어렵고 험난한 길이니라.
4 보통 누구나 갈 수 있으면 어찌 그것
이 험난하고 어려운 길이라 할 수 있
겠는가?
5 그 누구도 역사하기가 어려우며 그 누
구도 가기가 어려운 길이기에, 너희가
말하는 바늘구멍을 너희가 통과하는
것보다도 더 어려운 길이라 하였음이
니, 그게 얼마나 무섭고 애절한 표현
이던가?
6 도저히 통과할 수 없는 것을 통과할
수 있도록 너희 자신을 낮추는 것만

이 그를 통과할 수 있듯이, 그와 같이
어렵고 힘든 길이니라.
7 네가 지금도 아직 흔들리고 있으며,
네가 바로 가지 못하고 있으며, 너의
제자들 또한 그 모두를 다 바쳐 스스
로 자기가 변화되는 길을 가지 못하고
있음이니라.
8 어렵고 힘들 때 좌절하며 어렵고 힘들
때 포기함이니,
9 그와 같은 믿음으로써는 너희는 정녕
그 어렵고 힘든 강을 건널 수가 없음
을 알아야 할 것이니라.
10 어떠한 상황에서도 너희가 좌절하지
않으며 어떠한 상황에서도 나를 믿고
경배하는 마음이 흔들려서는 아니 되
며,
11 너희는 그 마음이 떠났을 때 스스로
무너지게 되어 있음이니라.
12 그러니 그와 같은 마음으로 지금 나를
향하여 믿음을 오고 있는 것이 모든
백성이 행하는 길이니라.
13 말로써는 모두를 바치고 생명을 다 바
쳐서 그 길을 간다고 그리 말하고 있
으나,
14 정녕 너희가 육의 고통 속에, 육의 시
련 속에 그 모두를 넘고 견디지 못함
이 거기에 있음이니라.
15 너희는 과연 욥의 시험을 어찌 말할
수 있는가?
16 그리고 너희는 그를 과연 생각해 보
고 있는가?
17 그는 어떠한 믿음이기에 인간으로서
견딜 수 없는 고통 속에서도 나를 원
망하지 아니하며 나를 믿는 마음이 흔
들리지 아니하였던가?
18 너희 마음이 그러하던가?
19 나의 아들 너 자신의 마음이 지금 어
떠하던가?
20 정녕 네가 죽은 자라 말하며,
21 내가 돌과 같은 마음을 가지고 세상을
살라 하였음이니, 과연 네가 그와 같
이 살아가는가?
22 그것이 너희가 나를 속이는 것이며 나
를 기만하는 것이며 나 여호와를 능멸
하는 것이니라.
23 하늘을 향하여 한 점 부끄럼이 없는
삶으로 바로 서지 아니하였을 때 너희
는 아무것도 이룰 수 없음이니,
24 너 또한 그리 한 점의 부끄러움이 없
는 삶을 살아야 할 것이며,
25 너의 제자들이 그 길을 감에 두려워하
지 말며 용기를 잃어서는 아니 됨이니
라.
26 이것이 너희가 가야 할 길이고 넘어
야 할 길이니,
27 한 점의 부끄러움이 없는 그와 같은
삶을 살라.
28 그리하여 만백성이 너희를 바라볼 때
너희가 그들 앞에서 당당히 강론할
수 있고 설교할 수 있으며 나의 법전
을 가지고 만백성을 깨우쳐 줄 수 있
는 한 점의 부끄럼이 없는 그와 같은
삶으로써 다시 태어나는 삶의 길을 가
지 아니하면 아니 됨이니라.
29 너희는 잘 가고 있음이니라.
30 그리고 노력하고 있음이니라.
31 그것을 나 여호와가 모르는 것이 아니
니라.
32 그러나 부딪치는 수천수만 가지 속에
서 너희가 나를 믿고 나를 경배하는

마음으로써 모두를 이기고 나갈 수 있
는 그와 같은 삶으로써 승화되지 아니
하면 아니 됨이니라.
33 너희는 지금 마음자리가 변하지 아니
하였으며, 그 끈을 놓지 못하였음이니
라.
34 끈에 매달려 있는 풍선이 높이 뜨기는
했으나,
35 정녕 그 풍선이 훨훨 자유로이 높이
뜬다 하면 그것을 매어 놓은 끈을 끊
어야 함이니,
36 너희가 이제 깨달았으며 경지에 올랐
다는 것이 무엇인지 알겠는가?
37 풍선이 떴을 때 그 풍선이 지상의 말
뚝에 묶여 있는 그 끈을 아직 끊지 못
하고 있음이니라.
38 너희가 그 끈을 끊어야 풍선은 자유로
이 날 수 있으며, 더 높이 높이 뜰 수
있음이니라.
39 지금 너희가 풍선의 끈을 끊지 않는
다면 그 풍선은 끈의 높이 이상은 더
뜰 수 없음이니,
40 너희의 깨달음이요, 너희 믿음이요,
나에게 향하고자 하는 마음이 바로 끈
에 묶여 있는 풍선과 같이 올라와 있
으니,
41 이제 너희는 그를 끊을 수 있는 용기
가 필요함이니라.
42 결코, 그를 끊지 아니하면 그 풍선은
높이 뜰 수 없으며,
43 너희가 지금 가지고 있는 인간 세상의
고리요, 욕심의 고리를 자르지 못한다
면, 너희는 훨훨 하늘 높이 날 수가 없
으며 나에게 오를 수 없음이니,
44 그리하여 너희가 경지에 오르며 깨달
음이 높다 하나, 그것은 고리에 걸려
있으며 그 끊지 않는 고리에 매달려
있는 그와 같은 풍선과 같이 너희의
깨달음이 그 경지밖에는 아니 됨을 알
라.
45 이제는 나의 이 이치를 알았다면, 너
희가 어찌해야 할 것인가 스스로 알
아서 살아가도록 그리하라, 사랑하는
나의 아들딸들아!

## 6,594 번째 하나님 말씀

*2003년 7월 3일 11시 46분*

1 사랑하는 나의 아들아!
2 "네, 아버님! 말씀하옵소서."
3 늪에 빠져 있는 동물이요, 사람이 살
아나오고자 성급히 몸부림을 치며 발
버둥을 치면 그는 서서히 생명을 단축
하게 됨이니라.
4 너희가 하얀 눈이 내렸을 때 눈덩이
를 굴리고 굴리면 그 눈덩이는 점점
눈이 눈을 묻혀 늘어나 크게 이루어지
는 것이 아니더냐?
5 너희의 깨달음이요, 하늘에 오르는 길
이 그와 같으니라.
6 너희가 죄에 빠지기 시작하며 너희가
한번 발을 잘못 들여놓아 그 길을 가
기 시작하면,
7 눈덩이가 불어나듯이 모든 죄의 악함
은 그와 같이 불어나는 것이니라.
8 그러니 너희가 선한 마음을 가지고 선
한 마음으로 살면 또한 선한 마음이
눈 덩어리가 불어나듯이 그리 늘어나
는 것이 너희의 삶이니라.
9 그러니 너희가 지금 한고비요, 한 계

단을 넘어 그 고비를 넘었을 때, 흔들
려도 넘어지지 아니하며 바람이 불어
도 날아가지 않는 그와 같은 경지에
오른다 하지 아니하였던가?
10 너희가 한고비를 넘고 한 계단을 더
넘고 이와 같이 흔들리지 않으며 넘
어지지 않는 그 단계까지 너희가 깨
달음에 임하는 것이 소중함을 알아야
할 것이니라.
11 지금 너희가 뭐라 말하여도 인간 세
속에 가지는 인간관계의 삶이 육을
가진 너희 마음의 80퍼센트를 점유하
고 있으며,
12 진리와 아름다움을 깨달으며 하늘에
오르는 길을 바라보는 것은 정녕 20
퍼센트의 굳건한 마음밖에는 자리가
다스려지지 아니하였음이니,
13 바로 너희가 항상 무너질 수 있으며
쓰러질 수 있는 그와 같은 형국에 있
음이니라.
14 그 마음을 내가 단단하게 너희에게
임하라 하며 단단하게 다스리라 그리
함이니,
15 20퍼센트의 그 나약한 마음을 굴리고
굴려서 눈덩이가 불어나듯이 선한 마
음으로 늘어날 수 있는 그와 같은 역
사를 해야 할 것이니라.
16 그와 같이 너희가 시작할 때 모든 변
화되는 것을 너희가 볼 수 있음을 알
라.
17 내가 너희에게 오늘 나의 아들을 통
하여 깨우쳐 주지 아니하였더냐?
18 너희가 고무풍선처럼 높이 떠올라 구
름 위에 떠 있는 것과 같이 오른 것처
럼 생각하며 깨달음의 경지가 그리 높
은 것 같으나,
19 너희는 아직 고무풍선을 묶어 놓은 그
줄을 끊지 못한 형국이라 하였음이니,
그 줄을 끊어야 할 것이니라.
20 그 줄을 끊는 자가 경지에 오름이니,
21 나의 아들이 너희의 그 줄을 끊어 줄
것이니라.
22 나의 아들이 너희를 보기를 그와 같
은 줄을 끊어 주어 세상에 내놓아도
너희가 살아갈 수 있는 자로 되었을
때, 나의 아들은 가차없이 너희의 고
리의 끈을 끊을 것이니라.
23 아직은 새장에 갇혀 있는 새가 나와서
먹이를 먹을 수 없기에, 그 문을 열어
놓아 너희가 날아왔다 나갔다 하며
잡아먹고 살아갈 수 있는 능력의 훈련
을 지금 나의 아들이 너희에게 시작하
고 있음을 알 것이니 그리 알라.
24 그리하여 새가 새장으로 돌아오지 않
아 그 문을 닫았을 때 그 새가 들어올
수 없음이니, 제가 살 길을 찾아갈 것
이니라.
25 이제 나의 아들이 올라와 있는 고무
풍선의 그 고리를 끊고자 기다림이니,
26 끊어 줄 때까지 견디는 것이 너희가
해야 할 일이며 너희가 가야 하는 믿
음의 길임을 알라.
27 그 누구도 그 고리를 끊어 줄 자가 없
으며, 끊어 줄 자는 나의 아들밖에 없
음을 그리 알라.
28 나의 아들이 스스로 너희를 끊어 주
며 새장의 문을 닫을 때, 너희가 날아
가는 것이며,
29 끊어 주었을 때 그 풍선이 구름 높이
올라 세상의 이치를 다 보는 그와 같

은 영광을 얻을 것이니 그리 알라.

## 6,595 번째 하나님 말씀

*2003년 7월 3일 23시 50분*

1 사랑하는 나의 아들아!
2 "네, 아버님! 말씀하옵소서."
3 사랑하는 너의 제자들이 세상에 나가
모든 종교 집단 그들과 갑론을박하며
시시비비하며 나 여호와의 뜻을 전하
겠다는 그 마음은 갸륵하고 그 용기는
가상하나,
4 내가 너희에게 뭐라 말하였느냐?
5 새라 하여 같은 새라도 새장에 갇혀서
먹이를 받아먹고 사는 새는 세상에
나가 날아가는 잠자리 하나 잡을 능력
이 없으니, 생존의 능력이 없다 그리
말하지 아니하였더냐?
6 그리하여 너희에게 그와 같은 훈련을
시켜서, 나의 아들이 보아 그 능력이
있다 할 때 그 문을 열어 주면 된다 그
리하지 아니하였던가?
7 아무리 토끼라는 그 동물이 용감하고
자신이 넘치며, 저희 동족 속에서 제
가 지도자요, 당할 자가 없다 하여 그
용기를 가지고 사자에게 대든다 해도,
과연 그가 이길 수 있단 말이더냐?
8 그는 천 번 만 번 싸워도 이길 수 없는
싸움이니,
9 그와 같은 형국의 행동을 해서는 아니
되는 것이 너희가 해야 할 일이니라.
10 지금 토끼와 같이 양순한 동물이 사자
와 같은 포악한 동물에게 대들어 과연
그들과 싸울 수 있으며 그 털 하나 뽑
을 수 있다고 생각하는가?
11 감히 이는 있을 수 없는 그와 같은 무
모한 싸움이요,
12 그와 같은 전쟁을 하는 것은 너희 스
스로 패망을 자초하는 것이 아니더냐?
13 그리하여 내가 너희에게 더 자리를
잡을 때까지, 더 영글 때까지 기다리
라는 것이 나 여호와의 뜻이며, 그것
이 또한 너희의 욕심이요, 오만인 것
이니라.
14 나 여호와가 너희에게 나가라 명할
때, 성전을 지키라 명할 때, 너희에게
성전을 운영하라 할 때, 너희가 나의
법전을 가지고 만백성에게 전하라 할
때,
15 나의 명령이요, 나의 뜻에 따라 행해
야만 되는 것을 너희는 잊어서는 아
니 됨을 알아야 할 것이니라.
16 너희는 어찌하여 그와 같이 경솔한 행
동으로써 모든 것을 무너트리고자 하
는가?
17 지금 수천 년 동안 믿음의 길을 오는
그 집단들이 뭐라 말하느냐?
18 삼위일체라 그리 말하느니라.
19 나 여호와와 나의 아들 예수와 성령이
삼위일체라 그리 말함이니, 지금 수천
년을 흘러온 종교 집단이 삼위일체라
하는 것을,
20 나의 아들이 편안하게 가고자 한다면,
나의 아들이 내 뜻이 아니요, 제 뜻으
로 한다면, 삼위일체는 맞는 것이며
삼위일체라 말할 수 있을 것이니라.
21 너희가 편하게 가는 길이요, 모든 백
성이 손으로 지은 교회요, 성당이요,
성전에 와 기도하고 경배하며 나의 아
들 예수를 찾으면 그 보혈로써 무조건

구원을 다 받았음이라 그리 가르치는
것처럼,
22 나의 아들이 그들과 똑같이 그 말이
'옳소, 맞습니다.' 하며 그리 가는 것이
하늘에 오르는 길이라 그리 가르친다
면, 나의 아들 또한 편하고 평탄한 길
을 갈 수 있지 않겠는가?
23 그러나 그를 거부하며, 그건 아니라
말하는 나의 아들의 뜻은 과연 어디에
있는가?
24 그 또한 나의 아들 임의로 할 수 없기
때문임을 너희는 알아야 할 것이니라.
25 너희가 십계명이라는 것을 지키고 살
수 없다고 가르치느니라.
26 그리하여 인간은 죄를 짓지 아니하며
거짓말을 아니 하고 살 수 없는 것이
기에, 죄를 짓고 너희가 용서를 비는
것이 인간의 도리라 그리 말하느니라.
27 나의 아들이 또한 그것이 '옳소, 믿습
니다!' 하면 나의 아들은 편안한 길을
갈 수 있음이니라.
28 인간은 죄를 지을 수밖에 없으며 죄
를 짓지 아니하고 살 수 없으며,
29 거짓 하지 아니하고 살 수 없으며 십
계명대로 살 수 없으니, 나 여호와가
너희에게 그리 갈 수밖에 없는 것이
인간이라 그리 가르치고 나의 아들이
그렇게 이야기한다면,
30 모든 종교 집단이요, 지도자들은 저희
와 같은 종족이요, 같은 뜻이라 하여
나의 아들을 대환영하며 그를 기쁘게
할 것이니라.
31 그러나 어떤 불이익을 당한다 해도,
모두를 다 버린다 하여도 나의 아들은
그리 말하지 아니하느니라.
32 절대로 그것은 있을 수 없는 것이며,
하늘에 오르는 길이요, 너희가 구원을
받는 것은 십계명을 지키는 것이 영혼
의 양식이요,
33 그를 지키지 아니하는 것, 나 여호와
가 친필로 써서 내린 그 계명을 지키
지 아니하는 자는 정녕 구원을 받을
수 없다는, 내가 너희에게 그리 말한
것을 정면으로 거부하는 너희와 절대
타협하지 아니하며 동조하지 아니하
는 것은, 나의 아들이 왜 그러는가?
34 그는 제 마음대로, 제 임의대로 말하
지 못하며, 나 여호와가 명하는 것만
을 지키고 가기 때문에,
35 너희와 타협하지 아니하며 너희와 더
불어 가지 아니하는 나의 아들이 가는
그 의미와 뜻을 너희가 알아야 할 것
이니라.
36 너희가 명칭만을 붙여 재물을 거둬들
이며, 십일조라는 것을 거둬들이며,
그리고 재물을 거둬 많은 큰 성전이
요, 호화로운 성전을 짓는 것,
37 길거리에서 잠을 자더라도 더 많은 것
을 바치며 성전에 많이 바치며 하늘의
창고에다 많이 쌓아 놓는 것이 구원을
받는 길이요, 하늘에 오르는 길이라
수천 년 동안 그리 외치고, 나의 피조
물 만백성에게 피를 빠는 거머리와 같
은 짓을 한다고 내가 그리하지 않았던
가?
38 나의 아들도 그와 같이 가며 그와 같
이 역사한다면 나의 아들 또한 편할
것이며, 너희로부터 대우를 받을 것이
며, 너희로부터 존경을 받을 것이며,
39 이 시대에 마지막 나의 아들로서 나의

명을 받아 세상에 나온 자라 너희는
그리 말할 것이니라.
40 그러나 나의 아들은 그 모두를 저버리
며, 그들과 타협하지 아니하며,
41 그와 같은 것은 죄를 짓는 것이며, 나
에게 불순종함이요, 나를 거역하는 것
이요, 나를 능멸하는 길이라 하여 그
가 타협하지 아니하고 스스로 그리
너희에게 깨우쳐 전하고 가는 것은 무
엇이던가?
42 그는 임의대로 말하지 아니하며 나의
뜻에 따라 움직이며 나의 뜻에 따라
명한 대로 행동하며 역사하기 때문이
니,
43 그를 따르는 제자 또한 모두 너희 임
의로 무엇을 결정하며 행하려 하지 말
아야 할 것이니라.
44 내가 나의 아들을 통하여 너희가 날
수 있을 때 새장의 문을 열어 줄 것이
며, 풍선이 높이 날았을 때 그 줄을 끊
어 줄 것이니라.
45 그와 같은 나의 아들이 역사하는 뜻
을 너희가 알아야 할 것이며,
46 수천 년 동안 믿어 온 그 모든 종교 집
단이 부르짖고 그들이 쌍수 들고 찬
양하며 울고불고하며 그를 위해 가는
것을 정면으로 거부하는 나의 아들의
역사함을 너희는 알아야 할 것이며,
그 의미를 깨달아야 할 것이며,
47 그와 같이 갈 수 있는 나의 아들의 그
용기가 과연 어디서 오는 것이며, 그
는 어찌하여 그와 같은 역사를 이루며
용기 있는 행동을 할 수 있는가 이를
너희가 들여다보고 깨우친다면,
48 나 여호와가 존재함이요, 이는 나의
성령이요, 내가 너희를 심판하는 마지
막 기본이요, 근본인 법전이라는 것을
알게 될 것이니 그리 알라.

## 6,596 번째 하나님 말씀

*2003년 7월 3일 23시 56분*

1 사랑하는 나의 아들아!
2 "네, 아버님! 말씀하옵소서."
3 내가 사랑하는 나의 피조물 만백성 너
희는 평생을 살아가면서 한 직장에서
몸담아 평생 일하는 자, 그리고 몇십
년 동안 그곳에 종사하는 자, 그리고
특성에 따라서 일하는 곳, 그 직장에
서 평생을 바치며 살아가는 자,
4 한 가지 길만을 간 자, 그리고 한 가지
만을 역사하기 위하여 인생 모두를 다
바쳐 거기에 몰두한 자,
5 그림을 그린다, 도자기를 만든다, 또
한 그와 같은 모든 기능직에서 젊음을
모두 다 바친 사람은 그 직장이요, 그
일자리를 떠났을 때, 절대로 살 수 없
으며 견딜 수 없다 그리 생각하며 살
아가는 것이 너희가 아니던가?
6 지금 수천 년 동안 그 믿음에서 오는
백성 너희는 나의 아들 예수가 사랑
을 베풀며 너희를 일깨워 줬던 그를
행하고 지키는 것이 아니요,
7 그를 저버리며 등지고 살아왔던 지금
의 믿음의 길이 아닌 것은 모두 다 사
탄이요, 이단이요, 사악한 자라 하며,
그 길이 아닌 것은 죽음의 길이요,
8 곧 죽음의 길에서 죽을 때까지 몸 바
쳐 사는 것, 그리고 하늘에 많은 재물
을 쌓아 놓는 것, 너희가 손으로 지은

죄의 온상인 성당이요, 교회요, 성전
이요, 성막을 크게 지을 때 모두를 다
바치는 것,
9 그리하여 거기서 너희가 죽어 갈 때
그곳에 뼈를 묻는 것만이 천국에 가는
길이라는 그 생각에서 벗어나지 못하
며 그를 위해 살아가는 백성, 너희는
이 세상 모든 것의 일부분만을 보고
살아가는 어리석은 백성과 같음을 알
아야 할 것이니라.
10 그와 같은 생각을 하고 사는 백성, 세
상사를 돌아다보지 못하며 그저 제가
아침에 갔다가 저녁에 돌아오는 그
길만을 보고 평생을 살아오는 자는 그
주변밖에는 더 이상 본 것이 없으니,
11 그는 세상의 변화무쌍한 위대함이요,
나 여호와가 창조하여 너희가 누리고
살 수 있게 만든 그 조화요, 변화를 알
지 못하는 것처럼,
12 너희가 믿음이요, 하늘의 뜻을 알 수
없는 자들이 너희가 지금 가는 길만
이, 그곳에 뼈를 묻는 것만이 천국에
가는 것이요, 나 여호와에게 오를 수
있다 생각하는 어리석은 백성임을 너
희는 알아야 할 것이니라.
13 그러하기에 너희는 이 세상에 내리는
나의 참진리요, 너희를 깨우치고자 하
는 하늘의 뜻을 들을 수 없으며, 그 목
소리를 너희 자신이 듣지 못하며,
14 그와 같은 것을 받아들일 수 있는 마
음이 열려 있지 아니함이니, 그게 바
로 너희는 들을 수 있는 귀가 닫혀 있
는 것임을 알아야 할 것이니라.
15 이제 내가 사랑하는 나의 아들을 통하
여 너희에게 전함이니라.
16 너희는 지금까지 삶에서 살아온 자신
의 그 깊은 뿌리를 송두리째 뽑아내며,
17 그 뿌리를 뽑아내 버리는 그와 같은
용기가 없이는 정녕 나에게 오를 수
없으며, 구원을 받을 수 없으며, 구원
의 길조차도 보지 못한다는, 나의 법
전에 기록하여 전하는 그 뜻을 이제는
깨우쳐야 할 것이니라.
18 너희가 정녕 하늘에 오르고자 하는 것
이요, 참진리요, 나에게 오르는 그 진
정한 역사의 길이요, 진정한 그 믿음
의 길을 오지 못하며 행하지 못하는
것이 무엇인 줄 알겠는가?
19 나의 법전을 접하며 나의 아들의 강론
을 듣는 자는 이건 맞는 것이요, 옳은
말이라 그리 말하며 옳은 가르침이라
그리 말할 것이며,
20 교회라는 곳에서 성막이라는 곳, 성전
이요, 회당에서 너희가 듣지 못한 그
가르침을 들으면서도 그 길을 따르지
못하는 것은 무엇이던가?
21 너희가 가지고 있는 모든 기득권이요,
인간 세상에서 얻어질 수 있는 기득권
을 포기하지 못하는 자요, 버리지 못
하기 때문에,
22 기득권을 가진 그것 때문에 거길 떠나
지 못하며 변하지 못함이니,
23 이를 다시 깨우쳐 너희에게 전하나니,
24 너희는 그 모든 기득권을 포기하고 그
기득권에 대한 미련이 없이 그 모든
것을 손에서 놓을 수 있는 그와 같은
용기 있는 자만이 진정한 믿음이요,
하늘에 오르는 길이요, 내가 마지막
내리는 나의 성령이요, 새로운 성경이
요, 나의 법전을 읽고 깨달을 수 있는

그 지혜를 얻게 됨이니,
25 너희는 모든 기득권을 포기하는 용기
가 없이는 나에게 오를 수 없음을 알
아야 할 것이니라.
26 이제 내가 너희에게 다시 한 번 깨우
쳐 줌이니라.
27 석가모니가 진리를 위하여 왕자의 자
리를 버렸듯이, 순교자가 그 길을 위
하여 저 자신이 그 길을 택했던 것처
럼,
28 그와 같이 용기가 없이 변화되는 삶
을 살지 아니하며 그를 선택하지 아니
하고는 너희는 정녕 천국에 오르는
길이요, 한 길을 와 내 품에 올 수 없
는 것이라는 것을 알아야 할 것이니
라.
29 그리 용기 없는 자는 나와 관계없는
백성이니,
30 관계없는 백성이 나의 천국에 들어올
수 없으며 그 문조차 열어 볼 수 없으
며 들여다볼 수 없다는 것을 잊지 말
라, 사랑하는 나의 아들딸들아!

## 6,597 번째 하나님 말씀

*2003년 7월 4일 0시 02분*

1 사랑하는 나의 아들아!
2 "네, 아버님! 말씀하옵소서."
3 그 많은 세월 속에 뿌리를 내린 모든
종교 집단이요, 지도자들 속에 속해
있던 사랑하는 나의 아들딸들이, 지금
이는 만백성을 구하는 길이요, 나 여
호와의 진리요, 나의 성령이요, 마지
막 너희를 심판하는 시대의 문을 열
어 간다는 그 말을 믿고 나의 성전에
와 나의 아들의 강론을 들으며 만백성
을 구하고자 노력하는 너희는 무엇이
던가?
4 너희는 지금까지 엮였던 그 작고 큰
인간의 삶에서 이루어지는 기득권을
다 버리고 포기한 백성이니라.
5 그리하여 그를 버린 백성이기에 너희
는 나의 아들딸이요, 다시 태어나는
그와 같은 영광이요, 새로 태어나는
그와 같은 은혜를 입은 자요, 그 길에
들어선 자며,
6 나의 아들을 따르는 그 선택된 제자임
을 너희는 알아야 할 것이니라.
7 너희가 지금 나의 아들을 따르며 나의
법전을 읽고 깨우쳐 공부하며,
8 이는 나의 법전이요, 하늘의 뜻이라
하여 그 육의 세상에서 작고 큰 모든
기득권을 버리고 나의 성전에 와 나의
아들을 통하여 내리는 강론을 들음이
니,
9 오늘의 너희가 육의 세상에서 육의 생
각으로써 모두를 계산하고 따져 볼
때, 너희는 모든 것을 다 잃는 것이요,
얻는 것이 하나도 없으며,
10 너희만이 고통이 따르며, 너희만이 시
련을 겪으며,
11 모든 백성이 호의호식하며 편안한 삶
을 사는 것을 너희는 시련과 고통 속
에서 살아가는 그와 같은 백성이라 생
각할 것이니라.
12 그리하여 너희는 모두를 다 버리게
되며 모두를 다 잃어버리는 그와 같은
백성이라 하여, 과연 이 길이 옳은지
그른지 불안한 마음을 가질 것이니라.
13 그러나 여기서 너희는 깨우쳐야 할

것이니라.
14 육의 세상에서 너희가 모든 것을 다 버리고 잃는다 하여 두려워하지 말며 겁먹지 말라.
15 흙으로 돌아가는 그 육의 세상에 살며 얼마 남지 않은 그 죽음을 향하여 가는 그 삶에서 너희가 잃으면 과연 무엇을 얼마나 잃는단 말이던가?
16 그 모두를 다 잃고 다 버린다 하여도 너희가 반석 위에 서서 하늘에 오르는 그 찬란한 빛을 볼 수 있다 하면 이것보다 더 큰 영광이요, 은혜가 없는 것이니라.
17 모두를 다 잃는 것이 아니요, 너희가 모두를 다 얻는 것이며,
18 그 누구도 얻을 수 없는 그와 같은 은혜요, 영광을 얻는 길을 가는 자들이 너희라는 것을 이제 너희 스스로 깨우쳐야 할 것이니라.
19 육의 세상에서 모두를 다 버리며 모두를 다 잃어버리며 너희가 고독하고 어려운 길을 가며 시련의 길을 가는 것 같으나,
20 그 모두를 다 버리고 너희가 하늘에 오르는 빛을 볼 수 있으며 그 빛을 보고 달려와 내 품에 안길 수 있다면,
21 너희는 잃는 것이 아니요, 상상할 수 없는 크나큰 것을 얻는 것이니,
22 주저하지 말며 두려워하지 말며 겁먹지 말라.
23 너희가 승자가 될 것이니라, 사랑하는 나의 아들딸들아!
24 오늘의 이 길을 너희가 참고 인내하며 넘는 것만이 너희가 가야 할 길이며 너희가 역사할 길이니라.
25 모든 것을 타협하며 모든 종교 집단이 부르짖는 것을 '맞소, 옳소!' 하며 고개 끄덕이며 그들에게 '옳소, 맞소!' 찬성하며 손뼉 쳐 주며 그들과 타협하며 더불어 간다면,
26 나의 아들은 대역사를 이루는 예수 못지않은 자가 세상에 내려왔으며 예수가 재림한 자요, 나의 아들이요, 하나님으로부터 명을 받아 내려온 자라 하며 그들은 나의 법전을 읽고, 앞에 서서 장단 치고 나팔 불며 그를 받들고 그와 같이 가고자 할 것이니라.
27 그러나 그 모든 것을 타협하지 않는 나의 아들의 고독하고 어려운 그 힘든 길을 가는 것을 너희가 들여다본다면,
28 오늘 너희가 잃는 모든 것은 큰 영광의 얻음이 있거늘, 무엇이 두려우며 무엇 때문에 주저하는가?
29 너희는 주저하지 말며 두려워하지 말라.
30 오로지 나의 법전을 정독하고 읽고 깨우쳐, 육의 세상에서 잃는 것에 대하여 너희가 다 잃는다는 생각을 하지 말라.
31 작은 것을 잃어 큰 역사를 이루는 선택된 백성이며 현명한 백성이라는 것을 잊지 말라.

## 6,598 번째 하나님 말씀

*2003년 7월 4일 0시 13분*

1 사랑하는 나의 아들아!
2 "네, 아버님! 말씀하옵소서."
3 너희가 나의 법전을 가슴에 안고 접하는 그 순간, 너희는 지금 어둡고 힘든

암흑의 세상에서 광명의 빛을 보는 것
보다도 더 위대함을 얻는 것이니라.
4 너희가 죄를 지어 감옥이라는 곳에서
몸의 통제를 받으며 그곳의 제한된
생활 속에서 밖의 세상으로 풀려 나
오는 자보다도 천배 만배 위대함을
얻을 수 있는 것이 나의 법전을 접하
는 것이며 기쁨을 얻을 수 있는 것이
거늘,
5 이를 사탄이요, 사악한 자라 그리 말
하며 이를 접하려 하지 아니하며 이를
보려 하지도 아니함이니,
6 나 여호와가 과연 너희를 어찌 다스
리며 어찌 깨우쳐야 한단 말이던가?
7 너희는 알아야 할 것이니라.
8 지금의 종교 집단에서 남아 존재하는
자, 지금의 그 믿음의 길에서 가는 자,
그리고 구원받았다 말하는 자, 나의
아들 예수의 보혈로써 다 선택되어 구
원받은 자라 착각하고 사는 자, 그리
고 하늘에 재물을 쌓아 놓는 것으로써
구원을 받았다고 그리 생각하며 받을
수 있다고 생각하는 그와 같은 믿음의
길을 가는 백성,
9 너희는 알아야 할 것이니라.
10 이제 제3의 시대에, 내가 나의 법전을
내려보내는 이 마지막 시대에, 나의
법전을 접하지 아니하는 자는 너희
이름 석 자가 하늘나라에 절대로 있
지 않으며, 너희 이름을 찾아보려야
찾아볼 수 없다는 것을 너희는 알아
야 할 것이며, 이 무서움을 알아야 할
것이니라.
11 나 여호와가 버린 그 세상에서 너희가
나에게 오르는 길이라 하여 울고불고
기도하고 찬송하며 지금 그와 같은 형
국에 젖어 있음이니,
12 너희는 그곳에서 절대 너희 이름이
하늘나라에 기록될 수 없으며 너희 이
름이 없다는 것을 알라.
13 하늘나라에 이름이 없는 자는 그 이름
앞에 올 수 없음이니,
14 너희가 하늘나라 천국에 오지 못한다
면 과연 너희가 가는 곳은 어디이던가?
15 너희가 나에게 오를 수 있으며 나의
나라에 너희 이름 석 자가 기록되는
것은 오직 나의 법전을 읽는 것이며,
16 이 시대에 새로 내려오는 이와 같은
나의 성령이요, 마지막 너희에게 내린
나의 법전을 읽지 않는 자는 절대 깨
우칠 수가 없는 것이니라.
17 지금 믿음 속에 허덕이는 그 백성이
내가 새로운 시대를 열어 가는, 그리
고 '하나님! 말씀하옵소서', '하늘에
오르는 길'이라는 이 책이요, 지금 내
가 나의 아들을 통하여 내리는 강론이
요, 새로 역사하는 이 세상 속에 뛰어
들지 않는 백성, 뛰어들지 못하는 백
성,
18 너희는 나와 결코 만날 수 없는 백성
이라는 것을 알아야 할 것이니라.
19 지금 내가 새로운 시대를 열어 가며
제3의 시대를 역사하는 것을 지탱하
고 이루어 간다면, 과연 이것은 무엇
이던가?
20 이 속에 존재하는 자들이 나를 볼 수
있으며, 내 뜻을 따를 수 있으며, 내가
그들을 선택하는 세상이니,
21 그 세상이 아니며 그 속에 속해 있지
않은 백성은 바로 무엇이던가?

22 나 여호와가 손을 놓은 집단이며, 나
여호와가 손을 놓은 세상의 삶이니라.
23 내가 손을 놓은 그 집단 속에서, 내가
손을 놓은 그 종교 집단 속에서 너희
가 살고자 남아 있다면, 너희는 과연
나에게 오를 수 있다고 생각하는가?
24 지금의 집단 그와 같은 속에서 내가
새로 역사하는 내 법전이 세상에 내려
가 너희를 깨우치고자 역사하며, 강론
으로써 너희를 깨우치고자 하는 그
새로 역사하는 세상 속에 들어오지 아
니하는 백성은 너희 이름이 절대 하늘
에 있을 수가 없으며,
25 너희 이름이 걸려 있지 아니하며 그
이름을 내가 볼 수 없다는 것을 너희
가 깊이 깨우쳐야 함을 잊지 말라.
26 이와 같은 말을 할 때, 너희는 나의 아
들을 비웃을 것이며, 그를 따르는 제
자를 욕되게 생각할 것이니라.
27 너희는 죽어 내 앞에 와서 그것이 얼
마나 무서운 이야기였으며 너희에게
얼마나 소중한 가르침이었는가를 알
게 될 것이니라.
28 그러나 그때는 이미 모두가 지나간 역
사의 흐름임을 알아야 할 것이니라.
29 너희가 죽어 나에게 와서 잠깐의 그
순간에 심판을 받는다 해도, 그 흘러
간 세월은 돌이킬 수 없으며 너희가
잡을 수 없는 그 거리에 흘러가 있음
이니, 너희는 그리 흘러간다는 것을
잊지 말라.

## 6,599 번째 하나님 말씀

*2003년 7월 4일 0시 39분*

1 사랑하는 나의 아들아!
2 "네, 아버님! 말씀하옵소서."
3 구약의 시대에 이집트에 살던 내가 선
택한 그 백성을 그들로부터 구원하고
자 할 때, 내가 어떠한 기적을 이루었
던가?
4 문설주에 양의 피를 바르는 자는 내가
그 집을 그냥 지나갈 것이며, 너희는
그로 하여금 자식들의 죽음을 면할 수
있는 것이라 그리 말하지 아니하였던
가?
5 그리하여 너희는 어떠한 행위를 했던
가?
6 양의 피를 문설주에 바르는 백성만이
장자를 살리는 것이며 재앙에서 벗어
날 길이라 그리하였음이니라.
7 그리하여 너희는 그를 행하였음이니
라.
8 그리하여 문설주에 양의 피를 바르는
백성을 보는 이집트인이라는 그 백성
이 과연 뭐라 말하였으며 과연 어떠한
생각을 하고 있었던가?
9 그 문설주에 피를 바르는 백성을 보기
에 정신 나간 자요, 미친 자요, 광란의
짓을 하는 자요, 어리석은 백성이 하
는 짓이라 그들은 비웃었으며, 그 나
름대로 너희를 경멸하였을 것이니라.
10 그것이 그 시대의 정황이었으며, 그
어리석은 이집트 백성이 했던 행위일
것이니라.
11 그러니 지금 나의 법전이 심판의 시대
요, 너희를 내가 심판하기 위하여 새

로운 역사를 이루는 데 선택될 자와
선택되지 못할 자, 그와 같은 백성을
구분하기 위하여 내가 내리는 새로운
성경이 새로운 심판의 법전이요, 새
시대를 열어 가는 기준이라 말한다면,
12 그 말을 듣는 지금의 모든 종교 집단
이요, 그 백성은 무어라 하겠는가?
13 그들은 웃고 욕하며 너희를 경멸하며
이단이요, 사탄이요, 사악한 자들이
하는 짓이라 그리 말할 것이니라.
14 양의 피를 바르는 백성을 보고 웃고
있던 그 백성보다도, 지금 너희를 경
멸하는 그 백성이 더 사악하며, 너희
를 핍박하며 너희가 잘못된 자라 비
방하는 것이니, 그것은 감당할 수 없
을 것이니라.
15 그러나 양의 피를 바름으로 인하여 모
든 죽음에서 면할 수 있다는 것을 선
택한 그 백성은 그리 행하여 그들이
구원을 받았으며 재앙을 면했음을 너
희는 알고 있을 것이니라.
16 그리하여 나의 법전을 접하는 백성은
구원의 심판을 받음이라 내가 그리 말
함이니, 그 말을 믿는 자가 지금 과연
얼마나 있겠는가?
17 이를 믿는 자가 없을 것이며, 이를 잘
못된 자라 너희는 말할 것이니라.
18 나 여호와가 양의 피를 바르지 않는다
하여 내가 선택한 백성의 집을 모르겠
는가?
19 너희가 문설주에 피를 바르고 안 바르
는 것으로써 내가 선택한 백성이요,
선택하지 아니한 백성을 모른다고 생
각하는가?
20 바르든 안 바르든 나 여호와는 그를
알 수 있음이니라.
21 그러나 내가 양을 잡아 그 피를 바르
는 것으로써 너희가 그 재앙을 면할
수 있으니 그리 행하라 한 것은 무엇
이던가?
22 양을 잡아 피를 바르는 그 백성이 순
종하며 너희가 그 피를 발라 재앙을
면하는 것은 너희 자신이 해야 할 일
이며 너희가 이루고 행해야 할 것을
내가 구분 지어 깨우쳐 줌이니라.
23 너희가 양의 피를 바르지 아니한다 해
도 내가 선택한 나의 백성의 집인지
아닌지, 내가 장자를 거두며 짐승을
거둘 것인가 아닌가 하는 것은 내가
다 알고 있으면서도 너희에게 그리
명한 의미를 알라.
24 그 피를 바르는 자체가 너희가 나의
뜻에 순종하는 것이며, 너희가 나를
믿으며 그와 같은 행동으로써 그 피해
를 막을 수 있는 것은 너희가 해야 할
일이니라.
25 그러하나 나의 명을 들은 자도 그를
행하지 않은 자는 결코 나로부터 은
혜를 받을 수 없으며 그 보호를 받을
수 없는 것이니,
26 오늘의 믿음의 길을 가는 백성은 이
와 같은 깊은 나의 뜻을 알아야 할 것
이니라.
27 역사하는 모든 것은 곧 그와 같은 것
으로써 이루어지며 그와 같은 이치로
써 행하여진다는 것을 너희 스스로 알
아야 할 것이니라.
28 나 여호와가 너희에게 은혜를 내리지
못하며, 지금 나의 아들을 따르는 너
희에게 내가 삶의 고통을 덜어주지 아

니하며 내가 너희에게 축복과 영광을
내리지 못한다 하는 것, 또한 다 이와
같은 이치이니라.
29 지금의 모든 백성이 나로부터 보이는
은혜를 받지 못한다 하여 비웃고 욕하
든 말든, 너희를 미친 자라 말하든, 정
신 나간 자라 말하든, 너희는 그것에
개의치 말며,
30 나의 법전을 만들어 전하며 나의 법
전을 정독하고 깨우치는 데 최선을 다
하라.
31 과연 그 이집트 백성은 어찌하였는가?
32 그들은 그들대로 양의 피를 바르는 것
을 욕했으며 바보짓이요, 어리석은 짓
이라 그리 말하였음이니, 그들은 과연
어떠한 결과를 접했던가?
33 나의 피조물 만백성이 나의 법전을 접
하며, 이를 정독하지 않는 자는 심판
을 받지 못한다 해도 그를 믿지 아니
함이니,
34 너희가 바로 양의 피를 바름으로써 구
원을 받는 자들을 비웃던 백성처럼
그와 같이 통곡하며 비참한 마음을 금
치 못할 것이니라.
35 양의 피를 바르지 아니하여 장자를 잃
은 자의 그 비통함이요, 통곡함이 온
세상을 다 덮었으니,
36 너희가 나의 법전을 접하는 것만이 심
판대에 오르는 것이요, 나의 법전을
접하지 않은 자는 심판을 받을 자격
이 없다 하였음이니,
37 너희가 자식을 잃어 비통한 그것보다
도 더 백배 천배 무서운 비통함이요,
고통을 알게 될 것이니 그리 알라.

## 6,600 번째 하나님 말씀

*2003년 7월 4일 0시 51분*

1 사랑하는 나의 아들아!
2 "네, 아버님! 말씀하옵소서."
3 너를 따르는 사랑하는 나의 아들딸 그
들에게 너는 전하여 깨우쳐 주라.
4 내가 노아에게 비가 오지 않는 그 지
역에서 비로써 모든 재앙을 내릴 것이
니, 방주를 만들어 저희 식솔을 구원
하며 그 새로운 시대를 열어 갈 수 있
는 준비를 하라 내가 명령을 내린 그
역사는 위대하며,
5 그 정황은 너희가 상상할 수 없는 황
홀 지경에서 그를 그리며 그와 같이
나 여호와가 역사하는 것이라 너희는
그리 생각할 것이니라.
6 그리고 모세에게 명하여 그 죽음의 비
명 속에서 온 세상이 덮히는 그와 같
은 형국에서 그들의 자식이요, 그들의
모두를 보호하고 지킬 수 있는 그것은
뭐라 말하였느냐?
7 양의 피를 바름으로써 너희가 견딜
수 있으며 보호받을 수 있다 내가 그
리 말하였음이니,
8 그를 따르고 그를 순종한 백성이 또한
한 시대의 역사에 있지 않은가?
9 지금 나의 아들을 따르는 백성 너희는
과연 누구더냐?
10 이는 나 여호와가 나의 뜻을 법전으로
만들어 세상에 내려보내니,
11 이를 가슴에 안고 정독하는 자는 나의
명을 따르는 백성이요, 그렇기에 너희
가 나의 뜻에 따라 순종하는 백성이라
그리 말하였으며 나로부터 대명을 반

은 자라 그리 말하였음이니라.
12 비가 오지 않는 곳에서 그 방주를 만
드는 자를 비웃고 욕하고 경멸했던
그 백성 속에서 묵묵히 지키고 역사했
던 노아의 방주의 한 역사요,
13 저희를 비웃으며 정신 나간 자요, 잘
못된 자요, 광란의 짓을 한다 하는 그
와 같은 자들이 뭐라 말하든 그를 듣
지 아니하고 묵묵히 피를 발라 그 모
든 재앙에서 목숨을 건졌던 그 백성
의 그 위대한 역사와 같이,
14 너희는 그것은 위대한 것을 알면서,
나의 명으로써 나의 법전을 가슴에 안
고 정독하는 자, 너희는 하늘에 오르
는 길이요, 반석 위에 올라서 하늘에
오르는 빛을 볼 수 있다 하는 오늘의
역사는, 그보다 더 위대하며 그보다도
더 소중함을 알지 못하는가?
15 명을 받은 노아요, 그 피를 발라 구원
받은 그 백성보다도, 오늘 나의 법전
을 가슴에 안고 정독하며 나의 명에
따라 살아가는 백성 너희가 그중에서
제일 으뜸이요, 가장 큰 대명을 받은
자요, 큰 축복이요, 영광을 받은 자라
는 것을 잊지 말라.
16 나의 법전은 나 여호와가 나의 아들을
통하여 너희에게 기록하여 전하라 내
리는 것이니라.
17 그러니 이는 내가 명한 것이요, 내 명
을 받고 시행하는 것은 나의 아들이
하는 것이니라.
18 이는 나의 아들 뜻대로 하는 것이 아
니요, 나에게 명을 받아 시행하고 행
동하는 나의 아들이기에, 그를 접하고
깨우치는 백성 너희가 가장 큰 은혜
를 입은 자요, 그중에서 가장 축복받
은 백성이라는 것을 알라 함이니라.
19 이는 즉, 나 여호와 창조주의 뜻이요,
내가 명한 것이기 때문이니, 너희는
이를 잊어서는 아니 될 것이니라.
20 이 소중함을 너희는 알아야 할 것이
니라.
21 지금 나의 아들을 통하여 너희에게 이
와 같은 모두를 깨우치고 전함이니,
22 과연 나의 아들이 너희처럼 수천 년의
역사를 흐르면서 그 전통적으로 내려
오는 믿음의 세계에서 성경 공부를 했
으며, 교회라는 곳에 가 종교 지도자
들의 강론을 들었으며, 그를 깨우쳐
지식을 얻은 나의 아들이라 너희는
생각하는가?
23 지금의 나의 아들은 성경 공부를 한
적이 없으며, 종교 지도자 앞에 가 강
론을 들은 적이 없으며, 교회라는 곳
에 가 너희처럼 다져지는 그와 같은
삶을 산 자도 아니었으며, 거기에서
무엇인가를 깨우친 자도 아니라는 것
을 너희는 알아야 할 것이니라.
24 그러니 나의 아들은 너희처럼 강론을
들어 깨우친 것이 아니요, 성서의 한
구절도 모르며 너희처럼 하늘에 오르
는 길이라 하여 맹종하고 맹신하는 그
와 같은 일을 한 역사도 없는 것이니
라.
25 그러한 나의 아들이 이와 같이 대역사
에 길이 남을 160권의 법전을 기록하
여 만들어 세상에 전하며, 너희를 구
원하는 길이요, 심판의 길이라는 이
역사를 이루는 것을 보면서, 너희는
과연 무엇을 느끼는가?

26 이 세상에 대종교 지도자요, 한 시대
를 이끄는 종교 집단의 우두머리요,
또 대학자요, 이 세상을 지배하는 지
도자요, 그 누구도 할 수 없는 이 엄청
난 대변화의 역사를 시작하는 나의
아들의 대단한 그 행함을 과연 무엇으
로 생각하며 어찌 평가하는가?
27 그는 인간이 대단하여, 인간이 큰 그
릇이요, 인간이 용감하여 그리하는 것
이 아니니라.
28 나의 아들은 나의 명령이요, 나의 뜻
이 아니면 할 수 없으며,
29 나의 명령이기 때문에 그는 제 생각이
아니요, 나의 뜻대로 지금 이와 같은
역사를 이룬다는 것을 너희는 알아야
할 것이니라.
30 너희처럼 전통적으로 믿음을 믿은 적
이 없으며,
31 너희처럼 지금 모든 재물로써 풍족히
지원해 주는 자도 없으며, 그를 따르
는 많은 백성도 없는 나약한 나의 아
들이 이와 같이 대역사를 이루는 것
을 주저하지 아니하고 행하는 것은 무
엇이던가?
32 나 여호와의 한마디 명령으로써 생명
을 내걸 수 있으며 생명을 바쳐야 하
는 이와 같은 어렵고 힘든 길을 마다
하지 아니하며,
33 밤과 낮을 가리지 아니하고 나의 성령
이요, 내가 내리는 나의 뜻을 기록하
여 만백성을 구하는 이 책을 만듦이니,
34 과연 그는 어찌하여 이 역사를 행할
수 있다고 생각하는가?
35 이는 내가 명령한 대로 지키고 행할
수 있는 그것은 무엇인지 너희는 알
겠는가?
36 너희는 이제 깨우쳐야 할 것이니라.
37 이를 기록하기 위하여 선택된 나의
아들은 나의 명령을 들었으며, 나의
명령을 듣고 나의 음성을 듣는 것이니
라.
38 그리고 나를 그는 알고 있음이니라.
39 나를 그는 보았기 때문이니라.
40 그리하여 내가 행하라, 그리고 법전을
기록하여 만백성에게 전하라 명령을
내렸음이니,
41 그리하여 나의 아들은 이를 행한다는
것을 너희는 알아야 할 것이며,
42 이는 그의 임의대로, 그의 자의에 의
해서 움직이는 것이 아니라는 것을 너
희는 알아야 할 것이니라.
43 아무것도 모르는 나의 아들이 내가 처
음에, '너는 법전을 만들어 만백성에
게 전하는 일을 하라.' 하는 그 명령을
따라 그 역사를 이루었음이니,
44 수천 년 동안 흘러오는 종교 집단 속
에서 지도자라는 자들이 과연 하라,
행하라라는 명령 한마디를 듣고 목숨
을 내걸고 그 누구도 할 수 없는 대변
화요, 새로운 시대를 열어 가는 주역
으로서 높이 설 수 있단 말이던가?
45 너희는 할 수 없을 것이니, 바로 그것
이 너희 믿음이니라.
46 그리하여 나의 아들은 내가 그를 사랑
하기에 그는 나의 뜻을 따라 역사함
이니,
47 나의 아들은 나의 명령과 음성을 들으
며 나를 알며 나를 보았기 때문이니라.
48 그리하여 그는 지금 160권의 법전을
역사함이니,

49 그가 이와 같이 버티고 견디며 너희
에게 이와 같이 역사하는 것은, 모든
나의 형체를 보고 있으며 나의 음성을
듣기 때문에 그가 하고 있다는 것을
너희는 깨닫고 두려움을 알아야 할
것이니 그리 알라.

## 6,601 번째 하나님 말씀

*2003년 7월 4일 0시 56분*

1 사랑하는 나의 아들아!
2 "네, 아버님! 말씀하옵소서."
3 나 여호와는 잠시도 쉬지 아니하며,
사랑하는 백성 너희에게 항상 양심을
버리지 말며 부끄럽지 않은 삶을 살며
나의 피조물 만백성을 사랑하는 마음
으로 살라 메시지를 내리며, 성령을
계속 부어 주고 지시하고 있다는 것을
너희는 알고 있는가?
4 나 여호와는 너희에게 쉬지 아니하고
그와 같이 바로 살 수 있도록 모두를
다 내려 줌이니라.
5 그러니 너희는 그를 알지 못할 것이
니라.
6 그러나 너희는 깨달아서 알 것이며
이제 그 이치를 알아야 할 것이니라.
7 나 여호와가 악과 선의 선택의 길에
서 너희는 마음의 싸움이 있으며, 그
양 갈래 길에서 어떠한 길을 선택할지
몰라 주저할 때,
8 너희가 선뜻 용기 있게 선을 선택하는
그 순간, 그것이 바로 나 여호와의 성
령이 너희에게 임하는 순간이라는 것
을 너희는 알아야 할 것이니라.
9 그것이 바로 내가 너희에게 항상 임
하고 있다는 증거며, 내가 너희와 같
이하고 있다는 것을 너희는 알아야
할 것이니라.
10 너희가 악에 빠지지 않도록 너희에게
성령의 지시요, 그 메시지로 그리 가
서는 아니 되며 그곳에 가면 너희가
악으로 빠지는 것이요, 지옥으로 가는
것이라 내가 너희에게 항상 그리 성령
을 부어 주고 내리고 있지만,
11 너희가 마음이 깨끗지 못하며 욕심을
버리지 못하였으며, 천사와 같은 마음
으로 살아가지 아니하며, 아직도 마음
의 때가 끼어 있기 때문에 너희가 이
를 받아들이지 못하며 이를 듣지 못하
는 것이니라.
12 너희가 나의 음성을 듣지 못하는 것은
너희가 깨끗지 못하며 아름답지 못하
기 때문이며, 너희가 나를 볼 수 없는
것은 너희의 눈이 흐림이니, 그 눈이
흐린 것은 무엇이던가?
13 너희가 아직도 욕심의 뿌리요, 죄악의
뿌리에서 벗어나지 못하고 있기 때문
에 너희가 그를 알 수가 없는 것이니,
이 모두는 너희 탓이니라.
14 법전의 내용이 떠오르는 것, 남들과
대화할 때 너희가 법전에 대한 기록
이 생각날 때, 그리고 너희가 그것으
로써 남에게 말할 기회를 얻었을 때,
15 그 순간순간이 나 여호와가 너희와
같이 행동하고 있으며 너희에게 성령
으로써 부어 주기에,
16 너희가 바른 생각이요, 나의 법전을
생각하며 그대로 행하고 살아갈 수 있
도록 용기를 얻음이니라.
17 너희가 지나가다 휴지 하나 줍는 것,

힘든 자를 거들어 주는 것, 그 모두를
결정하여 그와 같이 아름다운 행동을
할 때, 그때 바로 나의 성령이 너희에
게 임하는 것이며, 나의 성령을 받아
들이는 것이며, 나의 성령을 접할 수
있는 아름다운 마음으로 비어 있기
때문이니 그리 알아야 할 것이니라.
18 너희가 그와 같은 역사를 할 수 있는
것은, 그와 같은 선한 일을 할 수 있는
것은 너희가 마음을 비우고 있을 때,
나의 성령은 오로지 진리요, 아름다우
며 선한 길을, 선한 행동을 할 수 있도
록 항상 그리 가르치고 지시함이니,
19 너희가 선한 행동이요, 아름다운 행동
을 하는 그 순간에 나의 성령이 너희
에게 임하고 있으니,
20 그 임했던 성령이 영원히 존재할 수
있도록, 다시 흔들리지 않도록 그리
사는 것은 항상 마음을 아름답게 살아
가는 것이 너희가 해야 할 길임을 알
라.
21 성령의 지시를 너희에게 항상 내가
내리고 있음이니라.
22 이리 내려 주는 것을 너희가 받지 못
하는 것은 너희가 마음을 비우지 못
하였기 때문이니,
23 항상 마음을 비우고 아름답게 살도록
최선을 다하라.
24 그러면 나 여호와를 볼 수 있으며 나
의 음성을 들을 수 있는 영광을 얻는
것이 너희이니,
25 나를 보지 못하며 나의 음성을 듣지
못하는 것, 천국과 지옥이요, 하늘의
천기요, 하늘의 뜻이요, 너희가 직접
그 음성을 듣지 못하며 그 세상의 돌
아가는 움직임을 볼 수 없는 것은 너
희 마음에 욕심의 뿌리가 그득히 있기
때문이며,
26 너희의 눈이 씻어지지 아니하였으며,
너희의 귀가 깨끗하게 씻어지지 아니
하였기 때문이니, 그리 알라, 사랑하
는 나의 아들딸들아!

## 6,602 번째 하나님 말씀

*2003년 7월 4일 01시 07분*

1 사랑하는 나의 아들아!
2 "네, 아버님! 말씀하옵소서."
3 너희가 하늘에 오르는 길이요, 선과
악의 삶에서 선을 선택하는 것이 얼
마나 어렵고 힘든 길인가를 나 여호와
는 알고 있음이니라.
4 그러나 너희는 그 길을 가야 하며, 그
역사함이 너희가 해야 할 일이기에
나 여호와가 너희에게 그를 강조하며
또 그리 살아야 한다 함이니라.
5 너희가 선함이요, 선함을 행하고 사는
것, 아름다운 마음을 가지고 사는 그
모든 것들은 너희에게서 점점 달아나
려 하며 멀리 가려 하며 그저 도망가
려 하는 것이 너희의 선함이니라.
6 그리고 너희가 악이라는 것은 어떠하
던가?
7 그 악이라는 것은 너희 몸에 들어오고
자 발버둥치며 틈만 있으면 너희 마
음을 차지하려는 것이 악의 마음이니
라.
8 선한 마음은 너희에게서 자꾸 멀리
가고 도망가고자 하는 것이요, 너희에
게 파고들려는 것은 악한 마음이니,

9 도망가려는 그 선한 마음을 붙들어 놓
는 것이 얼마나 어렵고 힘든가?
10 과연 쉬운 길이 아닌 것이니라.
11 그리하여 너희가 도망가려는 그 마음
을 붙잡아 네 마음에 안주시켜야만 너
희가 다스려 감이니, 그 고통이 얼마
나 강한 것인가를 아느니라.
12 악한 마음은 틈바구니만 있으면 비집
고 들어오려 하며, 선을 몰아내는 그
속에서 너희가 얼마나 어렵고 힘든
것인가?
13 오고자 하는 자는 거둬들이기 쉬우나,
선한 마음이 도망가고자 하는 마음을
붙들어 놓기는 얼마나 어렵고 힘들겠
느냐?
14 그리하여 선한 마음은 도망가고 악한
마음은 너희 마음에 들어오려 함이니,
15 너희가 선과 악을 순간에 구분하고 선
택하기가 그리하여 어렵고 힘든 것임
을 나는 알고 있음이니라.
16 그러나 너희는 그와 같은 역사 속에
서 너희 자신이 선택할 길이 무엇인
가를 알 것이니라.
17 이는 오로지 너희가 해야 할 것이니
라.
18 너희가 양의 피를 발라 자식을 살릴
수 있다 하여, 내가 그들을 구분하지
못하는 것이 아니거늘, 너희 스스로
피를 바르라 명했던 것은 무엇이더냐?
19 선택의 과정은 너희 손에 달린 것이
기 때문이니라.
20 그리하여 공의의 나 여호와로서 내가
그 정당한 방법으로써 한 치의 부끄럼
이 없이 모두를 행해야 하기 때문이
니, 너희가 또한 그 마음을 알아야 할
것이니라.
21 도망가려는 그 선함이요, 선행을 붙잡
아 두는 데 너희가 게을리해서는 아
니 됨이니라.
22 아무리 선한 마음이요, 선함을 하는
행동이요, 아름다운 것들이 너희에게
서 도망가려 하며 멀리 가려 한다 해
도,
23 너희는 그를 네 마음속에 붙들어 놓는
것에 게을러서도 아니 되며 포기해서
도 아니 됨이니라.
24 잡아 둘 수 있는 용기와 너희에게 잡
아 둘 수 있는 그 행동을 함이 필요함
을 알아야 할 것이니라.
25 나 여호와에게 오르는 길이 그리하여
모두가 쉬운 길이라 말하고 가르치는
종교 지도자는 있어도, 나에게 오르는
길은 어렵고 힘든 길이라 말하는 자는
어떠한 사람도 없지 않더냐?
26 그러나 너희는 나에게 오르는 그 길이
힘들고 어렵다 하여도 끈질겨야 하며,
포기해서는 아니 되며, 여기서 중단하
는 그와 같은 마음을 가져서는 아니
될 것이니라.
27 포기할 줄 모르는 정신만이 너희에게
중요한 것이며, 너희가 갖고 살아가야
할 마음인 것을 알아야 할 것이니라.
28 너희가 어렵고 힘들 때, 곤경에 빠졌
을 때, 너희가 떠나고자 아니 하는 마
음이요, 나를 믿는 자들에게는 항상
나 여호와는 너희에게서 떠나지 아니
하며 너희와 같이 있다는 것을 알아
야 할 것이며,
29 너희가 어떠한 곤경과 힘든 속에서도
나를 떠나지 아니하며 나를 버리지 아

니하는 그 믿음의 길로 갈 때, 너희 옆
에 내가 항상 같이하고 있음이니,
30 그것이 너희에게 가장 큰 은혜요, 너
희가 얻을 수 없는 영광이라는 것을
잊지 말라, 사랑하는 나의 아들딸들아!
31 너희가 떠나고자 아니 하며 나를 믿을
때 내가 떠나지 아니함이니라.
32 아무리 고통과 시련이 있다 해도 너희
가 그 영광의 길을 떠나지 아니하면
내가 인도할 수 있는 것이며, 너희를
이끌어 줄 수 있다는 것을 잊지 말라.

## 6,603 번째 하나님 말씀

*2003년 7월 4일 01시 13분*

1 사랑하는 나의 아들아!
2 "네, 아버님! 말씀하옵소서."
3 나의 아들 예수가 세상에 만백성을 구
하고자 내려감이니,
4 모든 백성은 이 세상에 만백성을 지
배하는 왕이라 하였으며 왕이 온다 그
리 말하였음이니라.
5 그리 전하여졌으며 그리 너희가 역사
했기에, 나의 아들 예수는 더할 수 없
는 고통과 시련을 받았으며 그 고통
속에서 견뎠음이니라.
6 그리하여 그는 그와 같은 속에서도 그
모든 백성을 구하기 위해 나의 뜻에
따라 나의 성령이요, 나의 메시지에
의하여 모두를 지키고 행한 나의 아들
이었음이니라.
7 그리하여 그가 지상에서 역사하여 나
의 뜻을 세상에 전하고자 할 때 그는
누구를 선택했던가?
8 그 제자들을 선택하였음이니라.
9 그리하여 제자들로부터 깨우치며 가
르쳐 그 제자들로서 모든 역사를 대
행하고자 선택한 그 제자들이 과연 어
떠했던가?
10 나의 아들 예수는 저 자신보다도 더
사랑했으며 믿었던 것이 그 제자들이
니라.
11 그리고 그와 같이 사랑했고 믿었던 그
제자들이 어찌하였는가?
12 그 제자들은 나의 아들 예수를 버렸음
이니라.
13 나의 아들 예수는 버림을 받았으며,
또 그가 가장 사랑하고 믿었던 그 제
자는 누구였던가?
14 수제자라 말하는 베드로라는 제자는
과연 어떠한 행동으로써 나의 아들 예
수를 접했으며 그를 대우했던가?
15 너희는 그와 같은 의미의 무서움 속에
서 나의 아들의 그 고통이 이루 말할
수 없었음을 알아야 할 것이니라.
16 왕이라 하여 왕으로 내려왔기에 그가
받는 수모요, 고통보다도,
17 그 제자들이 그를 버리며 수제자 베드
로가 그를 버리고 등 돌리는 그와 같
은 아픔이 더 컸으며,
18 그는 그 고통이 더 이상 견딜 수 없는
아픔이라 내가 너희에게 일찍이 깨우
쳐 주었음이니라.
19 그와 같은 속에서 견딘 나의 아들은
그래도 너희를 사랑하기에 그 사랑을
버리지 아니하였으며,
20 그 사랑의 본분을 잊지 않고 그는 그
사랑을 보이기 위하여 모든 고통과 시
련을 견디고 견뎠던 것임을 너희는
알아야 할 것이니라.

21 이제 나의 법전을 읽고 깨우친 백성
너희는 과연 어떠한 길을 가야 하는
가?
22 내가 나의 법전에 수없이 너희에게
기록하여 전하였음이니라.
23 예수의 고통과 그들의 배반과 그 수제
자까지도 그를 버리는 그 아픔 속에서
도 그 모두를 사랑했던 예수와 같은
백성으로서 너희가 마음이 변화될 때,
24 너희는 선택된 나의 아들딸로서 거듭
나는 것이며 새로 태어난다는 것을 잊
지 말아야 할 것이니라.
25 너희가 왜 거듭나는 삶이요, 새 생명
으로서 태어나는 그와 같은 역사를 이
루는 삶을 살아야 하는지 아는가?
26 이 세상은 지금 어둡고 어두워 한 치
의 앞도 보이지 아니하며 볼 수 없는
암흑과 같은 세상이라면 너희는 믿겠
느냐?
27 그 암흑과 같은 세상에서 그들을 구원
하는 것은 빛이니라.
28 그 빛을 따라 그들이 구원의 길을 볼
수 있기 때문이니, 너희가 빛이 되는
백성이 돼야 하기 때문에 너희가 그
와 같이 삶이 밝아야 하며, 나의 아들
예수의 그 사랑했던 마음이어야 하느
니라.
29 모든 제자들이 등을 돌렸으며 모든
은혜를 입었던 백성까지도 나의 아들
과 더불어 같이하고자 하는 자가 없었
음이니라.
30 그리하여 그 모두가 다 등을 돌리지
아니하였던가?
31 그러나 그와 같이 등을 돌린 자, 나의
아들 예수를 거부했던 그와 같은 자들
을 나의 아들 예수가 사랑하는 그 모
습을 너희는 깨달아야 할 것이며,
32 그와 같이 사랑하는 모습으로써 너희
가 변하는 것이 거듭나는 것이니라.
33 그리해야만 너희가 암흑에서 허덕이
며 지옥으로 떨어지는 그 백성을 구하
는 빛이 될 수 있기 때문임을 잊지 말
라.

## 6,604 번째 하나님 말씀

*2003년 7월 4일 09시 14분*

1 사랑하는 나의 아들아!
2 "네, 아버님! 말씀하옵소서."
3 이 세상 모든 나의 백성 중에서 내가
친필로 쓴 십계명을 가장 많이 암송하
며 그를 지키고자 살아가는 자가 너이
니라.
4 그러니 네가 그를 암송하면서 그 하나
하나를 짚고 넘어가야 할 것이니라.
5 그것은 네가 나의 뜻을 거역하는 것이
과연 없는가?
6 작은 대목이요, 작은 것 하나 너희가
지키지 못할 때, 나로부터 상을 받을
수가 없다 그리 말하였음이니,
7 너는 그를 지키는 그와 같은 아름다운
삶을 살라.
8 네가 항상 암송하는 십계명대로 살아
가는 데 최선을 다하며, 그를 거역하
는 삶을 살지 말라.
9 내가 직접 친필로 써 내린 나의 십계
명을 가장 많이 암송하며 그를 지키고
사는 것이 너이며 지키고 살아가고자
하는 너이거늘,
10 네가 그 십계명을 하나하나 위배하며

그를 그대로 지키지 못한다면, 이는
네가 나를 욕되게 하는 것이며 나를
기만하는 것이니라.
11 그리하고도 네가 나의 아들이요, 나로
부터 명받은 나의 만백성을 구하는 목
자라 할 수 있는가?
12 남들이 보든 말든, 남들이 지키든 말
든, 너는 십계명을 지키고 가라.
13 네가 근본인 십계명을 지킴으로 인하
여 그 십계명 속에 네가 어긋남이 없
는 삶을 살 때,
14 그 속에서 나의 법전대로 네가 살아가
는 그와 같은 역사를 이룰 것이며, 한
점의 부끄럼이 없는 삶을 살 수 있음
이니라.
15 그러니 이제 너는 십계명의 그 계명
하나하나를 기록하여, 거기에 위배되
는 삶이 없이 그리 살라.
16 그것만이 네가 가야 할 길이며, 그것
이 너를 보호할 것이며, 그것만이 네
가 역사할 수 있음이니라.
17 네가 오늘의 모든 고통과 시련 속에서
벗어날 수 있는 것 또한 무엇이던가?
18 네가 내 십계명을 그대로 지키고 행하
는 데, 그 모두가 거기에 달렸다는 것
을 잊지 말라.
19 그대로 행하고 살아가라.
20 그것만이 네가 나에게 오르는 길이라
는 것, 그리고 네가 해야 할 길이고 네
가 가야 할 길이라는 것을 명심하고
또 명심해서 행하도록 그리하라, 사랑
하는 나의 아들아!
21 이제 그리할 수 있지 않은가?
22 네가 십계명대로 행하라.
23 거기에 하나도 위배되는 삶이 없도록
네가 그리 살라.
24 그리하면 네가 바로 만백성의 목자요,
나의 아들로서 하나의 부끄럼이 없으
며, 네가 고통과 시련 속에 역사하고
자 하는 것, 또 내가 역사하고자 하는
것, 내가 이 지상에 뿌리를 내리고자
하는 것 그 모두가 행하여짐이니 그리
알라, 사랑하는 나의 아들아!
25 말이 필요 없으며 계획이 필요 없으
며 남들에게 네가 어떻게 살고 안 사
는 것을 보여 줄 필요성이 없으며 그
를 말할 필요가 없느니라, 사랑하는
나의 아들아!
26 지금 이 시간부터 네가 그리 행하는
자가 되라.
27 그리고 십계명을 지키는 데 한 점의
부끄럼이 없는 그와 같은 자로서 바
로 서라.
28 그것만이 네가 모든 나의 뜻을 역사할
수 있는 기초요, 근본이요, 네가 행할
수 있는 길이라는 것을 잊지 말라.
29 그리 살라, 나의 아들아!

## 6,605 번째 하나님 말씀

*2003년 7월 4일 14시 12분*

1 사랑하는 나의 아들아!
2 "네, 아버님! 말씀하옵소서."
3 내가 사랑하는 나의 백성 너희에게 뭐
라 말하였느냐?
4 호호백발이 되어 너희가 인생을 살
만큼 살았다 하여도, 과연 너희가 아
는 것이 무엇이 있으며 깨달은 것이
무엇이 있는가?
5 육의 삶에서 오만하지 말며 방자하지

말며 교만하지 말라, 그리고 겸허한
마음으로 살아가라 내가 그리 말하지
아니하였던가?
6 그리고 너희가 한평생 살다 나에게
죽어 오는 그 순간에 육의 삶을 위하
여 너희가 모두를 다 바치는 삶을 살
지 말며,
7 사후에 다음의 세상에 너희가 영원히
살고 존재하는 그 세상을 바라보고 그
를 준비하는 삶을 사는 것이 현명한
백성이라 내가 그리 말하였음이니,
8 너희가 나 여호와가 너희에게 명하는
그 뜻을 알지 못하겠거든, 너희 앞에
지나가는 호호백발의 노인들에게 물
어보라.
9 그가 이 세상의 동식물의 이름을 과연
얼마나 알고 있는가,
10 식물의 이름을 그들이 얼마나 알고
있으며, 그들이 또한 동물의 이름은
얼마나 알 수 있으며, 바닷속에 살아
가는 물고기의 종류는 얼마나 아는가
이름이라도 물어보라.
11 그리고 너희가 평생 지키고 사는 예
의범절이요,
12 어떤 것이 죄요, 어떤 것이 죄가 아니
며, 어떠한 길이 믿음이요, 어떠한 것
이 믿음이 아닌가 하는 것, 그리고 너
희가 쓰고 있는 모든 공통어요, 세상
의 모든 언어요, 그 뜻을 다 한번 물어
보라.
13 그가 과연 얼마나 알고 있는가, 너희
가 서 있는 땅에서 작은 동양의 그 지
역의 거리는 과연 알고 있는가, 무엇
을 얼마나 알고 있는가 물어보라.
14 너희가 정녕 묻고 물을 때 그는 결국
'나는 아무것도 모르는 자요.' 그리 말
할 것이니라.
15 호호백발의 그도 무엇도 알 수 없으
며, 그 모두도 깨우치는 것이 없으며,
죽음이 앞에 와 있는 호호백발이 된
그 사람도 아는 것이 없다 그리 말하
며, 너희가 물을 때 대답 못 하는 것이
더 많거늘,
16 어찌하여 너희가 교만하고 자만하며
살 수 있다고 말하는가?
17 특히나 하늘의 뜻이요, 하늘의 이치를
알고 살아간다는 백성, 나 여호와의
가르침이요, 나의 성령을 들어 깨우치
고 살아 다음의 세상을 위하여, 천국
에 오르는 그 삶을 위하여 노력하고
살아간다는 백성, 그들이 과연 자만하
고 오만할 수 있겠는가?
18 그들에게 한번 물어보라, 과연 그들이
나의 뜻을 얼마나 알며 내가 역사하
는 것을 얼마나 아는가?
19 너희는 알아야 할 것이니라.
20 아무것도 모르고 살다 나에게 오는 백
성 너희가 그 짧은 육의 세상에서 무
슨 성전이라는 것을 호화롭게 지으며
궁궐처럼 꾸며 놓으며,
21 그와 같이 갖추고 쌓아 놓는 속에서
너희가 나의 피조물 만백성을 가르치
며 지도한다 하며,
22 그와 같이 거기에 낭비할 시간이 과연
있으며 거기에 역사할 시간이 어디에
있는가?
23 너희가 크나큰 성전을 짓는 것이요,
재물을 모으기 위해 고민하고 연구하
며 밤잠 안 자고 생각하는 그 모두를,
나의 피조물 만백성이 성령이요, 하늘

의 뜻이요, 진리를 거역하지 아니하고
살아가는 그 길을 위하여 깨우치기에
도 다 못 할 것이거늘,
24 너희는 영원히 살지도 못하는 그 육
의 한계에서, 너희가 아무것도 모르고
오는 그 육의 삶을 위해서 무엇인가를
알며 먼저 깨달은 자가 뒤에 모르는
자를 가르치고 깨우쳐 전도하고 복음
을 전하기도 바쁘거늘,
25 성전을 지으며 너희가 역사하는 것에
연연하는 그와 같은 삶을 사는 종교
집단이요, 지도자가 얼마나 어리석고
잘못된 자인가 너희는 알아야 할 것
이니라.
26 이 세상에 구름이 흘러가며 그 구름이
어찌 흘러가며 바람이 흘러가면서 무
엇을 역사하며 비가 세상에 내리면서
무엇을 역사하는지 천지조화의 변화
는 너희가 감히 생각하지도 못할 것
이니라.
27 너희와 더불어 살아가는 미물이요, 식
물이요, 동물의 이름이요, 그들이 살
아가는 형태는 더 말할 것 없으며,
28 여름에 울어 대는 매미요, 가을에 날
아드는 잠자리요, 그들이 행하고 역사
하며 어찌 살아가며 어떠한 형태로 이
루어지는지 너희가 그것 하나 제대로
아는가?
29 발아래 기어다니는 개미의 역사함이
요, 그들이 살아가는 형태요, 그들이
어찌하는 것인지 너희는 과연 알며,
그들이 왜 존재하는지 그와 같은 것을
아는가 물을 때, 아무도 대답하는 자
가 없으니,
30 백발이 성성한 그 노인도 아무것도 모
르고 살다 그저 아무것도 모르고 가는
것이 너희가 아니더냐?
31 그와 같은 인생의 삶을 살면서 너희가
더 큰 성전이요, 웅대하고 호화로운
궁전이요, 그와 같은 곳에서 깨우쳤다
는 자들, 나의 복음을 전한다는 백성
이 거기에 연연하고 매달려 헌신할
시간이 과연 어디에 있다는 말이더냐?
32 이제 너를 따르는 제자들이요, 나의
법전을 읽고 깨우친 만백성 너희는
알아야 할 것이니라.
33 허례허식이요, 육의 세상에 거래하는
것, 눈에 보이는 그 삶을 위하여 살지
말고,
34 너희는 복음을 전하며 나의 법전을 만
들며 만백성을 구하는 데 게을리하지
말며,
35 그 시간과 내가 너희에게 명해 준 그
생명의 시간을 과연 어찌 써야 할 것
인가, 너희가 정신을 바짝 차려야 할
것이니 그리 알라.
36 너희는 그와 같은 성전이요, 방대한
것을 역사하는 데 시간을 낭비하지 말
며,
37 나의 법전을 들어 만백성에게 전하며
나의 아들을 통하여 내리는 그 강론
한마디를 이웃에게 전하는 데 밤잠을
자지 말며 노력하여 그 결과를 얻어야
할 것을 잊지 말라.
38 너희가 인간 세상에 살아가면서 직장
생활도 그러하니라.
39 너희가 1년 365일을 그대로 허송세월
한 사람과, 남들이 잠자고 편히 쉬는
시간에 그 직장에 종사하는 직무에 최
선을 다하고, 1년 후에 결산할 때는,

40 그 1년 동안 너희가 노력한 것을 마차
에 그득히 상품을 싣고 갈 수 있으며
너희가 받은 상을 싣고 갈 수 있느니
라.
41 365일 동안 허송세월하며 쉬고 논 자
와, 밤잠을 자지 아니하고 노력한 자
와는 그와 같은 엄청난 차이가 있음이
니,
42 너희가 나의 법전을 가지고 만백성을
구하는 데 최선을 다할 때, 너희는 그
시간도 부족하며 그 역사함에도 부족
하거늘,
43 너희가 육의 생활에 안주하며 육의
생활에 너희 자신을 소비하며 그 귀중
한 시간을 함부로 쓰며,
44 너희가 성전을 지으며 교회를 지으며
호화롭게 꾸며 놓으며 만백성에게 재
물을 거둬들이기 위한 연구에 연구를
거듭하는 그와 같은 자세로써 가는 것
은 종교 지도자의 가는 길이 아니며,
45 그와 같은 백성은 나의 뜻을 거역하는
자들이라 말한 의미를, 나의 아들을
따르는 제자와 너희는 이제 그 의미
의 깊이를 알아야 할 것이니라.

## 6,606 번째 하나님 말씀

*2003년 7월 4일 14시 25분*

1 사랑하는 나의 아들아!
2 "네, 아버님! 말씀하옵소서."
3 구약 시대의 역사가 지나고 나의 아들
예수를 세상에 내려보내 그 고통 속
에 죽음의 길을 가며, 만백성을 사랑
하며 저를 죽이는 자까지 사랑하는 그
사랑을 베푼 나의 아들이 죽어 간 그
위에,
4 많은 세월이 흘러오면서 그 종교 집단
들이 나의 계명을 지키며 나의 뜻대로
살아왔더라면, 그리고 그 뜻을 받아
너희가 살아왔다면 오늘과 같이 이와
같은 험악한 세상은 이루어지지 아니
했을 것이니라.
5 내가 성경에 기록하여 전하기를 너희
가 나의 계명 중 작은 것 하나라도 지
키지 아니하는 자는 그 작은 것을 지
키지 아니한 것만큼 하늘에 와 상을
받을 것이 없다 내가 그리 가르쳤으며,
6 십계명대로 사는 것이 구원의 길이요,
십계명을 얼마나 지키고 살았느냐에
따라서 너희가 상을 받을 수 있다고
그리 기록하여 전하였거늘,
7 그를 지킬 수 없다고 말하는 그 종교
집단, 그 지도자들이 잘못되었다 하였
음이니라.
8 그러나 그들이 지금 가고 있는 그 형
태요, 작태는 어찌 흘러가고 있는가?
9 내가 과연 그들이 나로부터 선택된 백
성이라 말할 수 있겠느냐?
10 사랑하는 아들아, 너는 모를 것이니라.
11 모든 종교 집단 지도자들이 뭐라 말하
느냐?
12 사후 세계는 반드시 있으며 하늘나라
가 있으며 천국이 있으며 나 여호와가
존재한다 그리 그들은 가르치느니라.
13 나 여호와가 하늘에 존재하기에 너희
가 하늘에 와 심판을 받으며,
14 나 여호와가 이 세상을 창조했으며 이
모든 것은 내가 주관하여 만든 것이기
에 다 소중한 것이라 그리 가르치느니
라.

15 그리하여 나 여호와가 존재함을 믿으
라, 그리하여 너희가 나 여호와가 존
재함을 믿기에 지금 재물을 하늘에 쌓
아 놓는 것을 절대 두려워하지 말며
아까워하지 말며 주저하지 말며 용기
잃지 말라, 그리하여 하늘나라에 많이
쌓아 놓아야 한다고 끝을 맺으며 그리
가르치느니라.
16 너희가 나의 피조물 만백성으로부터
재물을 거둬들이는 그와 같은 방법으
로 가르치지 아니하며,
17 나 여호와가 존재하며 너희는 사후
세계가 있으며 심판을 받아 너희가
육의 세상에서 악과 선한 것을 행한
만큼 그 대가를 받으니, 아름답고 선
함을 행하여 살아가라 그리 가르치면
되거늘,
18 너희가 그와 같은 모두를 다 그리 잘
못 가르침이니라.
19 그러나 어리석은 백성 너희가 종교
집단이요, 교회라는 곳에 가서 재물을
바치고 강론을 들을 때, 앞에 하는 그
좋은 이야기는 다 들으며,
20 그리하여 그것이 진리요, 한 획도 고
치지 말며 한 자도 고치지 말라는 위
대한 종교 지도자요, 나 여호와를 대
신하여 가르치는 목자라 너희가 그리
들으나,
21 앞에 번지르르한 그 말 때문에 뒤에
그들의 독소를 모르고 있음이니, 이것
이 바로 내가 뭐라 말하였느냐?
22 독약 위에다 꿀을 발라 모든 벌과 나
비를 끌어들여 그를 죽게 하는 행위를
한다 하지 않았느냐?
23 나 여호와가 존재하기 때문에 너희가
가지고 있는 재물을 하늘에 쌓아 놓는
것을 아까워하지 말며 두려워하지 말
며 그 재물을 바치는 데 주저하지 말
라, 그리하여 그들이 이름을 붙이는
그곳에 감사 헌금이라 하여 그저 바치
도록 그리 가르침이니,
24 이 뒤에 그 사탄이요, 사악한 자들이
끝맺으며 가는 그것을 모름이니 원인
보다도 결과가 중요하다는 것이 인간
세상의 삶의 도리가 아니더냐?
25 어찌하여 너희가 그를 모른단 말이던
가?
26 그를 모르는 나의 백성을 바라보는 나
의 가슴 아픔을 너희는 아느냐?
27 그리하여 내가 너희를 깨우치기 위하
여 나의 아들을 달구고 달궈 밤과 낮
을 가리지 아니하며 대장정의 160권
의 법전을 세상에 내보내며,
28 그가 죽을 때까지 하늘의 뜻을 기록하
여 너희에게 전하고 전하는 그 의미를
알겠는가?
29 나로부터 너희가 받아 가지고 나간
것이 재물이라 그리 말하느니라.
30 너희가 그 소중한 재물이 다 무엇이
며, 너희가 가지는 그 물질이 다 무엇
이더냐?
31 그는 나로부터 받아 나간 것이라 종교
집단의 지도자들이 그리 말하느니라.
32 나로부터 받아 나간 너희가 감사하는
마음으로 일부를 뚝뚝 떼어 하늘에 쌓
아 놓는 것이 무엇이 잘못된 것이며,
그것이 너희가 어찌 주저할 것이며,
33 열 개를 받아 너희가 그것의 10분의 1
만을 갖다 쌓아 놓고 바치는 것, 그리
고 너희가 열 개 중에서 다섯 개를 갖

다 바치는 것도 밑지는 장사가 아니며
억울한 것이 아니거늘, 어찌하여 너희
가 하늘에 그 재물이요, 보물을 쌓아
놓는 것을 두려워하느냐?
34 너희가 잘못된 점이요, 그 죄를 모르
며 나 여호와의 은혜를 모르는 자들이
라 그리 세뇌시키며 그들을 몰고 끌고
가는 것이 지금 사악한 종교 집단이
요, 지도자들이 하는 짓이요,
35 그 밑에 가서 저만이 구원을 받겠다
하여 모든 것을 다 바치고 광란의 짓
을 하고 있는 그 불쌍한 백성 너희는
코가 꿰어 그저 지옥으로 끌려가는 그
와 같은 형국이니,
36 그것 또한 나의 아들딸이요, 그들을
바라보는 나의 마음이 얼마나 아프고
저린지 알겠는가?
37 그리하여 너희는 거둬들이다 못하여
또한 나의 사랑하는 백성에게 뭐라
말하느냐?
38 너희가 육이 살아 있을 때 재물을 모
았을 때, 재물을 벌었을 때, 그와 같은
힘이 있어서 너희가 재물을 모을 때,
그 재물을 하늘에 많이 쌓아 놓아야
하는 것이며,
39 너희가 힘이 없고 능력이 없을 때는
쌓아 놓으려야 쌓아 놓을 수도 없으
니, 쌓아 놓지 못하고 나이 들어 죽어
왔을 때 너희가 그 심판의 두려움을
아느냐 하며,
40 그러니 육이 힘이 있고 너희가 능력
이 있고 재능이 있을 때 지금 많이 쌓
아 놓으라, 지금 쌓아 놓지 아니하면
너희는 지옥을 간다고 그리 가르치느
니라.
41 그러면서 너희가 뭐라 말하느냐?
42 힘이 있고 능력이 있을 때 재물을 하
늘에 많이 바치고 쌓아 놓는 자는 죽
어 하늘에 오면 나 여호와의 높은 자
리요, 귀한 자리를 받아 놓으며 차지
하게 되어 있으며 너희 자리가 준비되
어 있다 그리 가르치니,
43 그보다 더 사악한 자들이 이 세상에
어디 있단 말이더냐?
44 너희는 지상에서 재물을 거두어들이
고자 재물을 바치도록 하는 그것부터
어떠한 의미에서 너희가 하고 있는
것인지 알겠는가?
45 너희는 알아야 할 것이니라.
46 지상에서 너희가 온갖 방법으로 나의
백성에게 재물을 거둬들이는 것도 부
족하고 부족하여 하늘에 재물을 많이
쌓아 놓으라,
47 그리하여 많이 쌓아 놓는 자 너희가
좋은 자리요, 영생토록 영원히 죽지
않는 그 자리에서 부귀와 영화를 누릴
수 있는 그와 같은 자리를 차지할 수
있는 것이니, 네 재물로써 그를 사라
함이니,
48 이것이 얼마나 사기극이요, 얼마나 더
러운 죄를 짓는지를 알겠는가?
49 너희가 하늘에 재물을 어디 쌓아 놓을
수 있는가?
50 하늘에는 재물이 필요 없다고 내가 수
천 번 나의 아들을 통하여 너희에게
강론하며 나의 법전에 기록하였으니,
51 너희가 재물을 많이 쌓아 놓아 영생토
록 영원히 사는 그 천국의 자리를 산
다는 그 해괴망측한 사기극에 속아서
는 아니 될 것이니라.

52 그리하여 그들에게 재물을 바쳐 그들
에게 힘을 실어 주는 그 순간에 너희
의 죄목이 더 무서워지며, 너희는 지
옥에서 벗어날 수 없는 구렁텅이로 더
깊이 빠지고 떨어짐을 알아야 할 것
이니라.
53 너희가 얼마나 무서운 자인가를 아는
가?
54 교회요, 성전에 바치지 않고 가난한
자에게 너희가 재물을 바치는 것까지,
재물을 나누어 주는 것까지, 아름다운
일을 하는 것까지도 너희는 그를 하
지 못하도록 나의 피조물 만백성을 세
뇌시키고 그리 가르치느니라.
55 너희는 뭐라 말하느냐?
56 너희 교회요, 성전에 바치지 아니하고
가난한 백성에게 재물을 나누어 주며
재물로 사람을 도와줄 때,
57 너희는 그 재물은 너희 교회요, 너희
가 지은 성전에 바쳐야 할 재물을 불
쌍하고 가련한 사람들에게 나누어 줬
다 하여 너희는 나 여호와에게 그 재
물을 너희가 꾸는 것이며,
58 너희는 나에게 빚을 지는 것이니 그
게 죄악이라 그리 가르치느니라.
59 하늘에 바쳐야 할 그 재물을 하늘에
바치면 모두가 다 형통하며 모두가 다
이루어질 것이라 그리 가르치며,
60 그 재물은 하늘에만 바쳐야 하는 것
을 가난하고 불쌍한 너희 형제요, 인
간을 구제하는 그 자체는 나 여호와로
부터 빚을 지는 것이며,
61 나의 빚을 너희가 한 아름 더 안고 지
옥에 가게 되어 있으며,
62 너희가 하늘에 와 심판을 받을 때 나
여호와로부터 빌려 간 그 재물을 갚지
못하는 자는 그 죄가 무서워 너희는
천국에 감히 들어갈 생각도 하지 말며
지옥으로 갈 것이라 그리 말함이니,
63 이게 얼마나 너희가 사악한 방법이요,
무서운 교활한 방법으로써 나의 피조
물 만백성을 우롱하며 사는가?
64 하늘에 바칠 것을 인간에게 준 것이
그 죄라 그리 가르치느니라.
65 이는 곧 무엇이던가?
66 그것이 나에게 올라오는 재물이더냐?
67 이는 곧 나에게 바친다 하여 저희가
가로채는 것이며 저희가 챙기기 위한
것이 아니던가?
68 그들이 가난한 자, 불쌍한 자를 도와
주며 나의 사랑을 실천하고 사는 것이
나에게 빚지는 것이며, 나에게 죄를
짓는 것이라 그리 가르치니,
69 그 무섭고 사악한 세상을 바로잡기 위
하여 내가 지금 나의 법전을 너에게
내려보내어 만백성에게 전해 줌이니
그리 알라.

## 6,607 번째 하나님 말씀

*2003년 7월 4일 14시 30분*

1 사랑하는 나의 아들아!
2 "네, 아버님! 말씀하옵소서."
3 지금의 종교 집단이요, 지도자 그 모
두는 나의 진리를 가르치며 너희가
하늘의 뜻을 가르쳐 암흑의 세상이요,
어둠의 세상에서 헤매는 그 불쌍한
백성, 하늘에 오르는 길이 무엇이며,
나 여호와가 원하는 것이며 참진리가
무엇인가를 모르는 그 백성의 눈을

뜨게 하며 귀를 열어 주어 깨우쳐 주
는 그와 같은 것이 아니라,
4 너희가 물질의 노예로서 전락하였으
며 타락되었음이니라.
5 지금 모든 종교 집단이요, 지도자들은
물질의 노예로서 타락되었으며 가르
침을 모르는 자들이 되어 있음이니,
6 그 속에서 너희가 구원을 받으며 무
엇을 얻으며 무엇을 역사할 수 있단
말이던가?
7 모든 백성을 구하는 지도자로서 너희
는 자격을 상실하였으며, 만백성을 인
도하는 자로서 자격을 상실한 자임을
알아야 할 것이니라.
8 너희가 인간 세상에 살아가면서 병들
고 썩어져 가는 그 부위를 고치기 위
하여 의사 자격이 있는 자에게 치료를
받으며 너희 몸을 다스리는 것이 아
니요,
9 무면허요, 면허증이 없는 자, 어깨너
머로 그저 칼 대는 것을 배운 그와 같
은 자들에게 너희의 귀중한 생명을
수술하도록 맡기는 그와 같은 환자의
어리석음보다도 더 어리석고 불쌍한
것이 너희라는 것을 알아야 할 것이
니라.
10 어찌하여 나의 피조물 만백성 너희가
그리 어리석고 불쌍한 그 삶을 살아간
단 말이더냐?
11 나의 백성, 지금의 신도라는 자, 지금
재물을 바쳐 하늘에 오르겠다 몸부림
치는 자 그 모두가 다 그와 같이 어리
석은 자라는 것을 너희는 알아야 할
것이니라.
12 나 여호와의 뜻을 사랑함이요, 나 여
호와의 뜻을 따라 살아가는 것, 그리
고 내가 내린 계명을 지키고 행하고
살아가는 것이 너희가 하늘에 오르는
길이라는 것을 어찌하여 모르고 그와
같이 우매하고 어리석은 삶을 산단 말
이던가?
13 너희는 이제 알아야 할 것이니라.
14 나에게 바친다 하여 너희에게 수없이
거둬들이는 그 모든 재물은 나에게 오
르는 것이 아니요, 나에게 바치는 것
이 아니요,
15 인간인 사악한 종교 지도자들의 욕심
을 충족시키려는 방법이요, 저희의 욕
심을 채우려는 방법이요,
16 저희의 인간 세상에 육의 삶의 편안함
과 안락한 삶을 위해서 저희가 간교한
방법으로써 그리 이끌어 감이니,
17 그곳에 와서 힘을 실어 주는 자, 그곳
의 종이 되어 그 백성이 되는 자, 그리
고 그들을 위하여 울고불고 광란의 소
리를 지르며 그들에게 용기를 주며
'옳소! 맞습니다.' 하여 그들에게 충동
질하는 종교 집단, 그리고 신도라는
자,
18 너희 죄 또한 무서움을 알아야 할 것
이니 그리 알라.

## 6,608 번째 하나님 말씀

*2003년 7월 4일 14시 43분*

1 사랑하는 나의 아들아!
2 "네, 아버님! 말씀하옵소서."
3 나의 피조물 만백성에게 종교 집단이
요, 지도자가 나의 뜻을 가르쳐 만백
성을 구하는 것이 아니요, 물질이요,

황금의 노예가 되어 지금 그리 흘러간
다 하였음이니라.
4 그러나 재물의 노예가 되며 재물에 연
연하여 살아가는 종교 지도자 너희는
그리 말할 것이니라.
5 너희는 제1계명인 다른 우상을 섬기
지 아니하며, 다른 우상을 너희 마음
속에 생각지도 아니하며 너희는 다른
우상이라는 것은 감히 그림자조차도
그려 보지 아니한다 그리 말할 것이니
라.
6 그러나 너희가 마음속에 다른 신을
섬기며 다른 우상을 만들어 놓고 너희
가 굳건히 마음이 굳어져 있다면 너
희는 과연 뭐라 말하겠는가?
7 내가 그리 말한다면 사탄이요, 왕 사
탄이요, 사악한 자라 나 여호와에게
너희가 삿대질하며 욕하며 나를 능멸
할 것이니라.
8 그리고 나의 법전을 너희가 갈기갈기
찢어 버리고 태워 버리고자 하며, 나
의 아들 또한 세상에 존재하지 못하도
록 너희가 모든 물리적인 힘을 다 동
원하여 사악한 행위를 저지르고도 남
을 것이니라.
9 그러나 너희는 알아야 할 것이니라.
10 너희가 재물의 노예가 되었다는 것은
무엇이더냐?
11 너희가 황금으로써 우상을 만들어 놓
지 아니하였으며 어떠한 형태를 만들
어 놓고 그곳에서 재물을 바쳐 제를
지내며 그와 같은 우상을 섬기는 것이
너희 눈으로 보이지 아니하나,
12 너희가 황금이요, 그 재물에 노예가
되는 것은 벌써 너희가 보이지 않는
그 황금의 우상을 만들어 놓고 너희가
거기에 절하며 기도하며 경배하는 것
이 아니던가?
13 너희가 재물을 가지고 무엇인가를 구
상하며 무엇인가를 역사하고자 하는
것, 그와 같은 그림을 그리는 것이 우
상이 아니고 무엇이던가?
14 믿음이라는 그 우상이 너희가 어떠한
형체를 깎아 놓으며, 절에다 나무로
부처를 깎아 놓듯이 쇠로써 부처를 만
들었듯이 그와 같은 형태를 만들어 놓
고 너희가 거기에 와 제하며 재물을
바치며 기도하고 경배하는 것만이 너
희가 우상이라 생각한단 말이던가?
15 너희 마음속에 그려진 것이 더 큰 우
상임을 너희는 알아야 할 것이며, 더
무서운 우상이요, 제1의 계명을 어기
는 것이 너희임을 알라.
16 재물에 현혹되어 재물에 노예가 된 그
들이 무엇이던가?
17 황금으로써 너희에게 각종 우상을 마
음속에 만들어 놓았음이니, 너희가 한
미물이 두 혓바닥을 가진 것보다 더
많은 사악한 뿌리들이 네 가슴속에 있
으며 너희가 다른 우상을 섬기고 있
다는 것을 알아야 할 것이니라.
18 나 여호와가 보는 심판의 기준이요,
내가 내린 기준이요, 내가 내려다보는
그 우상이 그와 같이 많이 네 마음속
에 우글거리고 있다는 걸 알겠는가?
19 너희가 헤아릴 수 없는 우상들을 만들
어 놓고 거기에 절하며 거기에 모두를
바치는 자들이니라.
20 금상을 만들어 놓고 그 우상 앞에 경
배하며 매달리고 울고불고하는 것이

너희의 형태라는 걸 알겠는가?
21 너희는 신앙이요, 믿음이라는 것을 가
지고 지금 살아가고 있으나,
22 너희처럼 천박하고 가련한 백성이 없
으며 종교의 믿음이라는 그 정조까지
팔아먹고 사는 것이 너희라는 걸 알
겠는가?
23 금화와 물질에 대하여 너희가 노예가
된 것이 무엇이던가?
24 하늘에 오르는 만백성을 인도하며 그
믿음을 이끌어 간다는 지도자라 말하
는 자들이 믿음의 정조를 그저 수없이
팔아먹고 사는 꼴이 되어 있는 것이
지금의 너희며,
25 마음속에 금은으로 만든 그 우상을 수
없이 네 가슴에 가지고 있는 것이니
라.
26 그리고 그들을 경배하며 그들에게 매
달려 너희가 울고불고 지금 찬송하며
못된 짓을 다 하고 있으며 광란의 짓
을 다 하고 있다는 걸 알고 있는가?
27 지금의 종교 집단과 지도자 너희 형
태가 그러하니라.
28 내가 이를 소상히 기록하여 나의 법전
에 전하여 너희를 깨우쳐 주려고 그
리 전함이니,
29 내가 그 사악한 자들이요, 썩은 자들
을 탓할 것도 없으며 너희를 나무랄
가치도 없는 것이니라.
30 내가 그리 기록하여 이와 같이 너희
에게 전하는 것은 너희가 읽고 깨우
쳐 너희 스스로 들여다보라는 것이며,
31 나의 법전을 읽고 깨우치는 나의 아들
을 따르는 제자들이요, 나로부터 선택
된 나의 아들딸 만백성이 이를 보고
그리 행하지 말라는 교훈으로써 내가
너희 것을 낱낱이 헤쳐 기록하여 전함
이니라.
32 너희는 너희 자신이 지옥으로 가는 것
도 부족하여 나의 사랑하는 백성, 남
들까지도 지옥으로 이끌어 가고 있는
지금의 형국이니, 너희가 그 짓을 더
이상 해서는 아니 된다는 것을 알아야
할 것이니라.
33 물질의 노예가 된 종교 집단, 물질을
가지고 너희가 무엇을 역사하겠다는
그림을 그리는 것, 그리고 물질을 거
둬들이고자 하는 생각,
34 너희가 어찌하면 재물을 더 많이 거
둬들일 것이며 더 역사할 수 있는 것
인가, 더 큰 성전을 지을 수 있는가,
기타 등등 생각하는 그 모두가 다 너
희가 황금으로써 우상을 만든 우상을
섬기는 자라는 것을 잊지 말라.

## 6,609 번째 하나님 말씀

*2003년 7월 4일 14시 51분*

1 사랑하는 나의 아들아!
2 "네, 아버님! 말씀하옵소서."
3 지금의 수천 년 동안 흘러오는 그 종
교 집단이요, 지도자들이요, 그리고
가르치는 자가 잘못되었으며, 그곳에
구원을 받겠다고 모여 든 그 백성 또
한 욕심을 버리지 못하니 잘못되었다
내가 그리 말하였음이니라.
4 모든 종교 집단에서 지도자를 육성함
에 있어서 자질이 있든 없든 그저 많
은 백성을 갖다 신학이라는 그 교육
을 하며 짧은 교육을 이수시켜 그들을

세상에 종교 지도자라 지금 내보내는
것이 너희가 아니던가?
5 그와 같이 세상에 나온 그 종교 집단
의 지도자들이 자신의 믿음이요, 복음
을 구하는 것은 고사하고 많은 그 지
도자 속에서 저희가 살아남기 위해서
어떠한 형태로 지금 변해 가고 있는가?
6 자질이 없는 자들까지 마구잡이로 종
교 지도자요, 너희 집단에서 안내자라
그리 자격증이라는 것을 주어서 세상
에 내보냄이니, 이들이 세상의 일반
직장을 가지고 사는 평범한 백성만도
못한 혼탁한 형국이 되어 있으며,
7 저 자신이 살기 위해서 수단과 방법을
가리지 않는 것, 그리고 많은 종교 집
단 속에서 저희가 살기 위하여 수단
과 방법을 가리지 않고 살아가고자
하는 것,
8 그와 같이 살지 아니하면 견딜 수 없
는 것이 지금의 모든 종교 지도자요,
저희가 지금 뿌리를 내려가는 그와
같은 형편이 되어 있음이니라.
9 그러하니 너희가 어떠한 것을 가지고
가르침이요, 정의요, 정도의 길을 생
각하기 전에 너희는 살아남기 위해서
무분별한 모든 행동을 서슴지 않고 엮
어 가는 것이 지금의 잘못된 종교 지
도자들이 하고 있는 행위가 아니던가?
10 이를 내가 내려다보는 너희의 그 형
태는 추하고 더러워 일일이 내가 나열
할 수가 없는 그 형국에 있음이니,
11 너희 자신이 가슴에 손을 얹고 생각해
보면 알 수 있을 것이니라.
12 종교 지도자, 초년생으로부터 그 많은
세월 동안 단상에 서서 많은 백성을
가르치고 지도한다는 지도자 너희는
타락할 대로 타락되었으며 부패할 대
로 부패하였음이니라.
13 그리하여 초년생으로 나오는 그들도
정의로우며 복음을 전하며 하늘의 뜻
을 가르치는 것이 아니라, 타락과 부
패함에 빠져들며 그저 답습하며 밟고
이끌어 가는 것이 당연히 살아가는 길
이라 하여 저희가 더 부패한 그와 같
은 길을 가고 있는 것이며 타락함을
주저하지 않는 것이 초년생 종교 지도
자들이 지금 처해 있는 현실이라면 너
희는 알겠는가?
14 그들은 종교 집단 속에서 저희가 살
아남기가 얼마나 힘들고 어려운 것인
가?
15 일반 백성이 직장 생활에서 그들이
가정을 꾸려 가는 것보다도 더 어렵고
긴박한 상황에 있음이니, 그들의 수단
과 방법은 너희가 상상을 초월하는
그와 같은 형태로 모두가 이루어짐이
니라.
16 나의 복음을 전하는 사명에 살겠다는
지도자가 아니라, 일반 백성의 직장인
들처럼 보수에 따라 처신하며 보수를
따라 철새처럼 그저 이곳저곳 가리지
아니하고 떠도는 지도자들이 종교 지
도자라 그리 지금 하고 있으며 그와
같은 자들이 이 세상을 다 덮고 있으
며 이 세상에 발에 차이듯이 그와 같
은 자들이 즐비하게 깔려 있음이니라.
17 그러니 이 형국은 과연 누가 만들었으
며 이와 같은 형태는 누가 만들었단
말이던가?
18 잘못된 지도자들이 이 세상에 우글거

리고 존재하는 것이 오늘의 현실이니
라.
19 일반 직장 생활의 살아가는 사람들보
다도 더 삭막한 형태로써 보수에 연연
하는 것이 지금의 종교 지도자들로서
전락하였음을 알라.
20 말로써는 나의 아들 예수를 믿으며 구
원의 복음을 전한다는 것이 복음을 위
한 것이 아니요, 너희가 직업을 바꿔
사는 것이요,
21 그리하여 직업을 바꿔 살기 위하여 복
음을 전한다는 것, 나의 아들의 뜻을
전한다는 것, 나 여호와에게 오를 수
있도록 가르친다는 것, 그것이 바로
위장술로써 지금 단상에서 설교하며
강론하는 것이 너희이니,
22 너희는 평범한 일반 직장에서 사는
백성과 차별화됨이 없으며 무엇이 다
른 점이 있단 말이던가?
23 그들보다 너희 마음이 더 황폐해졌으
며 더 조급해졌으며 더 타락하여져 있
음이니라.
24 그들보다도 더 신의 없이 보수에 따라
서, 너희가 받는 대가성에 따라서 그
저 철새보다도 더 쉽게 이동하는 것이
너희 지도자니,
25 과연 거기에 무슨 뿌리가 있으며, 거
기에 무슨 철학이 있으며, 진정한 복
음의 길이 있으며, 나의 진리를 가르
치는 길이 거기에 있단 말이던가?
26 이를 바라보는 나의 아픈 심정을 너희
는 깨달아야 할 것이니라.
27 나의 아들을 따르는 제자요, 나의 법
전을 읽고 깨우친 백성 너희는 이 모
두를 바로잡아야 할 것이며,
28 너희는 이러한 전철을 밟아서는 안 되
는 것이기에, 그 내용을 하나하나 내
가 하늘에서 땅으로 내려보내 기록하
여 너희에게 전함을 알라.

## 6,610 번째 하나님 말씀

*2003년 7월 4일 20시 58분*

1 사랑하는 나의 아들아!
2 "네, 아버님! 말씀하옵소서."
3 내가 너희에게 뭐라 말하였느냐?
4 너희가 지키는 그 참진리요, 하늘에
오르는 길은 나 여호와로부터 너희에
게 내려가는 메시지의 그것 외에는 어
떠한 진리요, 가르침이 존재할 수 없
다는 것을 너희는 알아야 할 것이니
라.
5 내가 오늘 나의 아들을 통하여 너의
제자들에게 명해 준 글을 너희는 깊이
가슴속에 새겨야 할 것임을 알라.
6 사탄은 아무런 역사도 할 수 없으며
악마는 아무것도 역사할 수 없다고 내
가 나의 아들을 통하여 내린 그 뜻을
깊이 음미하도록 하라.
7 그들이 가르치는 것이요, 그들이 역사
하는 것이 영원히 존재한다면 그가 곧
진리요, 두 신이 있다는 것과 같은 말
이니, 하늘의 진리는 하나이니라.
8 그리고 창조주는 나 여호와뿐이니라.
9 둘이 있을 수 없음을 너희는 알아야
할 것이니라.
10 지금의 모든 종교 집단의 지도자들이
저 자신이 다스리는 길이 잘못되었다
하며 참진리를 가지고 세상에 나와 깨
우치는 백성이 있으니 그들을 사탄이

요, 이단이라 그리 말하며,
11 너희는 모든 악마나 사탄도 나 여호와
와 똑같이 역사하며 똑같은 일을 할
수 있다 그리 말함이니라.
12 그러니 그것이 얼마나 잘못된 가르침
이며, 너희는 두 신을 너희 가슴에 새
기고 있다는 것과 똑같은 자이니라.
13 사탄이 만들고 사탄이 존재하고 사탄
이 역사하는 것이 영원히 존재하며 이
세상에 무너지지 아니한다면 그것이
진리가 아니던가?
14 그리고 나 여호와가 진리가 아닌 것을
이 세상에 존재하도록 그리 막지 못한
다면, 나 여호와가 창조주가 아님을
너희는 알아야 할 것이니라.
15 모든 종교 집단이요, 그곳에 와 구원
을 받았다는 백성이 서슴없이 말을
하느니라.
16 사탄도 나 여호와의 흉내를 내며 나
여호와와 같이 똑같이 행할 수 있으며
그와 같이 역사할 수 있다고 그리 말
함이니,
17 너희가 바로 사탄의 자식으로서 사탄
을 경배하는 것이며 두 신을 이미 너
희 가슴속에 새기고 너희가 섬기고 있
는 그 무서운 행위의 행동을 하면서
너희가 모르고 가는 것이라는 것을
알아야 할 것이니라.
18 이 세상에 참진리는 나 여호와를 통해
서 내려가는 것이며 나 여호와만이 역
사할 수 있다는 것을, 그렇지 않으면
내가 너희의 창조주가 아니며 유일한
너희 아버지가 아님을 알아야 할 것
이니라.
19 나와 똑같이 역사할 수 있으며 나와
똑같이 모든 기적을 내릴 수 있으며
그와 같이 만들 수 있다 하면 그건 바
로 무엇이냐?
20 너희가 이 세상에 두 신이 존재할 수
있다고 생각하며 사탄의 권능과 능력
을 나와 똑같이 보는 것이 아닌가, 너
희가 똑같이 평가하는 것이 아니던가?
21 이 무서운 사실 앞에 너희가 그를 모
르며 입이라 하여 너희 마음대로 말하
며 너희 마음대로 그리 전하고 그리고
진리를 가르치는 백성에게 그와 같은
오명으로써 뒤집어씌우고 있음이니,
22 너희가 바로 사탄의 후예요, 사탄의
자식으로서 역사한다는 그 무서움을
모르고 있음이니라.
23 너희는 여기서 너희 마음속에 정립하
여야 할 것이니라.
24 사탄도 나 여호와와 똑같은 권능이 있
으며 똑같이 역사하며 그대로 흉내
낼 수 있다 하는 자는 잘못된 자임을
알라.
25 그렇다면 그것이 진리가 아니라는 말
이니라.
26 그와 같이 말하는 자는 사탄을 마음속
에 경배하며 사탄을 숭배하며 사탄을
존경하는 마음이요, 이미 두 신을 너
희 가슴속에 숨기고 있는 자라는 것을
절대로 잊어서는 아니 될 것이니,
27 너의 제자들은 두 번 다시 그러한 말
을 입에 담지 말라 그리 말하라.
28 오로지 진리는 창조주 나 여호와로부
터만 나가며 모두를 다스리는 것은 나
여호와가 다스림이니, 감히 내 흉내를
낼 수 없으며 내가 역사하는 만큼 기
적을 역사할 수 없음이니라.

29 그들은 너희 눈을 미혹해 그를 보여
줄 수 있다 하나, 물거품처럼 사라지
는 것이니 그것은 오래갈 수 없으며
존재하지 못하느니라.
30 다만, 그들이 존재해야 할 이유가 있
으며 그들이 역사할 이유가 있으며 그
들로 하여금 너희를 다스리는 교훈으
로 삼기 위해 내가 그를 더러는 놔둘
수는 있다 하나,
31 내 품에서 내 손에서 그들이 벗어날
수 없으며 내 흉내를 감히 낼 수 없으
며 나를 대신해서 행동할 수 없다는
것을 너희 제자들은 가슴에 심으며,
그와 같이 말하는 백성에게 나의 이
뜻을 깨우쳐 주어 그들이 바른 눈을
뜨도록 그리하라, 사랑하는 나의 아들
딸들아!

## 6,611 번째 하나님 말씀

*2003년 7월 4일 23시 59분*

1 사랑하는 나의 아들아!
2 "네, 아버님! 말씀하옵소서."
3 너희가 야생에 사는 동물이요, 또한
너희가 기르는 애완동물이요, 그 모두
는 다 그들이 말을 하지 못하며 너희
와 대화하지 못한다 해도,
4 너희가 사랑하는 만큼, 너희가 소중히
아끼는 만큼, 너희가 베푸는 것만큼
그들은 그 표시를 하며 그만큼 너희에
게 그 모두를 갚고 살아가는 것이 야
생의 동물이요, 또한 애완동물이 살아
가는 그와 같은 삶의 형태가 아니던가?
5 너희가 정을 준 것만큼 그들은 절대로
등을 돌리지 아니하며 너희에게 그
모두를 돌려주는 것이 그 지혜가 모자
라는 동물이 살아가는 형국이니라.
6 그러나 너희는 그 높은 지혜로 만들었
으며 나 여호와로부터 생명을 받아 이
세상에 존재함이니,
7 너희가 다 살아가고 너희가 통제할
수 있도록 그 큰 은혜와 영광을 내렸
거늘, 너희가 말하는 너희 아버지인
창조주 나 여호와가 너희에게 몇 가
지 안 되는 그 계명을 지키고 살아 나
에게 보답하며 또한 너희 영혼까지
구원을 받는 그 길을 가라 그리 간곡
히 너희에게 전하고 전하거늘, 그를
지킬 수 없다고 말하는 백성이니,
8 과연 너희와 말 못 하는 짐승이 그 주
인이 베푼 만큼 사랑을 베푸는 것을
견주어 볼 때 과연 누가 더 아름다움
이 있으며 사랑이 있는가, 그리고 은
혜에 감사한다고 너희는 생각하는가?
9 어찌하여 가장 높은 지혜요, 생각할
수 있는 판단력을 주고 가장 큰 은혜
와 영광을 준 너희가 그 은혜에 감사
할 줄 모르며 그를 갚는 마음의 자세
를 지키지 못하고 살아간단 말이던가?
10 과연 그렇다면 너희 존재는 무엇이던
가?
11 나의 뜻을 거역하는 자, 내가 원하는
나의 계명대로 살지 못하는 자, 살지
아니하는 자, 그와 같은 백성은 나와
관계없다는 그 말의 뜻을 아는가?
12 너희가 살아가면서 너희가 원하는 것,
너희가 역사하고자 하는 그 모든 것,
너희 능력으로써 이루지 못하는 것을
나 여호와에게 그 능력과 기적으로 이
루어 달라 매달리며 기도하는 너희는

과연 내가 지키며 살라 하는 열 가지
밖에 안 되는 그 계명을 과연 얼마나
행하고 실천하며 사는가?
13 너희가 기르는 애완동물이요, 야생동
물도 너희가 갖다 길들여 가르치면
저에게 밥을 주는 자, 먹이를 주는 자,
그를 알아보며 감사의 표시를 하며 감
사하며 살아간다 하지 않는가?
14 그러나 지혜가 높은 너희가 그 감사
함을 표시하지 아니하며 그를 역행하
며 그를 거부하는 삶을 사는 자는 내
가 손을 놓는다 하였으니,
15 너희가 짐승만도 못한 그와 같은 행동
이라 말한다면 과연 너희는 뭐라 하
겠는가?
16 너희가 짐승만큼도 감사하지 아니하
며 그 은혜를 모른다 하면 정녕 내가
너희에게 손을 놓는다는 것은 당연한
이치며 손을 놓게 되지 않겠는가?
17 너희는 여기서 이 무서운 진리의 깨달
음을 알아야 할 것이니라.
18 동물도 그 은혜를 아나니, 그 은혜를
모르는 사람이라면 과연 내가 어찌
너희를 평가하며 어찌 다스려야 하겠
는가?
19 너희는 인간이기에 동물보다 더 높은
대우요, 더 높은 평가를 받고 싶어하
나, 너희가 으스대며 감사함을 모르
며 내려 준 자의 은혜를 모른다면, 과
연 너희를 내가 어찌 평가하여야 하
겠는가?
20 너희 스스로 평가를 해 봐야 할 것이
니라.
21 그러니 너희가 나의 뜻을 순종하지
아니하며, 은혜를 모르며, 무엇을 얻
고자 이루고자 모든 인간의 능력이요,
힘으로써 도저히 역사할 수 없을 때,
22 나에게 그를 이루어 달라 매달리는
자, 내가 내린 은혜의 감사함에 보답
하지도 못하면서, 또 무엇인가를 역사
하고자, 또 무엇을 쥐고자, 무엇을 챙
기고자 달라 기도하는 너희를 과연
어디에 내가 기준을 두며 얼마만큼
너희를 소중히 생각해야 하는가?
23 너희 스스로 한번 내가 손을 놓는다는
그 이유의 의미를 알아보라.
24 그렇다면 너희가 알 것이니라.
25 너희가 야생동물을 길들여서 그 주인
에게 기쁨을 전해 주며 그리고 순종하
며 살아가는 그들보다도 너희가 더
거역하며 사악한 마음으로 살아간다
면, 과연 너희를 평가하는 기준을 어
디다 두겠는가, 내가 어찌 둬야 하겠
는가?
26 그 모두는 너희가 생각하기에 달렸음
이니 그리 알라.
27 오늘 이 밤 나의 아들을 통하여 내가
너희에게 내리는 이 문제의 이 과제는
너희 스스로 답을 찾으며 너희 스스
로 깨우치도록 그리하라.

## 6,612 번째 하나님 말씀

*2003년 7월 5일 0시 08분*

1 사랑하는 나의 아들아!
2 "네, 아버님! 말씀하옵소서."
3 지금의 모든 종교 집단과 지도자 너희
가 얼마나 미련하며 얼마나 가증스러
운 백성으로서 살아가는지 알고 있는
가?

4 수천 년 동안 흘러온 너희 종교 집단
이요, 지도자요, 만백성을 구한다는
너희가 살아가는 모습을 나 여호와가
바라보기에는 너희처럼 미련한 자들
이 세상에 없으며, 너희처럼 위선적이
고 가증스러운 삶을 살아가는 백성이
없음을 너희는 알아야 할 것이니라.
5 너희가 말하는 이방인이라 하는 백성
은 모두를 사랑하며 모든 종파를 떠나
서 인간으로서 존재하는 것을 소중히
생각함이니,
6 여기서 너희 종교 집단이요, 지도자들
이요, 그리고 구원을 받았다 말하며
사랑을 실천한다고 말로써 울부짖는
신도라는 너희와 이방인이라 하는 그
백성과의 차이점이 얼마나 무서운지
아는가?
7 너희는 그들을 이방인이요, 사탄이요,
사악한 자라 말하며 너희는 선택된
백성이라 말하나,
8 그들이야말로 선택된 백성이요, 너희
야말로 사악한 자임을 알아야 할 것
이니라.
9 너희가 이방인이라 하는 그 평범한 백
성 그들은 이 세상에 태어난 한 생명
이요, 한 인간을 소중히 생각하기에
그 어떠한 종파도 관여치 아니하며 어
떠한 종교도 관여치 아니함이니라.
10 너희가 말하는 승려가 목탁을 두드리
면 그들은 같이 나눔을 하며 또 이웃
의 어떤 종파에 허덕이든 관계없이 어
렵고 불쌍한 자를 스스로 도와주며 서
로 이끌어 가고자 하는 것이 그들의
마음이니라.
11 그러니 너희가 말하는 이방인이라 하
는 그 백성은 종파요, 종교를 가리지
아니하고 모두를 다 어려울 때 도와주
며 사랑할 때 사랑하며 서로 똑같이
사람으로 봄이니라.
12 승려라 하여 그들이 사람을 다시 보며
너희 교인이라 해서 다시 보며 너희
신도라 해도 다시 보고 다르게 보는
것이 아니라, 똑같은 백성으로 그들은
덮고 살아가는 것이 이방인이라 하는
평범한 백성이 살아가는 자세이니라.
13 그러나 모두를 가슴에 안고 살아간다
는 백성 너희는 어찌 살아가는가?
14 너희 집단 속에 속해 있지 않은 자는
벌레 보듯이 사람을 상대하며 더군다
나 다른 종파는 그보다도 더 경멸하고
살아가는 것이 아닌가?
15 너희만이 서로 사랑하며 너희만이 나
누며 너희만이 어렵고 힘들 때 서로
돕고 살아가며 이방인은 쳐다보지 아
니함이니,
16 과연 너희가 그들의 10분의 1만큼,
100분의 1만큼도 너희가 바른 자세
요, 인간의 본분의 도리를 못 하고 사
는 것이 수천 년 동안 흘러나온 종교
집단이요, 지도자요, 그리고 구원을
받았다 울고불고하는 백성이니,
17 이를 보는 나 여호와가 내리는 그 평
가를 너희는 아니라 할 것이나, 너희
가 아니면 어찌하여 아니라 할 수 있
는가 한번 대답해 보라.
18 모든 백성은 나로부터 생명을 받은
자이니, 너나 할 것 없이 부족한 자,
미련한 자, 불쌍한 자, 그 모두를 다
사랑하는 이방인이라 하는 그 백성의
사랑이 아름다운 마음이던가?

19 너희 식구들만이 한 식구요, 너희만이
의논하며 너희만이 나누며 너희만이
놀고 살아가는 그와 같은 종교 집단에
속해 있는 백성 너희가 과연 사랑을
베풀며 너희가 위대한 백성인가?
20 내가 보기에는 너희는 그들의 10분의
1도 따라가지 못하는 사악한 자라 말
한다면 너희는 나를 사탄이라며 광분
할 것이니라.
21 그러나 너희는 그러하니라.
22 너희의 그 욕심 때문에 '우리만'이라
는 그 욕심을 버리지 못했으니 사랑을
모르는 자요,
23 사랑을 모르니 천사와 같은 자가 아니
요, 사탄과 같은 마음으로 살아가는
것이니,
24 너희가 그 소리를 듣는 것이 당연함을
알아야 할 것이니라.
25 너희는 믿음이요, 나의 아들의 이름과
보혈로써 구원을 받았다 하며, 너희
마음속에는 물질에 대한 욕심, 명예에
대한 욕심을 버리지 못하고, 너희가
지금 얼마만큼 더러워질 때까지 더러
워졌으며, 추해질 때까지 추해졌으며,
타락할 때까지 타락한지 너희는 아는
가?
26 너희는 타락할 데까지 타락하고, 내려
갈 데까지 다 내려간 것이 지금의 종
교 집단이요, 지도자들이 하고 있는
행위며 너희임을 알아야 할 것이니라.
27 너희가 살아가는 모습이 얼마나 추한
줄 아는가?
28 믿음이요, 참진리를 깨우쳐 주는 그
길이 아니요, 외적인 성대함에 젖어서
저 스스로 도취하여 있으며, 외적인
깨끗한 예물을 바치며 외적으로 깨끗
한 체하며 위선된 행위를 하고 살아
가는 것이 너희이니라.
29 또한, 그 밑에서 구원을 받겠다는 신
도라는 백성은 어찌하는가?
30 내가 너희에게 가르쳐 깨우친 십계명
에 네 부모를 공경하며 사랑하라 하였
거늘,
31 제 부모를 공경하는 것은 뒤로하고
저희만이 구원을 받으며 하늘에 오르
겠다 하여 나 여호와에게 와서 재물을
바친다 하며 그 사악한 자들 앞에 바
치며,
32 눈물 짜고 콧물 짜며 기도하며 울고불
고하는 그 흉물스런 꼴이요, 그 작태
야말로 내가 너희를 보기에도 역겨움
을 알아야 할 것이니라.
33 너희가 지상에서 살아가는 그 형태가
얼마나 추하고 더러운 작태인가, 너희
가 한번 너 자신을 들여다보라.
34 나 여호와는 너희를 보기에 역겨우니
그리 알라.
35 가장 소중한 나의 진리요, 나의 계명
을 접어 두고 무시하면서, 어찌하여
너희가 나의 뜻에 따라 하늘에 오르
는 길을 올 수 있으며 선택된 백성이
라 그리 말하는가?
36 눈에 보이는 것, 사소한 외형적인 형
식에 매달려 거기에 눈이 어두워 너희
의 모두를 다 바치며 살아가는 불쌍한
너희가 아니던가?
37 너희는 미래의 사후 세계가 존재함을
보고 그 진리를 깨우쳐 하늘에 오르고
자 노력하는 자들이 아니요,
38 눈에 보이는 사소한 외형적인 것의 욕

심에서 벗어나지 못하며 그 욕심에 너
희 자신이 타락하고 지옥 불로 떨어진
다는 것을 알라.
39 나 여호와의 진리요, 계명을 지키라는
것보다 너희 인간들이 만든 교회의 교
법과 너희가 만든 교리요, 법에 따라
그를 두려워하며,
40 나의 계명이요, 내가 내리는 진리를
두려워하지 아니하는 그와 같은 백성
이 되어 있음이니, 바로 너희가 그리
되어 있다는 것을 알라.
41 나의 뜻을 거역하며 나의 뜻을 두려워
하지 아니하며 나의 뜻을 소중히 생각
하지 아니하며,
42 너희 인간들이 만든 교회의 법이요,
교회의 계명에 의하여 지금 그를 존중
하며 종교 지도자를 보고 따라가는 그
와 같은 믿음의 길을 가는 너희는 그
리하여 나와 관계없다 말하는 것이며,
43 지금 발버둥치는 그 추한 모습이며 흉
물스런 작태를 더 이상 볼 수가 없다
는 것이 나 여호와의 뜻이라는 것을
알라.

# 부 록

【하나님께서 가르쳐 주신 운동】

천재지변이 일어날 때, 동물이나 미물들은 미리 알고 대피하지만, 인간은 알지 못하고 큰 화를 당합니다. 하나님께서 인간에게 가장 높은 지혜를 주시고 완벽하게 창조해 주셨기에 동물들보다 더 잘 알 수 있지만, 욕심으로 마음이 혼탁해져서 한 치 앞을 보지 못하는 것입니다.

마찬가지로, 인간은 누구나 스스로 필요한 운동을 해서 건강을 지킬 수 있도록 하나님께서 만들어 주셨습니다. 우리의 머리에서 우리 몸에 필요한 동작을 해 달라고 끊임없이 신호를 보내지만, 인간이 혼탁하게 살아서 그 신호를 알아채지 못합니다. 그러니 자연스럽게 자기 몸이 원하는 그 신호를 따라서 운동하는 것이 하나님께서 가르쳐 주신 운동 방법입니다. 바로, 우리의 영이 육을 이끄는 운동입니다.

▶ 하나님 운동법

1. 눈을 감고, 발을 어깨너비로 벌리고 바르게 선다.
2. 몸에 힘을 풀고, 허리를 숙이면서 손과 머리를 아래로 내린다.
3. 허리를 펴고 싶을 때, 천천히 펴면서 하고 싶은 동작을 하면 운동이 시작된다. (사람마다 다르다.)
4. 멈추지 말고, 어떤 동작이든지 자기 몸의 느낌대로 계속 이어서 한다.

▶ 참고 사항

① 눈을 감은 상태로 아무 생각 하지 않고, 자기 몸의 느낌대로 움직입니다.

② 마음을 비우고, 욕심을 버리고, 지난날의 잘못을 반성하면서 몇 차례 시도하다 보면, 자기도 모르게 하고 싶은 동작이 끊임없이 생깁니다.

③ 운동 장소는 방 안이든 운동장이든 관계없으며, 걷거나 달리고 싶을 때는 눈을 떠도 됩니다.

④ 매일 40분 이상, 주 4회 이상, 3개월 이상 하면 음식 조절에 들어갑니다.
- 음식으로 생긴 병은 음식으로 치료하게 되며, 어떤 음식을 먹어야 하는지 스스로 알게 됩니다.
(자기 몸에 필요한 음식만 먹고 싶어집니다.)

⑤ 사랑하는 사람과 함께 운동하면 서로 치료해 주기도 합니다.

⑥ 운동을 하다가 몸의 어느 한 부분을 계속 손으로 자극한다면 그쪽에 이상이 있는 것이니, 의사에게 상담을 받고 적절한 치료를 받으면 됩니다.

⑦ 다이어트 및 기타 건강관리에 효과적입니다.

⑧ 꾸준히 운동하여 영이 맑아지면, 자신의 과거와 미래를 스스로 보게 됩니다.

누구나 스스로 하실 수 있습니다.

# 간행사

### 《새로운 성경》은:

· 새로운 성경은, 하나님께서 선량하고 선한 자를 선택하여 십계명을 암송하도록 하시고, 십계명을 암송한 다음에 음성으로써 들려주시는 말씀을 듣고 그대로 카세트테이프에 녹음해서 받아쓴 책입니다.

· 90분짜리 녹음테이프 700여 개에 달하는 말씀으로, 1999년 8월부터 2004년 7월까지 총 160권(권당 288쪽)을 완성하였으며, 그 이후에도 현재까지 계속 말씀을 내려 주고 계십니다.

· 새로운 성경은 "하늘을 두루마리 삼고 바닷물을 먹물 삼아 쓰고 써도 다 못 쓴다"는, 끝없이 방대한 하나님의 말씀이 두루마리로 직접 내려오는 것입니다. 이러한 새로운 성경은 구약과 신약을 폐하려는 것이 아니라 "인봉된 성서의 비유의 뜻"을 상세히 설명하여 완성하고자 하나님께서 직접 내려 주신 말씀입니다.

### 《새로운 성경》의 구성:

· 제 목: 2013년, 160권 모음집을 발간하면서, 본 도서의 제목을 "하나님! 말씀하옵소서"에서 《새로운 성경》 으로 명해 주셨습니다.

· 단행본: 각 권당 288쪽(신국판) 책이 160권까지 시리즈로 출판됩니다.
(모음집은 단행본을 16권씩 묶어서, 총 10부로 구성됩니다.)

### 《새로운 성경》의 성경적 근거:

· 신약 성경 [요한복음] 16장 13절에 "진리의 성령이 오시면 그가 너희를 모든 진리 가운데로 인도하시리니 그가 자의로 말하지 않고, 오직 듣는 것만을 말하며" 하신 말씀처럼 하나님의 음성을 들은 것만 기록하였으며,

· "장래 일을 너희에게 알리시리라" 하신 말씀과 같이 개인, 나라, 인류의 "장래"일을 하나님께서 알려 주시는 것만 기록하여 책으로 만들었습니다.

## 《새로운 성경》의 기록 방법:

· 1999년 8월부터 하나님께서 저에게 들려주시는 음성을 기록하였습니다. 처음에는 제가 들은 말씀을 불러 주면 저의 아내가 기록하여, 2000년 1월 29일에 1권 초판이 세상에 나왔습니다. 2000년 4월부터는 주시는 말씀을 받아 녹음기에 기록하여 시리즈로 출간하기 시작하였습니다.

· 녹음을 시작하면서 하나님의 말씀을 받는 데 가속도가 붙었고, 2001년 5월 3일에 1부(1~16권까지)를 인쇄하여 출판하였으며, 2004년 7월까지 총160권 분량의 말씀을 받아 기록하였습니다.

## 하나님께서 저에게 주신 것은:

· 첫째, 만백성을 상대로 내려 주시는 "기도", 둘째, 수시로 내려 주시는 "묵상", 셋째, 개인의 과거, 현재, 미래를 알려 주시는 "개인 기도", 넷째, 개인의 건강을 위해서 내려 주시는 "음식 처방", 다섯째, 하나님께서 가르쳐 주신 "운동"등이 있습니다. 이 중에 첫 번째, "기도"를 책으로 편찬하였습니다. 사람의 생사, 개인의 미래에 관한 천기는 수록하지 말라 하셨습니다.

## 강론 안내:

· 하나님께서는 지금도 매일 저에게 새로운 하늘의 비밀의 말씀을 내려 주고 계십니다. 수시로 내려 주시는 말씀을 정리해서 제자를 육성하라는 말씀에 따라 매주 강론을 하고 있습니다. 누구나 무료로 들으실 수 있습니다. (book160.com)

## 《새로운 성경》을 읽는 분들에게 드리는 선물:

· 개인 기도: 개인의 과거, 현재, 미래에 관하여 말씀을 내려 주십니다.

· 음식 처방: 사람은 음식을 먹고살다가 건강을 잃으니, 음식과 운동으로 건강을 되찾는 방법을 알려 드립니다. 단, 하나님이 계심을 믿고, 십계명을 지키겠다고 진실로 서약하는 분들께 알려드립니다.

## 《새로운 성경》의 은혜와 기적:

· 새로운 성경 전160권은 16권씩 묶어서 총 10부의 모음집으로 구성됩니다. 모음집 한 부를 읽고 깨우치는 자에게 하나님께서 다음과 같은 기적이 있다고 하셨습니다.

· “첫째, 그가 죽어 하늘에 갔을 때 그의 죄를 묻지 아니하며, 구원을 받는 위대한 은혜가 있으며, 둘째, 그의 소원과 소망이 이루어지고, 셋째, 죽은 자(부모, 형제, 자식, 사랑하고 은혜 입은 분)의 이름으로 구입한 책을 읽고 누군가 한 사람이 깨우칠 때, 그 죽은 자가 지옥에서 천국으로 구원을 받게 되며, 넷째, 유산, 중절 수술 등으로 태어나지 못한 아이를 위하여 구입한 책을 보고 한 명이 깨우쳤을 때, 그 아이가 사람으로 다시 한 번 태어나는 은혜를 받는다.”

· “새로운 성경”을 3회 이상 정성을 다해 정독하는 자, 성서의 비밀을 알게 되고, 세상의 이치를 알게 되며, 세상을 지배하고 통제할 수 있는 지혜를 다 얻게 된다고 하셨습니다. 이 책은 만백성이 정독하고 이웃에게 전하여, 평생 가슴에 묻은 슬픔과 고통의 짐을 벗고 미래를 위한 힘찬 삶을 살아가도록 하는 책입니다.

## 끝으로

· 하나님께서는 흰 눈이 세상을 덮듯이 새로운 성경을 온 세상에 전하라고 하셨습니다. 《새로운 성경》을 각국어로 번역해서 온 인류에게 구원의 길을 깨우쳐 주고, 그 수익으로 가난하고 어려운 백성을 구제하여, 만백성의 영과 육을 함께 구원하는 선지자의 임무를 수행하라고 저에게 명하셨습니다.

· 하늘에서 내려 주신 말씀의 보화를 만백성에게 나누어 주는 것이 선지자의 임무라고 하셨습니다. 새로운 성경을 통해서 얻는 재물을 사용할 곳도 하나님께서 일일이 명해 주십니다. 모든 재물은 저의 자의로 쓸 수 없고, 하나님께서 명하시는 대로만 쓰여집니다.

· 어떤 명분으로든 십일조나 각종 헌금을 거두어들이지 말라 하셨으며, 국내뿐 아니라 각국에 성전과 단독 서점을 운영하며, 한국의 많은 젊은이들을 전 세계에 지도자로 내보내라고 하셨습니다.

· 우리는 세계적으로 새로운 성경을 보급하며 어려운 이들을 돕는 역사를 해 나갈 것입니다. 지금까지 비록 몇 명 안 되는 제자들과 함께 이러한 일을 역사했지만, 앞으로도 계속 하나님께서 기뻐하시는 일들을 해 나갈 것입니다. 부족한 저희에게 여러분들의 지혜와 성원을 보내 주시기를 바랍니다. 많은 분들의 참여와 도움을 간절히 기다립니다. 감사합니다.

한국어로 내려온 《새로운 성경》 단행본을 출간하며
2016년 4월 10일

발행인 **김 용 철**

한국어로 내려온

# 새로운 **성 경** · 6부 · 제90권


지은이 하나님 말씀
대역자 김용철





초판인쇄 1쇄 2017년 4월 3일

펴낸 곳 도서출판 하얀마음
등록번호 제 10-2107호 (2001년 2월 14일)
주소 서울시 노원구 덕릉로86길5, 2층
전화번호 02) 313-1114
팩스 02) 393-5554
전자우편 book160@hanmail.net
편집위원 조나영 김미향 이석교
제작지원 김홍숙 이미숙 이미란

도서상담 1600-7527
ISBN 978-89-5875-190-8 (04230)
978-89-5875-100-7 (세 트)

값 10,000원
잘못된 책은 구입하신 곳에서 바꾸어 드립니다.


※이 책은 10부로 제작되며, 각 부 16권씩 총160권으로 구성됩니다.※

| 1부 | 2부 | 3부 | 4부 | 5부 | **6부** | 7부 | 8부 | 9부 | 10부 |
|---|---|---|---|---|---|---|---|---|---|
| 1권 | 17권 | 33권 | 49권 | 65권 | 81권 | 97권 | 113권 | 129권 | 145권 |
| 2권 | 18권 | 34권 | 50권 | 66권 | 82권 | 98권 | 114권 | 130권 | 146권 |
| 3권 | 19권 | 35권 | 51권 | 67권 | 83권 | 99권 | 115권 | 131권 | 147권 |
| 4권 | 20권 | 36권 | 52권 | 68권 | 84권 | 100권 | 116권 | 132권 | 148권 |
| 5권 | 21권 | 37권 | 53권 | 69권 | 85권 | 101권 | 117권 | 133권 | 149권 |
| 6권 | 22권 | 38권 | 54권 | 70권 | 86권 | 102권 | 118권 | 134권 | 150권 |
| 7권 | 23권 | 39권 | 55권 | 71권 | 87권 | 103권 | 119권 | 135권 | 151권 |
| 8권 | 24권 | 40권 | 56권 | 72권 | 88권 | 104권 | 120권 | 136권 | 152권 |
| 9권 | 25권 | 41권 | 57권 | 73권 | 89권 | 105권 | 121권 | 137권 | 153권 |
| 10권 | 26권 | 42권 | 58권 | 74권 | 90권 | 106권 | 122권 | 138권 | 154권 |
| 11권 | 27권 | 43권 | 59권 | 75권 | 91권 | 107권 | 123권 | 139권 | 155권 |
| 12권 | 28권 | 44권 | 60권 | 76권 | 92권 | 108권 | 124권 | 140권 | 156권 |
| 13권 | 29권 | 45권 | 61권 | 77권 | 93권 | 109권 | 125권 | 141권 | 157권 |
| 14권 | 30권 | 46권 | 62권 | 78권 | 94권 | 110권 | 126권 | 142권 | 158권 |
| 15권 | 31권 | 47권 | 63권 | 79권 | 95권 | 111권 | 127권 | 143권 | 159권 |
| 16권 | 32권 | 48권 | 64권 | 80권 | 96권 | 112권 | 128권 | 144권 | 160권 |